rowohlt
PAPERBACK

Hans Joachim Schädlich

Der andere Blick

Aufsätze, Reden, Gespräche

Ausgewählt von
Hans Georg Heepe

Rowohlt Taschenbuch Verlag

Originalausgabe
Veröffentlicht im Rowohlt Taschenbuch Verlag,
Reinbek bei Hamburg, Oktober 2005

Umschlaggestaltung any.way, Cathrin Günther
(Foto: Claudia Jeczawitz)
Quellennachweis siehe Seite 314
Satz aus der Proforma PostScript (InDesign)
bei Pinkuin Satz und Datentechnik, Berlin
Druck und Bindung Druckerei C. H. Beck, Nördlingen
Printed in Germany
ISBN 3 499 23945 0

Inhalt

I. Aufsätze

II. Reden

III. Gespräche

I. Aufsätze

Lust auf Gottes Mühle

Wenn die Rede ist von einer Gestalt, welche bekannt ist aus mehreren Geschichten, darunter der Geschichte von Kirchen, Bewegungen, Sonnenstaaten, größerer Anschaulichkeit wegen genannt G., Mann oder Frau, –

G. ist, von Jugend auf, hingegeben an, überzeugt von, verschworen mit (weder nüchterne noch erhebende Wortwahl kann Achtbarkeit in Zweifel ziehen).

Verschworene Hingebung, hingegebene Überzeugtheit etc. bringe, zunächst, hervor eifrige oder eifernde Tat, eingeschlossen zuversichtliche Unduldsamkeit, welche, in leichtem Fall, des Wortes sich bedient (später folge kleine, jedoch unnachgiebige Gelassenheit).

Die innewohnende Neigung, dem Tum, als der Lehre, in reiner Strenge nachzufolgen, verleitet G. zur Blindheit für wiederkehrendes Mißverhältnis: zwischen Idee und irdischer Schaffung. In dunklem Anspruch, das Höchste zu gewinnen bereits für Montag, Dienstag, stoße G. auf das Wirkliche, verwickle sich trotz warnenden Fingerzeigs oder kumpanischer Ermahnung, beharre, widerstehe (außer Glaubenswissenshärte tue Wirkung, daß Umstehende herblicken, ferner: Stolz), und äußere, besten Vermögens, Irr-Tum.

Die Geschichtemacher, Lenker des Verwirklichten, denen G. nah verbunden im Wissenglauben, wissen aber, da sie, Überblicks halber, höherstehen, besser als G., ob Lehre und Erde verträglich.

Nicht erbittlich wie gegen Schmäher und Hasser muß, der Reinheit zunutze, verfahren werden gegen solches, das an Werdung sich stößt, gegen G. Als Strafe soll gelten, daß waltender Brüderundschwesternbund, mit welchem G. Hirn, Herz, Atmung teilt, von sich abtrenne den Bessermacher.

Alsobald, kaum ist Wundschmerz erträglicher, faßt Fuß in Herz,

Hirn bittere Liebe zur Hand, die gezüchtigt hat. Nur Unabtrennlichem keimt sie, dem, abgeschnitten, der Atem geht in bündischem Zeitmaß. Denen, die hergeblickt, zeigt sich stützendes Dennoch: vereinzelter Gestalt G. zugänglich wie vormals: Lehre, Idee. Umgeben bleibt G. von Ungeformtem (Mensch, Verhältnis usw.), dessen Formung Zweck genannt wird, höchster, des Daseins.

Fortgetan, nur bestärkt im besseren Wollen und Drang von innerem Organ, lebe G. in doppeltem, verzehrendem Streit: mit Schmähern und Hassern, mit Brüdern und Schwestern.

Kaum Bewegung gelingt G., von brüderlichschwesterlicher Strenge umstellt. So daß alle Tat in den Kopf gerät, durch den Mund nur hervorgeht. Die Hände bleiben der Geste.

Noch tatloser Wortschall wird erwidert mit Härte, daß G. fast stillsteht, knapp verloren, und bloß gehalten von magenziehender Schwäche für immer strahlende brennende Idee, Lehre, Liebe, die G., liebendes, ausbrennt.

– ist die Rede von G. in der Geschichte.

(1978)

Literatur und Widerstand

Literatur und Widerstand – was haben Literatur und Widerstand miteinander zu tun? Was, wenn schon nicht unbefangen gefragt werden kann, was Literatur sei, was ist *Widerstand*? Die philologische Bestimmung der Wortbedeutung enthält: 1. Weigerung, 2. Widerstreben, 3. Behinderung, 4. Gegenwehr, die als ein Tun und Verhalten von Personen entweder als ein Widerstreben mit Körperkraft erscheinen oder, in jenen zahlreichen Fällen, in denen nicht vom Widerstreben mit physischer Kraft und Waffen die Rede sein kann, ein mehr *aktives* Entgegenwirken oder ein mehr *passives*, beharrendes, nicht nachgebendes Widerstreben, eine Widersetzlichkeit meinen. So auch heißt es von dem Verb *widerstehen*, es meine als ein Tun und Verhalten entweder physisch standhalten, zur Gegenwehr greifen, oder, ohne physische Kraft, ein mehr *aktives* Widerstreben oder ein mehr *passives* Beharren, ein Nicht-folgen, ein Sich-verschließen. Soweit die Philologie, genauer: das Deutsche Wörterbuch der Brüder Grimm in des Vierzehnten Bandes Erster Abteilung zweitem Teil aus dem Jahr 1860.

Zweifellos hat Literatur mit so etwas zu tun, mit Widerstand. Und zwar sowohl mit physischem Widerstand als auch mit Widerstand ohne physische Kraft, wie Philologen sagen. Wie das? Es sind Fälle bekannt geworden, in denen Bücher *direkt* widersetzliches Tun und Verhalten von Personen ausgelöst, also physischen Widerstand bewirkt haben; sei es im *Sinne* der Verfasser, sei es *entgegen* der Verfasserabsicht, wozu zuletzt auch gehören mag, daß ein Buch fortgeworfen oder verbrannt wird.

Vor allem ist öfter bemerkt worden, daß Literatur *indirekt* Wirkung in Köpfen tut und das Verhalten von Personen derart beeinflußt, daß von unnachgiebigem Beharren auf Ansichten und Meinungen gesprochen werden kann, die in einem Gegensatz zu öffentlichen oder sogar zu befohlenen Ansichten und Meinungen stehen können. Ja, es kann sogar von Fällen *aktiver* geistiger Widersetzlichkeit gesprochen werden.

Insofern haben Literatur und Widerstand etwas miteinander zu tun. Das ist zwar nicht alles, doch von anderem später. Zunächst noch: Was ist Widerstand. In Artikel 20, Absatz 4, des Grundgesetzes der Bundesrepublik ist sogar ein Widerstands*recht* verankert: «Gegen jeden, der es unternimmt, diese Ordnung (nämlich die verfassungsmäßige) zu beseitigen, haben alle Deutschen das Recht zum Widerstand, wenn andere Abhilfe nicht möglich ist.»

Auch in Landesverfassungen der Bundesrepublik wurden Widerstandsrechte vorgesehen. In Artikel 147 der Hessischen Verfassung steht: «Widerstand gegen verfassungswidrig ausgeübte öffentliche Gewalt ist jedermanns Recht und Pflicht.»

In Artikel 23, Absatz 3, der Berliner Verfassung steht: «Werden die in der Verfassung festgelegten Grundrechte offensichtlich verletzt, ist jedermann zum Widerstand berechtigt.» In Artikel 19 der Bremer Verfassung steht: «Wenn die in der Verfassung festgelegten Menschenrechte durch die öffentliche Gewalt verfassungswidrig angetastet werden, ist Widerstand jedermanns Recht und Pflicht.»

Also sogar *Pflicht* zum Widerstand in den Verfassungen von Hessen und Bremen.

Es ist die Frage gestellt worden, ob die Widerstandsrechte zu den allgemeinen Menschenrechten gehören, und der Rechtsphilosoph und Strafrechtler Ulrich Klug hat geantwortet: «Die allgemeinen Menschenrechte enthalten Gebote und Verbote, aus denen ein entsprechendes Widerstandsrecht von gleichem Geltungsrang ... abzuleiten ist. *Das Widerstandsrecht ist daher selbst ein allgemeines Menschenrecht*» (U. Klug, S. 22).

«Widerstand ist ein Teil des natürlichen Rechts zur Gegenwehr», sagt Heinrich Böll (S. 87); an anderer Stelle: «Widerstand ist kein Recht; er ist eine Pflicht, jedem Menschen mitgegeben» (S. 88). Und, unter ausschließlichem Bezug auf die Bundesrepublik: «Die Grenze des Widerstandes ist nicht die Blockade, nicht die Verweigerung: die Grenze ist die *Gewalt*, jedenfalls in unseren Breiten» (S. 88).

Oft waren und sind es Autoren, die zu einem Widerstand gegen etwas aufriefen und aufrufen. Die Aufrufe waren und sind meist keine literarischen Produkte, sondern *direkte* Aufrufe. Die Aufrufe werden gehört wegen der literarischen Reputation ihrer Verfasser.

Aber abgesehen davon. Wie hat Literatur im eigentlichen Sinn zu tun mit Widerstand. Was könnte das sein in der Literatur: widerstehen.

Das kann das Beharren auf einem Stoff, einem Gegenstand sein, der der leichten Sagbarkeit widersteht. Also der Widerstand gegen – je nach den Verhältnissen – Modisches oder Genehmes, ein Widerstand, der mehrfaches Risiko, politisches, menschliches, kommerzielles, einschließt.

Das kann der Widerstand der sprachlichen Form gegen billige Konsumierbarkeit sein, ein Widerstand, der durch Arbeit an der Sprache geleistet wird.

So daß – Stoff und Sprachform zusammengenommen – gesagt werden kann: ein literarischer Text bietet Widerstände.

Daß also Mißtrauen am Platz ist, wo das Widerständische fehlt, wo glatte Sprachfassade und beflissene stoffliche Übereinstimmung mit dem herrschenden Geschmack der Zeit oder mit dem Geschmack der zur Zeit Herrschenden auszumachen ist.

Aber es ist noch von etwas anderem zu reden. Wenn es wahr ist, daß Literatur direkt oder indirekt das Tun und Verhalten im Sinne physischer oder geistiger Widersetzlichkeit bestimmen kann, muß dann gewaltig von Politik gehandelt sein? Aus der Betrachtung der deutschen Exilliteratur in den Jahren 1933 bis 1945 wissen wir: «Literarische Texte werden», wie Manfred Durzak es ausgedrückt hat, «auf der einen Seite zu moralischen Dokumenten und können auf der anderen Seite auch als Illustrationsmaterial für bestimmte gesellschaftliche und politische Zusammenhänge ... eine Bedeutung annehmen, die man am besten mit Relationswert beschreibt. Aber Relationswert und *literarischer* Wert können durchaus inkongruent sein. Das Problem besteht nicht darin, wieviel ein bestimmter Text zur Kenntnis einer bestimmten historisch-politischen Situation beiträgt, sondern wie diese Situation den Text bestimmt, strukturiert und seine sprachliche Aussage beeinflußt hat, wie sie letztlich in ihm aufgehoben ist» (S. 12/13). Und weiter: «Es geht also darum, den komplizierten Vorgang der Vermittlung von historischer Situation im sprachlichen Text aufzuschlüsseln. Und so gewiß die Kenntnis der historischen Materialien zur Erkenntnis dieses Vermittlungszusammenhanges beiträgt, so wichtig ist zu betonen, daß der Text mehr ist als die Summe dieser historischen Fakten» (S. 13). Soweit Durzak.

Anders, aus der Sicht des Autors und unmittelbar auf das Thema Literatur und Widerstand bezogen, gesagt: Die «Widerstandsgeste» (Durzak, S. 14) ist noch lange nicht der literarische Ausdruck des Widerstands.

Und auf die Gegenwart angewandt: Der – nach einem Ausdruck von Thomas Mann – «Zwang zur Politik» bleibt zumeist trockene Forderung, wandelt sich selten zum literarischen Ausdruck des Politischen, endet häufig im Plakativen.

Diese Skepsis ist aber kein Plädoyer für Politiklosigkeit, etwa im längst widerlegten bildungsbürgerlichen Sinn. Die Skepsis ist nur eine Form der dringlichen Frage nach dem *literarischen* Ausdruck des Politischen.

Gibt es politische Texte, die überhaupt nicht von Politik handeln? Man weiß schon, daß es sie gibt.

Es ist die Rede von Literatur als einem autonomen Feld. Nicht vorsätzliche oder aufgeschwatzte Politisierung, die wie ein Spruchband aus dem Text flattert, sondern innere Verwirklichung eines Textes ist gemeint. Es ist die Rede von unausgesprochener Anstiftung zu etwas, zum Beispiel, im natürlichsten Fall, durch eine natürliche Erscheinung wie «des Himmels Luft», die, mit Hölderlin zu reden, «der Knechtschaft Schmerzen» «löst» (Hölderlin, Der Neckar).

Es ist die Rede von einem subversiven Strom, der in einem Text fließt und eine das Denken befreiende oder eine zum Denken zwingende Helle bewirken kann, also eine Stärke im Kopf eines Lesers oder Hörers.

«Das freie Urteil der Vernunft» zu bewahren, welches «der Besitz von Macht unvermeidlich verdirbt», wie es bei Immanuel Kant heißt, soll nach den Worten des Propheten Amos «das Recht offenbart werden wie Wasser und die Gerechtigkeit wie ein starker Strom» (Amos 5,24) (I. Kant zitiert nach E. Bloch, S. 89).

(1985)

Ernst Bloch: Widerstand und Friede. Aufsätze zur Politik. edition suhrkamp 257.
Heinrich Böll: Steht uns bei, ihr Heiligen. Wider die trügerische heidnische Göttin Sicherheit. In: Widerstand und Staatsgewalt. Gütersloh 1984.
Manfred Durzak: Die deutsche Exilliteratur 1933 bis 1945. Stuttgart 1973.
Ulrich Klug: Das Widerstandsrecht als allgemeines Menschenrecht. In: Widerstand und Staatsgewalt. Gütersloh 1984.

Über systematische Irrtümer

Das Ich in Becketts Roman *Der Namenlose* sagt zu Beginn: «Wo Leute sind, sagt man, sind Dinge. Soll das heißen, daß man, wenn man jene gelten läßt, auch diese gelten lassen muß? Es wird sich zeigen. Zu vermeiden, ich weiß nicht warum, ist der systematische Geist. Leute mit Dingen, Leute ohne Dinge, Dinge ohne Leute, nicht so wichtig, ich rechne damit, dies alles in kurzer Zeit abtun zu können. Ich weiß noch nicht wie. Ich werde schließlich vielleicht von wer weiß was umgeben sein, auf einem wahren Rummelplatz. Unablässiges Kommen und Gehen, Jahrmarktstrubel. Nur keine Bange, ach was.»

Eine andere Frage: Was ist das, die DDR? Meyers Neues Lexikon, Band 3, erschienen 1972 in Leipzig, sagt: «Die DDR ist ein sozialistisches Land in Mitteleuropa. Sie wurde am 7.10. 1949 als sozialistischer und demokratischer Staat gegründet, in dem die Arbeiterklasse im Bündnis mit den anderen Werktätigen die politische Macht ausübt, der Mensch im Mittelpunkt aller Bemühungen der Gesellschaft steht und eine konsequente Friedenspolitik betrieben wird.»

Was sind «unwahre Wörter»? Der Sprachphilosoph Hans Martin Gauger hat es kürzlich erklärt: Unwahre Wörter sind Wörter, die erstens die Existenz von Dingen suggerieren, die es gar nicht gibt, oder zweitens die Wirklichkeit anders darstellen, als sie ist.

Meyers Neues Lexikon aus Leipzig liefert in seiner Beschreibung des Staates DDR einige Beispiele. Das erste ist das Wort «sozialistisch». Es suggeriert die Existenz von etwas, das es in der DDR gar nicht gibt. Offenbar ist den Herrschenden selbst unangenehm aufgefallen, daß mit dem Wort und der Wirklichkeit etwas faul ist. Deshalb haben sie den anstrengenden Versuch gemacht, dem Wort «Sozialismus» mit einem Zusatz auf die Beine zu helfen. Der Zusatz heißt «existierend». Weil aber das Wort «existierend» noch nicht zu genügen schien, obwohl es doch genügen müßte, haben sie das Wort «existierend» mit dem Zusatzwort «real» abgestützt. Jetzt hatten sie es; es heißt «real *existierender* Sozialismus». Das Wort «existierend» heißt «wirklich». Das Wort «real» heißt auch «wirklich». «Real existierender Sozialismus» heißt also «wirklich wirklicher Sozialismus».

Das zweite Beispiel ist das Wort «Land». Es stellt die Wirklichkeit anders da als sie ist. Der Staat DDR ist nur der Teil eines Landes – der östliche Teil Deutschlands.

Das dritte Beispiel ist das Wort «demokratisch». Ich muß aber zugestehen – die Beschreibung gibt selbst zu verstehen, daß es sich um ein unwahres Wort handelt, denn es ist sogleich hinzugefügt, es handle sich um einen Staat, in dem die Arbeiterklasse die Macht ausübe.

Der Teufel holt es, denn diese Hinzufügung ist selbst unwahr. Jeder weiß es: In der DDR herrscht «die Diktatur einer Handvoll Männer» über die Arbeiterklasse und die anderen Werktätigen. Um genauer zu sein: Frauen sind auch dabei, und zusammen mit den Männern sind es vielleicht zwei Hände voll, die da diktieren. Rosa Luxemburg wird mir die Ergänzung schon erlauben.

Die Fragen, ob in der DDR «der Mensch im Mittelpunkt aller Bemühungen steht und eine konsequente Friedenspolitik betrieben wird», stehen der weiteren Diskussion zur Verfügung.

Zur Verfügung der Diskussion steht auch das Wort «Republik» in der Staatsbezeichnung «Deutsche Demokratische Republik». Ich will mich nicht zu sehr ins Systematische verlieren; es gibt auch die «Republik Südafrika» oder die «Republik Chile». Vielleicht müssen die Herrschenden in der DDR meinen, der Diktator Pinochet sei von Gott verlassen und ein Verräter, daß er eine Volksabstimmung über seine weitere Beschäftigung als Diktator zugelassen hat.

Jetzt bleibt uns nicht viel übrig: Die DDR ist ein diktatorischer Staat in Deutschland. Das ist alles. Soweit hat uns die Sprachphilosophie und der Wirklichkeitssinn nun gebracht. Der Versuch, mit unwahren Wörtern die Existenz von Dingen zu suggerieren, die es nicht gibt, oder die Wirklichkeit anders darzustellen als sie ist, den hat es natürlich schon immer gegeben. Das ist kein Spezifikum der neueren Zeit oder bestimmter Verhältnisse in Deutschland.

Von besonderem Interesse sind die unwahren Wörter in diktatorischen Staaten, zum Beispiel in der DDR. Die Herrschenden besitzen die bezaubernde Möglichkeit, eine ganze Scheinwelt aus unwahren Wörtern zu errichten. Die unwahren Wörter sind Vorschriften. Die Herrschenden können sie wirkungsvoll erlassen: sie besitzen u. a. das Monopol über die Medien, über die Volksbildung und über den Kunstbetrieb. Und für diejenigen, die sich nicht an die Vorschriften halten, besitzen sie letzten Endes einen terroristischen Polizei- und Sicherheitsapparat.

Die Diktatur hat gar keine Wahl. Sie ist nicht legitimiert und will doch wenigstens legitimiert aussehen. Wie wäre das zu schaffen? Da gibt es die Künste, vor allem die Literatur. Vielleicht kann die Literatur dazu verhelfen, den Herrschenden einen Anschein von Legitimität zu verleihen. Für diejenigen, die sich nicht so recht beteiligen wollen, gibt es die Zensur. Und in ihrer feinsten Form die Selbstzensur. Aber es gibt leider auch die Durchbrechung der Zensur, sozusagen aus Überdruß.

Die Zensur. Im 15. Band von Meyers Neuem Lexikon, der 1977 in Leipzig erschienen ist, wird gesagt, was Zensur ist – «staatliche Prüfung des Inhalts und der Aussage von Druckereierzeugnissen, Briefen, Filmen, Theaterstücken u. a. öffentlichen politischen und kulturellen Veranstaltungen. Die Zensur erfolgt durch staatliche Organe entweder bereits im Manuskript (Vor-, Präventiv-Zensur) oder nach dem Erscheinen bzw. der Veranstaltung (Nach-Zensur)».

Bemerkenswert in dem Artikel des DDR-Lexikons ist die Erwähnung von Briefen. Wer in Leipzig, Dresden, Ostberlin usw. denkt nicht daran, in welchem Zustand Briefe gelegentlich in seine Hand gelangen: stümperhaft oder herausfordernd schlecht wieder zugeklebt.

Erschreckt blickt man vom Lexikon auf und fragt sich: Hat die Lexikon-Redaktion politisch versagt? Hat die Redaktion es gewagt, eine korrekte Darstellung der Zensur in der DDR zu liefern? Hat die Zensur diesen Lapsus übersehen?

Nur eines wird bedauernd an dem Lexikon-Artikel reklamiert: er läßt die Überwachung von Telefongesprächen unerwähnt.

Aber keine Angst: Einige Zeilen weiter nimmt der Artikel wieder Haltung an. Es heißt nämlich: «In der DDR gibt es keine Zensur ...»

Wer aber unzufrieden mit seinem Lexikon bleibt, schlägt lieber die ostdeutsche Verfassung auf. Sie hilft weiter. In Artikel 27 (2) steht: «Freiheit der Presse, des Rundfunks und des Fernsehens sind garantiert.»

Jetzt ist man fast versöhnt. Der Verfassungstext nähert sich wieder der Verfassungswirklichkeit, denn Bücher sind im Verfassungstext nicht erwähnt. Also wird es wohl um Bücher anders bestellt sein als um Presse, Rundfunk und Fernsehen. Mit den Worten der Verfassung gesagt: Freiheit des Buches ist nicht garantiert.

Wirklich versöhnt ist man aber erst, wenn man sich erinnert, daß es auch keine Freiheit der Presse, des Rundfunks und des Fernsehens gibt.

Man weiß wieder, daß man sich an etwas halten soll, was es nicht gibt: an die Zensur.

Die Zensur in der DDR ist nicht etwas so Läppisches, wie es die Zensur im alten Rom war, wo die Zensoren noch gewählt wurden.

In der DDR verfügen die Herrschenden über ein umfassendes Zensursystem:

Zur Zensur gehört die Personalpolitik in den staatlichen Kulturinstituten, den Massenmedien, den Verlagen, im Filmwesen und in den Künstlerverbänden.

Zur Zensur gehört die Medienpolitik durch staatliche Lizenzpflicht und Druckgenehmigungen für alle (!) Publikationen; durch Einfuhrbeschränkungen für Zeitungen und Bücher aus dem Westen; durch Post- und Paketzensur und schließlich durch das politische Strafrecht.

Der Erfindungsreichtum und die Courage vieler Leute haben es zuwege gebracht, daß trotz der Einfuhrbeschränkungen allerlei verbotene Bücher in der DDR kursieren, nicht zuletzt die Bücher jener Autoren, die in den Westen gegangen sind, nachdem man ihnen gezeigt hatte, wo es langgeht. «Verbotene Bücher fliegen recht eigentlich durch die Luft, und was das Volk lesen will, liest es allen Verboten zum Trotz», hat Georg Herwegh 1842 gesagt.

Einer, der glücklicherweise unerkannt blieb – es war im Jahre 1842 – nannte die Zensur eine Köpfmaschine im Reiche des Geistes. Oder, falls Sie es anders wollen: Die Zensur ist die große Schule der ästhetischen Erziehung des neuen Menschengeschlechts.

Eine erhebliche Arbeit an der Sache der Literatur leistet der DDR-Staatssicherheitsdienst, sei es durch Hilfe bei der Beseitigung überflüssiger Briefe und unbrauchbarer Manuskripte, sei es durch Hilfe bei der Zusammenstellung von Manuskripten.[1]

Zur Zensur gehört schließlich die Selbstzensur (vgl. zu den Formen der Zensur DDR-Handbuch).

Manche meinen, die Selbstzensur, zu der sich Autoren aus Gründen der Selbsterhaltung genötigt sehen, sei eine regelrechte Quelle subtilen poetischen Gewinns: Etwas sagen und es doch nicht sagen, den sprachlichen Ausdruck bis zur Unerkennbarkeit verfeinern, so daß am Ende das dunkle Schöne oder das schöne Dunkel vor uns steht – Nietzsche sagte: «In Ketten tanzen ist höchste Kunst». Um gerecht zu sein: Da gibt es auch die Geisteswissenschaften, darunter die Literaturwissenschaft und, unvergessen, die Literaturkritik.

Was haben Schriftsteller nicht alles geschrieben, um den Herrschenden herrschen zu helfen. Was haben die Literaturwissenschaftler und Kritiker nicht alles verfaßt, um die Vorschriften für die Literatur unter die Leute zu bringen, nämlich unter die Schriftsteller und unter die Leser.

Die Klügsten unter den Herrschenden, sogar unter denen, die die Literatur und die Literaturwissenschaft und die Literaturkritik beherrschen, wissen schmerzlich, daß es nicht gutgehen kann. Die Zensur nützt nichts, der Polizei- und Sicherheitsapparat nützt auch nichts. Immer gibt es Schriftsteller und Literaturwissenschaftler und Kritiker, die alles etwas anders sehen und sich nicht an die Herrschafts-Spielregeln halten.

Doch wie gesagt: Die Herrschenden haben keine Wahl. Sie müssen weitermachen. Tun sie es nicht, dann spricht sich vielleicht allzu schnell herum, daß sie sich die Macht bloß anmaßen, nachdem sie sie in die Hand bekommen haben. Wie soll es dann weitergehen? Sollen sie etwa einfach alles hinschmeißen, und: ab nach Hause? Soll etwa die ganze Zeitlang umsonst geherrscht worden sein?

Was ist das, die DDR-Literatur? Ist es ein wahres Wort, daß sich – «seit der ersten Hälfte der sechziger Jahre – die sozialistische Nationalliteratur der DDR ...» «entfaltet»? So lehrt es der 11. Band der «Geschichte der deutschen Literatur», der 1977 in Ostberlin erschienen ist und den

Untertitel «Literatur der Deutschen Demokratischen Republik» trägt. Ist es ein wahres Wort, daß «sich in der DDR» – seit den sechziger Jahren – «die grundlegenden Merkmale einer sozialistischen Nation auszuprägen begannen ...»? Auch das lehrt dieser 11. Band.

Oder ist das Wort von der sozialistischen Nation in der DDR, die neben einer zweiten deutschen Nation, der bürgerlichen Nation in der Bundesrepublik, existiere, bloß ein zweckbestimmter propagandistischer Hokuspokus? Und ist also das Wort von der sozialistischen Nationalliteratur der DDR auch nichts anderes?

Läßt man bei der Frage besser das Nationale und Sozialistische fort, weil eine Diskussion darüber nur ein Hokuspokus wäre?

Was taugt ein Literatur-Terminus, der sich krampfhaft an einen – noch dazu zweifelhaften – Begriff für die Bestimmung eines politischen Systems und eines entsprechenden Territoriums klammert?

Wovon ist da die Rede? Ist die Rede vom Geburtsort der Autoren? Ist die Rede vom Wohnort der Autoren? Ist die Rede von dem Ort, an dem die Bücher geschrieben wurden? Ist die Rede von dem Ort, an dem die Bücher publiziert wurden?

Ein Autor wohnt in der DDR, hat dort Bücher geschrieben, und die Bücher konnten nur in der Bundesrepublik erscheinen. Zu welcher Literatur gehören diese Bücher? Zu welcher Literatur gehört ihr Autor?

Ein Autor ist aus der DDR in die Bundesrepublik gezogen und hat Bücher in der DDR geschrieben, die nur in der Bundesrepublik erscheinen konnten. Zu welcher Literatur gehören diese Bücher? Zu welcher Literatur gehört ihr Autor? Ein Autor ist aus der DDR in die Bundesrepublik gezogen, und in beiden deutschen Staaten hat er Bücher geschrieben, und in beiden deutschen Staaten sind Bücher von ihm erschienen. Gehören diese Bücher zur einen oder zur anderen Literatur? Genauer gefragt: Gehören einige dieser Bücher zur einen und einige zur anderen? Gehört ihr Autor zur Literatur des einen oder des anderen Staates? Genauer gefragt: Gehört ihr Autor ein wenig zur einen und ein wenig zur anderen Literatur?

Pauschal gefragt: Zu welcher deutschen Literatur gehören die folgenden Autoren, die allesamt aus dem Osten in den Westen gezogen sind, und zu welcher deutschen Literatur gehören ihre Bücher? Rudolf Bahro, Kurt Bartsch, Jutta Bartus, Jurek Becker, Manfred Bieler,

Horst Bienek, Wolf Biermann, Ernst Bloch, Thomas Brasch, Wolf Deinert, Gabriele Eckart, Dieter Eue, Jürgen Fuchs, Martin Gregor-Dellin, Franziska Groszer, Wolfgang Hädicke, Wolfgang Hegewald, Siegfried Heinrichs, Hans Jürgen Heise, Wolfgang Hilbig, Barbara Honigmann, Peter Huchel, Karl Heinz Jakobs, Bernd Jentzsch, Uwe Johnson, Peter Jokostra, Alfred Kantorowicz, Walter Kempowski, Heinar Kipphardt, Sarah Kirsch, Günter Kunert, Reiner Kunze, Hartmut Lange, Erich Loest, Roger Loewig, Monika Maron, Frank-Wolf Matthies, Hans Mayer, Christa Moog, Helga M. Novak, Tina Österreich, Theodor Plievier, Klaus Poche, Utz Rachowski, Fritz J. Raddatz, Christa Reinig, Ulrich Schacht, Hans Joachim Schädlich, Einar Schleef, Klaus Schlesinger, Sigmar Schollak, Stefan Schütz, Joachim Seyppel, Carola Stern, Bernd Wagner, Bettina Wegner, Jochen Ziem, Gerald Zschorsch, Gerhard Zwerenz.

Ich zähle 60 Autoren. Die Liste ist heute unvollständig. Wie unvollständig ist sie morgen?

Die Wendungen «die beiden Deutschland» und «von Deutschland nach Deutschland», die desto unkritischer aufgenommen werden, je selbstverständlicher sie unter die Menge gebracht werden, wollen mir ganz falsch vorkommen. Vorausgesetzt, ich bewege mich begrifflich in den Grenzen, die nach dem Zweiten Weltkrieg gezogen wurden, so gibt es zwei Staaten in Deutschland. Keinen dieser Staaten setze ich für sich genommen mit Deutschland gleich. «Die beiden deutschen Staaten» – ja, «von dem einen deutschen Staat in den anderen» – ja. Beide zusammen – sind Deutschland.

Welche Bedeutung besitzen relativ junge Staatsgrenzen gegenüber der historischen Dimension sprachlicher und kultureller Bindungen (um nur diese zu nennen)?

Warum sollten einige lexikalische und stilistische Verschiedenheiten der Sprache in verschiedenen deutschen Büchern und warum sollten einige Verschiedenheiten der Gegenstände in verschiedenen deutschen Büchern zur Annahme zweier deutscher Literaturen zwingen?

Der schwedische Schriftsteller Lars Gustafsson hat kürzlich in Berlin gesagt: «Begriffe wie ‹Die Teilung Europas› können systematisch in die Irre führen ... Denn in Wahrheit ist Europa gar nicht geteilt.»

Sagen wir: Begriffe wie «Die beiden deutschen Literaturen» können systematisch in die Irre führen ... Denn in Wahrheit ist die deutsche Literatur gar nicht geteilt.

Im östlichen deutschen Staat gibt es allerdings etwas, das es in der Bundesrepublik nicht gibt: In dem östlichen deutschen Staat gibt es eine staatliche Literaturpolitik. Sie soll aber nicht rundweg mit der Literatur verwechselt werden.

Im östlichen deutschen Staat ist die Literatur von Anfang an unter den Zwang des staatlichen Denk- und Sprachmonopols gestellt.[2] Dort ist der Literatur eine politische Funktion zugedacht – sie soll «Mittlerin der Ideologie der Macht» sein.[3] Aber – so Bertolt Brecht in den 50er Jahren –: «Die Kunst ist nicht dazu befähigt, die Kunstvorstellungen von Büros in Kunstwerke umzusetzen. Nur Stiefel kann man nach Maß anfertigen.»[4]

Wohl haben die staatlichen Literaturdoktrinen im Laufe der Jahre erhebliche Einbußen erlitten, aber begraben sind sie nicht – die Führungsrolle einer Partei gilt fort.

Die offenen und ehrlichen literarischen Vertreter der Macht schreiben weiter «nach Dienstvorschrift»[5]. Warum ihre Bücher nicht immer zu den besten zählen, hat Brecht erklärt.

Andere, die es eigentlich anders wollen, erliegen dem Denk- und Sprachmonopol und werden zu bloßen Konformisten[6], vielleicht sagen sie hinter der Hand: «Mögen täten wir schon wollen, aber dürfen haben wir uns nicht getraut» (Karl Valentin).

Wieder andere, die es auch anders wollen, beharren versteckt oder offener auf der Selbstbestimmung der Literatur: Einige lauschen – manchmal traurig, manchmal trotzig – dem Geist der Utopie nach, der sich längst in ein Gespenst verwandelt hat.

Noch andere, meist recht junge, die «eine andere Literatur» wollen (so der Untertitel der bei S. Fischer erschienenen Anthologie «Sprache & Antwort. Stimmen und Texte einer anderen Literatur aus der DDR»), haben erst gar keine diplomatischen Beziehungen zu dem Staat aufgenommen, in dem sie leben.

Schließlich gibt es immer wieder jemanden, der den Ort lieber flieht – aus Furcht vor «geistiger Mumifizierung»[7].

Alle können von Glück sagen, daß es außer dem östlichen deutschen Staat einen westlichen deutschen Staat gibt: Diejenigen, die von zu Hause fortgehen, bleiben dennoch in Deutschland zu Haus.

Die anderen, ob mit diplomatischen Beziehungen oder ohne diplomatische Beziehungen zum östlichen Staat, finden im Westen einen Verlag, der ihre Bücher druckt oder ihre Texte in Anthologien tut.

Und die offenen Verfechter der östlichen Macht schließlich lieben es sonderbarerweise sehr, in ganz Deutschland gelesen und bezahlt zu werden.

So finden sich alle im Regal einer westdeutschen Buchhandlung wieder, alphabetisch geordnet oder willkürlich nebeneinandergestellt, auf jeden Fall aber – vereint unter dem Dach der einen deutschen Literatur.

(1988)

1 Hans Jürgen Schmitt, Sozialgeschichte der deutschen Literatur, Bd. 11, Die Literatur der DDR, München/Wien 1983, S. 70.

2 G. Kunert, Aus fremder Heimat, S. 101.

3 Ebd., S. 104.

4 Bertolt Brecht, Schriften zur Literatur und Kunst, Frankfurt 1967, S. 213 f.

5 Hans Jürgen Schmitt, Die Literatur der DDR, München/Wien 1983, S. 327.

6 G. Kunert, a. a. O., S. 105.

7 Ebd., S. 105.

Über Dreck, Politik und Literatur

Derzeit ruft sich das Sprichwörtliche in Erinnerung: «Je mehr man den Schmutz rührt, desto mehr stinkt er.» Ich kann es niemandem verdenken, daß er nichts mehr hören, sehen, riechen möchte von den Dreckgeschäften des DDR-Staatssicherheitsdienstes. Ich kann den Impuls, Ohren, Augen und Nase zu verschließen, nicht leugnen. Sogar befallen mich Fluchtgedanken. Nur fort, über Ozeane hinweg, an einen Ort, wohin keine Nachricht gelangt. Wo man nicht vernimmt, daß der DDR-Staatssicherheitsdienst in einer «Präzisierung des Maßnahmeplans» vom 26. Juni 1970 eine «Aufklärung der Person Paul Celan, Schriftsteller, unlängst in Paris durch Selbstmord gestorben», verlangte. Wo man nicht erfährt, daß der DDR-Staatssicherheitsdienst am 4. Mai 1977, drei Wochen nach der Ausreise von Reiner Kunze, «politisch-operative Maßnahmen zur Verunsicherung des in die Bundesrepublik übergesiedelten antisozialistischen Schriftstellers Kunze» einleitete. Eine dieser Maßnahmen lautete so: «Mit Genehmigung des Leiters der Bezirksverwaltung wird ... eine Überprüfung des IM-Bestandes ... mit dem Ziel durchgeführt, solche IM auszuwählen, die in der Lage sind, entweder selbst oder über geeignete Verbindungen in westlichen Massenmedien über Kunze zu publizieren und seine Äußerungen zur DDR in Zweifel zu ziehen ...» (nachzulesen in der Dokumentation «Deckname ‹Lyrik›» von Reiner Kunze). Und doch möchte ich plötzlich wissen, welche Inoffiziellen Mitarbeiter des DDR-Staatssicherheitsdienstes «in der Lage» waren, Reiner Kunzes «Äußerungen zur DDR» in westdeutschen Zeitungen «in Zweifel zu ziehen». Plötzlich wüßte ich gerne, welche «geeigneten Verbindungen» zu westdeutschen Zeitungen diese Inoffiziellen Mitarbeiter des DDR-Staatssicherheitsdienstes besaßen. Aber ich möchte es auch nicht wissen – es regt sich ein Abwehrinstinkt, «denn wer das Schmutzige anfaßt, den besudelt's». Eines scheint gewiß zu sein: Der Schmutz und Gestank des DDR-Staatssicherheitsdienstes – das ist es, was bleibt.

Der Zusammenbruch des Systems, das einen monströsen Apparat wie den Staatssicherheitsdienst nötig hatte, fand unter allerlei Klagen statt. Nicht verwunderlich sind die Klagerufe der systematischen Profiteure. Kurios aber muten die klagenden Stimmen derer an, die sich als Kritiker des kommunistischen Systems verstehen. Irgend etwas soll auch gut gewesen sein an den Verhältnissen der Diktatur.

Irgend etwas soll auch erhalten bleiben von den Verhältnissen der Diktatur. Die Fehlkonstruktion ist zusammengebrochen, aber die falschen Baupläne geistern in den Köpfen herum. Die Pläne spiegeln etwas Idealisches vor, und schon hört man davon, daß die Pläne eigentlich ideal seien, nur eben von unfähigen Bauleuten falsch ausgeführt. Spricht hier – nach den Worten Alexander Mitscherlichs – «diese deutsche Art», die «Orientierung am Unwirklichen»? Sind es die «welterlöserischen Träume» deutscher Intellektueller?

Kühlste Wahrnehmung führt mich dazu, bei den Besitzern solcher Stimmen einen Mangel an Information zu vermuten. Als gelernter Student des Marxismus-Leninismus erinnere ich mich der gepaukten Erklärung, der Marxismus-Leninismus sei die «Wissenschaft von den Entwicklungsgesetzen der menschlichen Gesellschaft, von der sozialistischen Revolution und der Diktatur des Proletariats, vom Aufbau der sozialistischen und kommunistischen Gesellschaft». Mag sein, daß diese «Wissenschaft» als ideologisches Gegenbild zu Gesellschaften verstanden werden soll, die nicht gewillt sind, sich der Diktatur eines Proletariats zu unterwerfen – abgesehen davon, daß es sich um eine Diktatur über das Proletariat handelte; aber diese Tatsache wird schon zu den Mängeln der Bauausführung gerechnet.

Mag sein, daß diese «Wissenschaft» als religiöses Angebot einer Sekte hinzunehmen ist. Aber sie war als «Anleitung zum Handeln» gemeint, als Handlungsanweisung für die Herstellung von Gesellschaften, und wer sich widersetzte, weil er nichts von der Diktatur hielt – weder von der Diktatur des Proletariats noch von der Diktatur über das Proletariat –, der wurde zur «Vorgangsperson» des Staatssicherheitsdienstes.

Ein anderer Lehrsatz der marxistisch-leninistischen «Wissenschaft» lautet, das höchste Kriterium der Wahrheit sei die Praxis. Diese Einsicht ist natürlich etwas älter als der Marxismus-Leninismus, und sie ist akzeptabel. Man muß es der marxistisch-leninistischen «Wissenschaft» lassen: Sie hat den Satz geliefert, der anhand ihrer gesellschaftlichen Praxis zu erweisen erlaubt, daß ihre Gesellschaftstheorie falsch ist. Unter dem Gesichtspunkt demokratischer Gesellschaftsverfassungen darf gesagt werden, daß Gesellschaftsordnungen nach dem Muster des Marxismus-Leninismus praktisch nicht mehrheitsfähig sind. Die sozial und ökologisch kontrollierte Marktwirtschaft bietet eine andere Praxis: Produktivität und Garantie der Bürgerrechte.

Der Zusammenbruch des kommunistischen Systems und seiner Ideologie mußte die Debatte über Kunst und Literatur, über Künstler und Literaten hervorbringen. Im Westen ist öfter die Rede von Verlusten, die Kunst und Literatur in den ehemals kommunistischen Staaten erleiden. Obwohl die kommunistische Unterdrückung der künstlerischen Freiheit die denkbar schlimmsten Verluste verursacht hat, spricht man nach der Aufhebung der Zensur und nach der Erlangung künstlerischer Freiheit von Verlusten.

Manche Schriftsteller unter der kommunistischen Diktatur haben sich als Kritiker von Erscheinungsformen der Diktatur verstanden, ohne die Diktatur selbst in Frage zu stellen. Ihre systemimmanente Kritik war den Unterdrückten gewiß von partiellem Nutzen. Die Feststellung, daß systemimmanente Kritik auch den Unterdrückern von Nutzen war, weil sie die Grenzen des Systems fraglos voraussetzte, wird als unfein empfunden. Literarische Werke der systemimmanenten Kritik waren vielfach bemerkenswert; sie stehen hier gar nicht zur Diskussion. Vielmehr erhebt sich die Frage: Soll man tatsächlich beklagen, daß die Verhältnisse verschwunden sind, unter denen diese Werke entstanden?

Immerhin, so heißt es, hätten solche Werke eine Art Lebenshilfe für Unterdrückte dargestellt. Boshafte Zungen fassen die Sache in das Bild von einem Gefängnis, dessen Insassen Hilfe von privilegierten Besuchern erfahren. Die Insassen wurden von den Besuchern sogar ermahnt, keine Dummheiten zu machen, weil Dummheiten ihre Lage nur erschwerten. Der Gefängnisdirektor wurde diskret gebeten, auf Flüchtlinge nicht sogleich zu schießen, die Arbeitsbedingungen zu erleichtern, öfter Ausgang zu gewähren und für vitaminreichere Kost zu sorgen. Ist es allzu boshaft, solche Art Lebenshilfe als Versuch zur Verbesserung der Haftbedingungen zu bezeichnen?

Derlei Bosheit ist natürlich verletzend. Man beruft sich dagegen auf die Treue zu einer guten Absicht, und man vergißt darüber, daß es eben ein Gefängnis war, das man zu verbessern trachtete. Steckt hinter der Berufung auf die gute Absicht die Angst vor der Zerstörung einer Lebenslüge? Ich weiß es nicht.

Im Westen ist auch ein Widerhall der Klage über den Verlust anheimelnder, besinnlicher, schöpferisch stiller «Nischen» der kommunistischen Gesellschaft zu vernehmen. Die russische Dramatikerin Lydia Petruschewskaja hat diese vielberedeten «Nischen» «Schlupflöcher für Sklaven» genannt.

Die literarische Debatte der jüngsten Zeit scheint sich letzten Endes wieder einmal um das Verhältnis von Politik und Literatur zu drehen. Nicht gerade selten taucht die Frage nach den Aufgaben der Literatur auf. Weniger vorsichtige Fachleute zählen die Aufgaben der Literatur einfach auf. Dabei rangiert die politische Aufgabe der Literatur auf den vorderen Plätzen. Es fragt sich nur – wieder einmal –, ob die Literatur tatsächlich eine politische Aufgabe hat.

Man könnte es dabei bewenden lassen, daß dies jeder Autor für sich selbst entscheiden muß. So ist es ja auch. Diejenigen, die eine politische Aufgabe der Literatur leugnen, werden aber gerne eines anderen belehrt. Ich möchte es vermeiden, diejenigen eines anderen zu belehren, die eine politische Aufgabe der Literatur behaupten. Der Literatur wird eine politische Aufgabe zugeschrieben oder nicht; es handelt sich um eine Ansicht, die man predigen kann oder nicht. Ich möchte bloß auf eine Verwechslung aufmerksam machen, die das Hin und Her öfter belebt.

Gemeint ist die Verwechslung der Schreibabsicht mit dem Charakter des Textes. Politische Texte können ohne politische Schreibabsicht entstehen. Aus politischer Schreibabsicht können unpolitische Texte folgen. Die politische Schreibabsicht kommt aus dem expliziten Engagement für oder gegen eine politische Überzeugung, Richtung, Partei etc. Sie nimmt Bezug auf ein akzeptiertes oder abgelehntes Denk-, Ordnungs-, Gesellschaftssystem etc. Es ist nicht selten, daß aus solcher

Absicht Texte entstehen, die ein anderes Ziel erreichen als das beabsichtigte. Die unpolitische Schreibabsicht folgt lediglich aus dem Interesse für existentielle Bedingungen. Sie nimmt Bezug auf Menschen und Gegenstände. Es ist nicht verwunderlich, daß aus solcher Absicht Texte entstehen können, die als politische Texte verstanden werden.

Schließlich bleiben die Dinge des Geschmacks – des literarischen, über den schwer zu streiten ist, und des politischen, über den schwer gestritten wird.

(1990)

Die Stunde Null oder Ist heute gestern?

Nüchtern und illusionslos sei es gesagt: «Wer die Gegenwart sieht, hat alles gesehen, was sich seit Ewigkeiten ereignet hat und auf unendliche Zeit ereignen wird; denn es ist alles an Art und Wesen gleich.» Das sind Worte des römischen Kaisers Marc Aurel, und Marc Aurel sagt: «Unaufhörlich eilt das eine seiner Entstehung, das andere seinem Ende zu, und manches, was entsteht, ist zum Teil schon wieder vergangen: Ein ewiges Fluten und Sichwandeln erneuert unaufhörlich die Welt, so wie der nie versiegende Strom der Zeit die grenzenlose Ewigkeit immer wieder verjüngt ... Auch das Leben eines jeden von uns ... ist kaum mehr als ein zarter Hauch ... und das Einatmen von Luft.»

Ist von diesem «Ablauf allen Geschehens in Raum und Zeit» die Rede, so verwundert es angesichts der menschlichen Natur aber nicht, daß doch öfter die Frage aufkommt, wo denn im Strom der Zeit die Grenze zu ziehen sei, die Vergangenes von Gegenwärtigem trenne. Grenzen im Ablauf der Geschichte: Die Bedeutung des Wortes «Geschichte» im Althochdeutschen wechselt zwischen «etwas, das geschehen ist» und «etwas, das geschieht». (Es besteht ja ein Zusammenhang zwischen dem Wort «Geschichte» und dem Wort «geschehen».) In althochdeutscher Verwendung beschreibt das Wort «Geschichte» Vergangenes und Gegenwärtiges. Es scheint sich damals eine Betrachtung niedergeschlagen zu haben, die keine Trennung vollzieht zwischen dem, was geschehen ist, und dem, was geschieht.

In unserer Zeit ist der umgangssprachliche Gebrauch des Wortes «Geschichte» vielleicht dem alten Gebrauch sehr nahe: «Sich aus einer Geschichte heraushalten» heißt ja, sich aus einer Sache (einem

Ereignis) heraushalten, und das meint etwas Gegenwärtiges, etwas, das geschieht. Wenn aber die Sache (das Ereignis) etwas Vergangenes, etwas, das geschehen ist, meint, so muß es regelrecht hinzugesetzt werden: «Laß die alte Geschichte ruhen». Wollte man den alten Gebrauch des Wortes «Geschichte» auf die Gegenwart übertragen, so könnte man von der Gegenwart als von Geschichte sprechen – wie von der Vergangenheit.

Für ein solches Verständnis von dem Verhältnis zwischen Vergangenem und Gegenwärtigem ist es tröstlich, daß moderne Wissenschaft, die sich mit der Gegenwart befaßt (zum Beispiel die empirische Soziologie), die Definition von Gegenwart eher vermeidet.

Im Strom der Zeit, angesichts von Ereignissen, die geschehen, deren Wirkung aber fortdauert, findet sich keine Grenze zwischen Gegenwart und Zukunft, die später Vergangenheit und Gegenwart heißen. Also – es gibt keine Stunde Null. Wir wissen schon, daß das Wort von der Stunde Null bloß eine Umschreibung für eine Verfassung ist, die dem Menschen in seiner Neigung zum Vergessen oft als wünschbar erscheint. Ein weitreichender Irrtum, eine katastrophale, folgenschwere Unternehmung sollen hinter uns liegen, damit wir von vorn beginnen können in der festen Absicht, Irrtum und Katastrophe zu vermeiden. Da soll es helfen, eine Grenze zwischen Vergangenheit und Gegenwart zu ziehen. Da soll die Zeit stillstehen. Da soll die Uhr auf Null gestellt werden. Von Null zählt man am liebsten aufwärts, das soll vorwärts heißen. Die passenden Sätze heißen: «Dreh dich nicht um.» «Sieh nicht zurück.» «Denk nicht an gestern.» «Vergiß es.» Ganz so wird das Wort von der Stunde Null in einem Wörterbuch erklärt: die Stunde Null sei ein «Zeitpunkt, an dem aus dem Nichts oder unter ganz neuen Voraussetzungen etwas völlig neu beginnt». Dem Wörterbuch ist kein Vorwurf zu machen; es erklärt das Wort so, wie es verstanden und gebraucht wird. Aber das ist es ja gerade: Das Wort von der Stunde Null wird verstanden und gebraucht, als gäbe es eine Stunde Null wirklich, als sei es nicht bloß eine Umschreibung für eine wünschbare Verfassung.

Das Wörterbuch erklärt den Gebrauch noch genauer. Der Zeitpunkt, an dem aus dem Nichts oder unter ganz neuen Voraussetzungen etwas völlig neu beginne, sei bedingt durch ein einschneidendes, womöglich historisches, Ereignis. Jetzt haben wir es. Ein einschneidendes, womöglich historisches, Ereignis muß zwischen dem, was Vergangenheit, und dem, was Gegenwart heißt, schon liegen. Das womöglich historische Ereignis wird selber eingeteilt nach Anfang und Ende. Am nächsten liegt für eine solche Einteilung das Bild vom Schnitt. Es sei ein einschneidendes Ereignis – ein Ereignis, das wie mit dem Messer in den Strom der Zeit geschnitten ist und an dessen Enden einerseits die Vergangenheit aufhört, und andererseits die Stunde Null beginnt.

Die Erklärungen verraten sich, und ich halte mich lieber an den Strom der Zeit, den Verlauf der Ereignisse, und an *die* Wirklichkeit der Seele, die es außer dem Wunsch nach Vergessen noch gibt.

Im März 1990 traf ich in Australien einen ehemaligen Deutschen, dessen Eltern es im Jahre 1938 gerade noch geschafft hatten, ihn, den Sohn, der damals zehn Jahre alt war, nach England bringen zu lassen. Die Eltern, deutsche Juden, gelangten nicht mehr fort. Der Junge wurde von England nach Australien gebracht und wuchs dort unter fremder Obhut auf. Von seinen Eltern besitzt der Mann nur das Bild, das sich ihm in den ersten zehn Lebensjahren eingeprägt hatte.

Das Leben dieses Mannes wurde von Ereignissen bestimmt, die Ende der dreißiger, Anfang der vierziger Jahre geschehen sind, deren Wirkung aber bis heute fortdauert. In der seelischen Wirklichkeit dieses Mannes gibt es keine Grenze zwischen Vergangenheit und Gegenwart.

In Australien traf ich einen anderen ehemaligen Deutschen, der als Jude auch aus Deutschland fliehen mußte. Er war seinerzeit, 1937, schon etwas älter und wurde ein Soldat der britischen Armee. Im April 1945, im Teutoburger Wald, wurde seine Gruppe von der SS angegriffen. Der Mann erlitt einen Bauchschuß, die SS überrannte die britische Stellung. Der Mann blieb unentdeckt und lag zwei Stunden im Wald. Nach einem Gegenangriff seiner Gruppe fanden seine Kameraden ihn. Er sagte mir: «Die SS hat mich durchschossen, aber ich wollte noch etwas leben. Immer wenn ich nach dem Krieg in Deutschland einen Deutschen traf, habe ich stumm gefragt: ‹Was hast du im April 1945 getan?› Immer kam mir eine Zeile von Wilfred Owen aus dem ‹War Requiem› von Benjamin Britten in den Kopf: ‹I am the enemy you killed, my friend›» («Ich bin der Feind, den du getötet hast, mein Freund»).

Für diesen Mann gibt es auch keine Grenze zwischen Gestern und Heute.

Historische Abläufe können miteinander verglichen werden. «Vergleichen heißt nicht gleichsetzen.» Es heißt nur Gleichheiten und Unterschiede bemerken. Immer wieder begegnet uns eine gewisse fatale Konstellation: Gewaltherrscher und ihre Helfer als eigentliche Täter auf der einen Seite; Widersetzliche, die ein Recht auf Gewaltherrschaft nicht anerkennen, als eigentliche Opfer auf der anderen Seite; und dazwischen – die große Menge, die nicht homogen ist und deren Grenze zu den Tätern und zu den Opfern verschwimmt. Und wie ein und dieselbe Person sich wandeln kann, so kann auch die große Menge sich wandeln, und die verschwommene Grenze zu Tätern und Opfern verschiebt sich. Es mangelt mir am Instrumentarium für eine Differenzierung der großen Menge.

Man erkennt den einen und anderen Typus, aber die Verteilung und die Wandlung des einen und des anderen Typus' bleibt ziemlich ungewiß. Höchstens einzelne Leute und ihre Biographien kann ich einigermaßen festhalten.

Zuallererst kommt ein terminologischer Zweifel auf. Ist das Wort «Täter» eine zutreffende Benennung für jemanden, der eine böse Tat, eine Untat, begeht? Sollte da nicht besser das Wort «Untäter» stehen? Die Untat ist nichts Untätiges, die Untat ist die Tat des Bösen. Ist das Wort «Opfer» eine zutreffende Benennung für jemanden, der die Tat des Bösen mit Leid oder Leben bezahlt? Ist Leiden oder Sterben keine Tat? Die sich wehren gegen Leid und Tod, vollbringen sie nichts? Elazar Benyoëtz sagt: «Mit ‹Opfern› werden die mildernden Umstände, die man sich im nachhinein sehnlich wünscht, hervorgezaubert, durch ihre Benennung legitimiert. Daß eine blutrünstige Mordtat Gott vom Menschen abschlägt, Himmel und Erde auseinandertreibt, sollen eben die ‹Opfer› verdecken, die eine Welt als Altar suggerieren, zu dem Opfer wie Opfernde gehören, damit zu verstehen gebend, es sei vorgesehen und vorgeschrieben und geschehe vor dem Herrn, der seine Opfer, die er liebt, haben will, und darum auch die Opfernden schätzt, die sie ihm hinaufschicken. Es ist an der Bezeichnung ‹Opfer› etwas Verdammtes, das einem Verdammten in uns entsprechen muß, denn Opfer werden immer gutgeheißen.» Ich will «Untäter» statt «Täter» sagen. Statt «Opfer» weiß ich kein anderes Wort, aber das Wort «Opfer» soll die Tat des Leidens und Sterbens benennen und die Tat des Wehrens.

Nur die Geschichte des 20. Jahrhunderts vor Augen, ist man um Beispiele für die gewissen fatalen Konstellationen nicht verlegen. Die Gewaltherrscher, deren wahre Insignien die Maschinenpistole und der Stacheldraht sind, wollen natürlich stets das Beste. Auf Vorhängen, die das Böse verhüllen sollen, liest man schöne Sätze.

Den Widersetzlichen soll um jeden Preis Gesicht und Name genommen werden. Sie sollen selber vergessen, wer sie sind. Tatsächlich werden sie allzu oft Gesichts- und Namenlose. Spätere Zeiten nennen sie «unzählig» und «unbekannt». Spätere Zeiten sprechen in ihrem Namen. In späteren Zeiten können sie zum zweiten Mal verhöhnt werden.

Die große Menge aber – wie ist ihr begrifflich beizukommen! Soll sie die große Menge der Mitläufer genannt werden können? Wie innerhalb dieser Menge unterscheiden? Wie bestimmen, wo die Grenze verläuft zwischen Anpassung und Verweigerung, zwischen Komplizenschaft und Subversivität, zwischen Kollaboration und Widerstand?

Findet sich nicht oft bei ein und derselben Person zugleich das eine und das andere: Anpassung, Komplizenschaft, Kollaboration und Verweigerung, Subversivität, Widerstand? Je nach biographischer und äußerer Situation? Und je nach Situation in der einen oder anderen Richtung mehr oder weniger? Vielleicht gilt für solche am ehesten der Begriff der Ambivalenz von Untäter und Opfer. Aber dieser Begriff gilt eben – in schwer faßbarer Weise – auch für andere.

Wo in der großen Menge stecken die, die einen stummen Vorbehalt hegen, keinen oder kaum einen Gewinn aus dem System der Gewaltherrschaft ziehen – und einfach mitgehen? Heißen sie besser Mitgeher statt Mitläufer? Und: Was ist das – passiver Widerstand?

Wo in der großen Menge sind die Erpreßten plaziert, die widerwillig mitspielen und die Faust in der Tasche ballen? Wo in der großen Menge trotten die Apathischen mit, die von den Helfern der Untäter geschoben und gestoßen werden müssen, damit sie nicht einfach stehenbleiben? Wo in der großen Menge arrangieren sich die Käuflichen, die um eines augenblicklichen Vorteils willen bedenkenlos mitrennen?

Wo in der großen Menge befinden sich andere, die sich in Zeiten der Gewaltherrschaft auf ihre Schwäche berufen? Sie haben auch Frau und Kind, sie müssen sehen, wie sie durchkommen. Sie jubeln den Machthabern laut zu und murmeln, daß sie es besser wissen. Sie verraten vielleicht ihren Nächsten und flüstern ihm zu, daß sie nicht anders können.

Endet Gewaltherrschaft einmal – sei es durch Niederlage in einem Krieg, sei es, weil die Mitläufer, Mitgeher, Mitspieler, Mittrotter, Mitrenner nicht mehr mitlaufen, mitgehen, mitspielen, mittrotten, mitrennen, und weil die Opfer den Machthabern revolutionär die Zeit zeigen – (wir erinnern uns: Es tritt ein einschneidendes, womöglich historisches, Ereignis ein), dann schlägt die große «Stunde Null». Angeblich endet jetzt die böse Vergangenheit, und die schöne Zukunft kann Gegenwart werden. – Der «Zeitpunkt, an dem aus dem Nichts oder unter ganz neuen Voraussetzungen etwas völlig neu beginnt», ist gekommen.

Einige oder recht viele oder gar alle Untäter sind davongekommen und sind noch da.

Manche Untäter sind verstockt, sie verstehen die Welt nicht mehr. Immer haben sie doch das Beste gewollt. Die Opfer und Mitläufer waren der Untäter nicht würdig, die Opfer und Mitläufer haben die besten Absichten der Führer durchkreuzt und alles verdorben. Manche dieser Untäter halten sich gerne für schuldlos. Schuld sind die Opfer und Mitläufer. Diese Untäter erklären sich womöglich selber zu Opfern. Schließlich haben sie ihre Opfer stets geliebt.

Andere Untäter üben ein wenig Kritik an sich selbst und lächeln ihren Opfern bissig ins Gesicht.

Viele große Helfer der Untäter, die doch selbst Untäter sind, verraten ihre Führer und berufen sich unschuldig auf einen Befehlsnotstand. Sie seien irregeführt und mißbraucht worden von ihren Führern. Die mittelgroßen, kleineren und kleinen Helfer der Untäter, die doch auch Untäter sind, haben ebenfalls etwas zu sagen. Sie haben bloß mitgetan, um Schlimmeres zu verhüten, erfährt man. Daß sie das Schlimmste nicht verhütet haben, sagen sie nicht. Manche waren eigentlich sogar immer dagegen, insgeheim. Seit wann sie dagegen waren und was sie dagegen getan haben, sagen sie nicht.

Für Untäter, die sich zu Opfern erklären, für Helfer, die selbst Untäter sind und den Befehlsnotstand anrufen oder sich als Irregeführte ausgeben oder gar als heimliche Gegner der Untaten, gibt es das Wort von den Gefärbten. Die Untäter, die die Kunst des Farbwechsels beherrschen, zeigen sich stets so, wie es ihnen frommt. Manchmal geschieht es, daß Untäter sich entschuldigen. Sie sagen zu den Opfern: «Wir entschuldigen uns.» Sie bitten nicht um Entschuldigung, sie entschuldigen sich. Sie sprechen sich von Schuld selbst frei. Da könnten sie ebenso gut sagen: «Wir verzeihen uns.» Da könnten sie auch sagen: «Wir vergeben uns.» Der schlampige Gebrauch des Wortes «entschuldigen» fällt niemandem so recht auf. Wer kann denn wen entschuldigen? Nur die Opfer können entschuldigen. Nur die Opfer können vergeben. Wenn sie aber tot sind, können sie es nicht. Für diejenigen, die sich selbst von Schuld freisprechen, ist es nicht weit bis zu dem Satz: «Wir versöhnen uns», nämlich mit den Opfern. Wollen sich die Opfer mit den Untätern versöhnen?

Für die, die sich selbst freisprechen, die sich selbst verzeihen, die sich selbst vergeben, ist die Bahn bald frei. Sie bieten sich an. Vielleicht kann die Gegenwart sie gebrauchen. Vielleicht können sie behilflich sein, «aus dem Nichts», «unter ganz neuen Voraussetzungen etwas völlig neu» zu beginnen? Wir ahnen nicht, wir wissen – sie können. Und die Gegenwart gebraucht sie. Zuvor noch ein wenig Entnazifizierung, Entstalinisierung, Entstasifizierung, eine kleine große Amnestie – und los. Sogar kann man Untäter auch unter denen finden, die die Opfer rehabilitieren. Und Rehabilitierung heißt, jemandes Ansehen wiederherstellen. Die große Menge aber – die Schwächlichen, die Käuflichen, die Apathischen, die Erpreßten, die Stummen und: die angepaßten Verweigerer, subversiven Komplizen, kollaborierenden Widerständler – die große Menge, die mehr oder weniger in der reservatio mentalis gelebt, die zwischen schlechtem und gutem Gewissen geschwankt, die zerrissenen Gewissens ausgehalten hat, sie hat die mentale Dissonanz, den Widerspruch zwischen Verheißung und Lebensverlust, zwischen Versprechen und Betrug nicht mehr ertragen – und die Verweigerung, der Widerstand gewannen die Oberhand.

Jetzt erst tritt das «einschneidende, womöglich historische, Ereignis» ein, für das die wahrhaft Widersetzlichen, die wahrhaften Opfer gelebt haben. Jetzt gibt sich die große Menge einen Namen und nennt sich «das Volk». Die wahrhaft Widersetzlichen, so gering an Zahl, verschwinden fast in der Menge, im «Volk». Und wenn das «Volk» es zuläßt, gesellen sich allerlei Untäter hinzu und sind auch «Volk». Sogar übelste Exemplare schreien versuchsweise mit, weil sie wissen – das «Volk» ist ein gutes Versteck. Sie verhöhnen das «Volk», und die Dummen klatschen ihnen Beifall. Die neue Zeit hat Mühe mit der biedermännischen Lüge.

Wie in der schönen neuen Zeit sollen es die vielfarbigen Mitläufer und die wahrhaft Widersetzlichen mit den Untätern halten? Rabbi Chaim sagte zu seinem Sohn: «Ich will dir die Geschichte vom General erzählen. Es ist Sitte, daß die Schildwache einem General, wenn er vorübergeht, größere Ehren als einem Obersten bezeigt. Nun geschah es einmal, daß ein General wegen eines Vergehens vor Gericht gestellt und zum Obersten degradiert wurde. Als er aus dem Hause kam, in dem das Militärgericht getagt hatte, und an der Schildwache vorbeiging, merkte diese nicht, daß er nicht mehr die Generalsabzeichen trug, und grüßte ihn ebenso wie stets vorher. Da erst war ihm das Herz wie durchbohrt.»

Wie sollen es die wahrhaft Widersetzlichen und die vielfarbigen Mitläufer miteinander halten?

Wie soll es der Verratene mit dem mitgelaufenen Verräter, der selber oft Verratener war, halten? Soll der Verratene es halten, wie Rabbi Schlomo riet? «Wenn du einen Menschen aus Kot und Schlamm heben willst, wähne nicht, du könntest oben stehenbleiben und dich damit begnügen, ihm eine helfende Hand hinabzureichen. Ganz mußt du hinab, in Schlamm und Kot hinein. Da fasse ihn dann mit starken Händen und hole ihn und dich ans Licht.»

Eine Stunde Null gibt es nicht. Die Untaten, die begangen wurden, wirken fort. Die Toten fehlen den Lebenden in der Gegenwart. Die Wunden der Lebenden sind nicht verheilt. Die Wunden, die verheilen, bleiben als Narben. Hilft etwa der Wunsch zu vergessen? Der Wunsch erfüllt sich nicht. Das Vergessen stellt sich nicht ein.

Wie die Seelen der Untäter reinigen? Wie die Seelen der Opfer reinigen, die nicht vergessen können?

Das wäre schön, nicht wahr, wenn es anginge, die Seelen herauszunehmen, sie von allem Makel zu säubern, und sie wieder einzusetzen.

Vielleicht fällt es den Untätern leichter als den Opfern zu vergessen. Wie leicht gelingt es Menschen doch, Unrecht, das sie anderen zugefügt, aus ihrem Kopf zu verbannen, um gleich wieder beruhigt zu sein (falls sie überhaupt beunruhigt waren). Marc Aurel sagt: «Du hast es in der Hand, dir über das und jenes kein Urteil zu bilden und deiner Seele dadurch eine Belästigung zu ersparen.»

«Was bedeutet das, was die Leute sagen: ‹Die Wahrheit geht über die ganze Welt?›» Diese Frage wurde dem großen Baalschem, Israel ben Elieser von Mesbiž gestellt. Der Baalschem antwortete: «Es bedeutet, daß die Wahrheit von Ort zu Ort verstoßen wird und weiterwandern muß.» Soll es so sein? Oder soll die Wahrheit am Ort bleiben? Die Wahrheit antwortet auf die Frage nach der Schuld.

Es fällt schwer, den individuellen Aspekt vom gesellschaftlichen und politischen Aspekt der Wahrheit zu trennen. Es will nicht mehr genügen, in anonyme Ursachen von Schuld zu tauchen; immer sind es doch Menschen, die schuldig werden.

Die Wahrheit wird verstoßen, wenn der schuldig Gewordene die Hände hebt und auf gesellschaftliche und politische Mächte verweist, die ihn getrogen haben, damit er sagen kann: «Nicht ich bin schuldig.» Wie gerne ist ein jeder von uns schuldlos. Wie ungerne hört ein jeder von uns das Wort Strafe. Auch der Versuch, Schuld loszuwerden durch den Satz: «Ja, ich bin schuldig, aber die anderen sind es auch», ist schon durchschaut. Als verringerte der Verweis auf eine Menge Schuldiger den persönlichen Anteil, die stets individuelle Schuld. Schuld als Folge persönlicher Haltung und Handlung kann keinem anderen aufgebürdet werden.

Nicht geholfen ist mit dem Ersatz der Schuld durch die Sünde. Es ist, als solle aus Gesellschaft und Politik geflohen werden.

Beruhigend steht mir vor Augen die Teilnahme von Gläubigen an den Auseinandersetzungen um politische Schuld. Beunruhigend steht mir aber vor Augen die Verstrickung von Gläubigen in die Schuld von Gewaltherrschern. Von Gewaltherrschern, die sich stets hinter Schildern verbergen, auf denen Namen stehen, welche sich allemal auf «ismus» reimen.

Juristische Unschuld macht den Angeklagten nicht automatisch schuldlos. Hermann Broch sagt in diesem besonderen Sinn: «Schuld ist keine juristische, sondern eine ethische Kategorie, und ihr Gegengewicht, ihre Auslöschungsmöglichkeit ist die Sühne, nie und nimmer die Strafe. Mit anderen Worten, Sühne ist nicht wie die Strafe an den Begriff der Abbüßung, sondern an den der Läuterung gebunden ...»

Wir wissen auch von der Schuld, die aus der Gleichgültigkeit und Achtlosigkeit erwächst. Auch nicht geholfen ist mit der Erklärung der Schuld aus den Bedingungen des Schuldigen. Hier ist es Zeit, von Verantwortung zu sprechen. Wie verantwortlich ist ein jeder für sein Tun und Lassen? Wann kann der Schuldige aus der Verantwortung entlassen werden?

In dem Wort «Verantwortung» steckt das Wort «Antwort». «Sich verantworten» heißt «Antwort geben» auf die Frage nach der Schuld. Erst aus dem Bewußtsein von Schuld wächst Erfahrung von Schuld. Erst aus Erfahrung von Schuld kann Annahme und Geständnis von Schuld hervorgehen. Nicht das Vergessen von Schuld, nicht die selbst gelieferte Rechtfertigung, sondern daß einer eigene Schuld annimmt, kann den Schuldigen befreien. Das einfache Vergessen, nämlich absichtslos etwas aus dem Sinn verlieren, ist nicht gemeint. Hier wird von solchen gesprochen, die sich etwas aus dem Sinn schlagen, die absichtsvoll ein Ende machen mit der Erinnerung, die die Erinnerung von ihrem Platz verdrängen, bis sie keinen Platz mehr hat.

Eigene Schuld annehmen ist vielleicht der erste Schritt zur Sühne. Sühne, verstanden als ein Preis jenseits von Strafe, den der Schuldige zu zahlen hat durch Erinnerung, Vergewisserung, Schuldbewußtsein, Schuld-Annahme, Schuldgeständnis: Sühne als Läuterung. Nur aus Sühne in so verstandenem Sinn kann Versöhnung, kann Befreiung von Schuld hervorgehen.

Strafe im juristischen Sinn bleibt nicht ausgeschlossen, darf nicht ausgeschlossen bleiben. Nach Schuld fragen, Antwort verlangen, Sühne fordern, notfalls Strafe auferlegen – wie kann das Böse wieder gutgemacht werden, wenn in der sogenannten Stunde Null das Vergessen ausgerufen wird?

Der Prediger Salomo sagt: «Was ist's, das geschieht? Eben das hernach geschehen wird. Was ist's, das man getan hat? Eben das man hernach wieder tun wird ...» (Prediger Salomo, Kapitel 1, Vers 9).

Soll es sein, wie es war? Dürfen die Inhaber universal nutzbarer Fähigkeiten – Politiker, Chefs, Generäle, Richter, Geheimpolizisten, Spitzel, Gelehrte, Psychiater, Journalisten, Künstler, Dichter – dürfen sie wieder und wieder der Prüfung enthoben bleiben, welcher Herrschaft sie sich angedient haben? Damit sie sich der nächsten Ordnung andienen können?

Man hört sie ja, die universell Nutzbaren, die nur Fachleute sind, man hört sie, wie sie immer zu hören waren. Man hört den alten neuen Politiker, der bloß sagt, daß er ja gewählt ist; den Chef, der auf den Ruf seiner Firma pocht; den General, der sich auf den Notstand eines Befehls beruft; den Richter, der nur dem vormals gültigen Recht gedient hat; den Geheimpolizisten und den Spitzel, die Lohn erwarten von der Anerkennung ihrer Fertigkeit, welche doch stets gebraucht werde, von jeder Ordnung; den Gelehrten, der sich der reinen Wissenschaft verschrieben haben will; den Psychiater, der vorbringt, daß er den Abweichler aus Liebe zum Menschen ruhiggestellt habe oder kaltgestellt; man hört die Journalisten, Künstler, Dichter, die erklären, sie seien auch nur Kinder der Zeit gewesen und sensible Opfer von Fehldeutung.

Nein. Es wird Einspruch erhoben. Es wird etwas erwartet. Es wird erwartet, daß jemand, der seine Ansicht und sein Tun an eine Gewaltherrschaft geknüpft hat, sich ganz und gar verantworte vor anderer Ansicht und anderer Ordnung.

Die Mauer der jüngsten Diktatur in Deutschland ist gefallen. Es ist etwas zu tun. Ich sage, was mein Freund, der israelische Dichter Asher Reich, gesagt hat: «Sage, daß die Mauer des Vergessens, die – schon wieder – errichtet wird, niedergerissen werden muß.»

(1990)

Der andere Blick

Kleine Geschichte des Versuchs, in der DDR Prosa zu veröffentlichen

Im Herbst 1971 knüpfte ich durch die Vermittlung von Bernd Jentzsch Kontakt zu dem Rostocker Hinstorff Verlag. Cheflektor des Verlages war Kurt Batt. Ich schickte ihm Texte, und bald darauf schrieb er mir, wenn er sagen sollte, welcher Text ihm am besten gefalle, so würde er für den Text «Komm, mein Geliebter, gehn wir aufs Land und nächtigen in den Dörfern» votieren.

Er lud mich zu einem Gespräch am 1. Dezember 1971 in Berlin ein. Zu diesem Gespräch kam es nicht, weil Batt krank wurde. Von Zeit zu Zeit brachten mehrere Verlage der DDR eine gemeinsame Anthologie heraus. Batt wollte meinen Text «Komm, mein Geliebter, gehn wir aufs Land ...» in einer solchen «Gemeinschaftsanthologie» unterbringen.

Er trug einer Lektorin auf, meine weitere Arbeit zu betreuen, und ließ sie im Februar 1972 schreiben, mein Text würde in der Anthologie «vor allem auch einen jungen Leserkreis erreichen». Die Lektorin schrieb aber noch mehr. Sie äußerte sich in aller Kürze zu den anderen Texten und meinte, der Text «Lebenszeichen» beschwöre Vergleiche herauf, die nicht wünschenswert seien.

Ich hatte oft den Großen Wachaufzug des Wachregiments «Feliks Dzierzyński», das dem Staatssicherheitsdienst zugehörte, vor der Neuen Wache in Berlin Unter den Linden beobachtet und zum Vergleich Fotos betrachtet vom Wachaufzug eines kaiserlich-preußischen Wachregiments vor der Neuen Wache. Der Text «Lebenszeichen» gibt eine Beschreibung des Wachaufzuges, wie ihn das Wachregiment des Staatssicherheitsdienstes ausführt in der Umgebung eines Nachmittags im kaiserlichen Berlin.

«... beschwört Vergleiche herauf, die nicht wünschenswert sind.» Welche? Offenbar hatte man nicht bemerkt, daß die Uniformen des Wachregiments «Dzierzyński» beschrieben waren. Der Kontext – das kaiserliche Berlin – hatte die Wahrnehmung bestimmt. Es wurde vermutlich befürchtet, vom kaiserlich-preußischen Wachaufzug könne auf den Wachaufzug des Staatssicherheitsdienstes, der tatsächlich irgendwie beschrieben war, geschlossen werden.

Unterdessen war vereinbart, ich sollte im März 1972 mit Batt auf der Leipziger Buchmesse zusammentreffen. Auch dieses Treffen kam nicht zustande.

Kurt Batt hatte 1972 einige Texte von mir, darunter «Unstet und flüchtig», an die Redaktion der Zeitschrift «Sinn und Form» geschickt. 1972 hieß der Chefredakteur Wilhelm Girnus. Im August 1972 schrieb die Hinstorff-Lektorin: Die Redaktion der Zeitschrift «Sinn und Form» habe die Texte abgelehnt, und: «Mit der Anthologie ist auch noch nicht alles entschieden ...»

Im Oktober 1972 schickte ich den Anfang einer größeren Prosaarbeit mit dem Arbeitstitel «Catt» an den Hinstorff Verlag. Kurt Batt trug einem anderen Lektor auf, sich mit meinen Texten zu beschäftigen. Im Dezember 1972 ein zögernder Brief eines wieder anderen Lektors: «... ich kann Ihnen noch immer nicht sagen, ob es mit der Aufnahme der Erzählung ‹Komm mein Geliebter, gehn wir aufs Land ...› in die Anthologie klappen wird.»

Im gleichen Monat ein Brief von Joachim Walther, den ich durch Bernd Jentzsch kennengelernt hatte, er habe als Herausgeber einer Anthologie im Buchverlag Der Morgen den Text «Unstet und flüchtig» aufgenommen, das Lektorat aber habe den Text nicht akzeptiert, «... weil die Sprachbehandlung von den anderen Geschichten (der Anthologie) zu sehr divergierte». Im Januar 1973 reagierte die Redaktion der Zeitschrift NDL («Neue Deutsche Literatur») auf einige meiner Texte, die Bernd Jentzsch für mich eingesandt hatte. Der Redakteur Eduard Klein schrieb: «Mehrere Kollegen unserer Redaktion haben die Manuskripte gelesen, doch können wir uns zu einem Abdruck nicht entschließen. Übereinstimmend finden wir, daß die Arbeiten gut geschrieben sind, nicht nur, was die Beherrschung der Sprache angeht, sondern auch die Fähigkeit zu verknappen, Stimmungen einzufangen usw. Unsere Einwände richten sich gegen den Inhalt. Mit Unterschieden von einer Arbeit zur anderen finden wir, ist er zu sehr verschlüsselt und geht andererseits in eine zu stark verneinende Richtung.»

Im Frühjahr 1973 schickte ich die Fortsetzung von «Catt» an meinen Lektor im Hinstorff Verlag, aber Kurt Batt mußte mir im April schreiben, daß der Lektor seit Wochen krank sei. Und er schrieb: «Leider muß ich Ihnen sagen, ... daß das Herausgebergremium für die Anthologie Ihre Geschichte (‹Komm, mein Geliebter, gehn wir aufs Land ...›, auf die wir gesetzt hatten, nicht akzeptiert hat ...»

Im Juni 1973 schrieb mein Lektor, daß sich die Arbeit «Catt» «... kaum als Buch realisieren läßt, wenigstens nicht mit der Konzeption, wie sie jetzt deutlich wird». Im Juni 1973 traf ich in Rostock zum ersten Mal Kurt Batt und meinen Lektor: eine freundliche, ratlose Beratung. Ich ließ aber nicht davon ab, Prosatexte direkt oder durch Vermittlung von Bernd Jentzsch nach Rostock zu schicken.

Noch im Juni hatte ich den Text «Komm, mein Geliebter, gehn wir aufs Land ...» an die Redaktion der Zeitschrift «Das Magazin» geschickt. Die Chefredakteurin Hilde Eisler schrieb im Juli: «Diese Geschichte fällt nicht nur bei der Anthologie im Hinstorff Verlag aus dem konzeptionellen Rahmen, sie fällt vor allem gründlich aus dem kulturpolitischen Rahmen der DDR ... Ich müßte mich sehr täuschen, wenn Ihre Erzählung irgendwo in der DDR erscheinen könnte.»

Ein dreiviertel Jahr später, im März 1974, teilte mir mein Lektor im Hinstorff Verlag mit, er habe für eine nächste «Gemeinschaftsanthologie» meinen Text «Tante liebt Märchen» vorgeschlagen. Und er machte mir Mut weiterzuarbeiten, denn: Er sehe einen Band mit Erzählungen auf den Verlag zukommen, und – schrieb er – «ich will, daß das geschieht und daß ich bald soviel (Machbares) auf dem Tisch habe, daß ich das Objekt vorstellen und verteidigen kann». Ich schickte ihm im Mai 1974 neue Texte. Im November 1974 schrieb mein Lektor, er müsse die Lektoratstätigkeit aus Gründen einer Krankheit lassen. Er habe meine Manuskripte einem anderen Lektor übergeben. Seit dem ersten Brief von Kurt Batt im Oktober 1971 waren reichlich dreieinhalb Jahre vergangen.

Im Mai 1975, in einem letzten Brief an meinen erkrankten Lektor im Hinstorff Verlag, versuchte ich ein Fazit zu ziehen; ich schrieb unter anderem: «Ich kann nicht machen, was mir nicht notwendig erscheint; meine Notwendigkeiten scheinen überflüssig, sogar unerwünscht zu sein ... Sie lesen aus meinen kleinen Geschichten ‹ein Ressentiment›, ‹das noch keiner Literatur genützt hat›. Was ist das? Nennen wir es nicht Ressentiment, nennen wir es Anspruch auf einen – meinetwegen kleinen – fortgeschwiegenen Realitäts- und Wahrheitsbereich ...»

Mein neuer Lektor im Hinstorff Verlag äußerte im November 1975 die Absicht, namens des Verlages einige meiner Texte bei einer neuen DDR-Literaturzeitschrift einzureichen, die «Temperamente» hieß.

In diesem Jahr 1975 starb 44jährig der Cheflektor des Hinstorff Verlages, Kurt Batt. Am 5. März 1976 erhielt ich ein Telegramm aus Rostock: «Können wir uns um 17 Uhr zu einem etwa zweistündigen Gespräch im Hotel Unter den Linden (in Berlin) treffen. Termin 11. März. Gruß Konrad Reich.»

Konrad Reich, der seit 1959 Leiter des Hinstorff Verlages war, brachte einen neuen Cheflektor mit. In einem etwa zweistündigen Gespräch im Hotel Unter den Linden wurde mir zweistimmig Besinnung und Einkehr empfohlen. Einen Blick für Wirklichkeit zu gewinnen, einen neuen Schreibansatz zu finden – das sei die Aufgabe. Konrad Reich legte den Besuch eines Bergwerks nahe oder Arbeit zur Erntezeit, zum Beispiel auf einem Mähdrescher.

Von da an schickte ich keine Texte mehr an den Hinstorff Verlag.

Vier Wochen nach dem Gespräch über Wirklichkeit und neuen Schreibansatz kam ein Brief von Konrad Reich, betreffend die Veröffentlichung von Texten in der neuen Zeitschrift «Temperamente». «... ich habe mich noch einmal um die bewußte Jugendzeitschrift gekümmert, genauer, um den Inhalt der ersten und weiteren Nummern ... Das Ganze hat nun doch eine andere Richtung genommen. Ich sehe, um Dir das ganz offen zu sagen, kaum für Dich einen Platz, der Dich befriedigen würde.»

Seit dem 1. April 1976 war ich – aus eigenem Entschluß – nicht mehr als fester Mitarbeiter der Akademie der Wissenschaften, sondern nur noch als «Mitarbeiter auf Honorarbasis» in der Akademie tätig. Nebenher arbeitete ich als Übersetzer für belletristische Verlage in Ostberlin.

Um aber freiberuflich tätig sein zu können, bedurfte es einer Steuernummer; ohne Steuernummer oder festen Arbeitsplatz galt man als arbeitsscheu, gehörte nach festgesetzter Zeit zur Kategorie der Asozialen und konnte strafrechtlich verfolgt werden. Eine Steuernummer erhielt nur, wer seine freiberufliche Tätigkeit durch die Zugehörigkeit zu einer staatlich anerkannten Vereinigung etc. legitimieren konnte. Deshalb bewarb ich mich als Übersetzer um die Aufnahme in den Schriftstellerverband der DDR. Es bürgten für mich Sarah Kirsch und Roland Links, damals Lektor im Verlag Volk & Welt, für den ich als Übersetzer tätig war.

Der Vorstand des Bezirksverbandes Berlin stimmte zu, und seit dem 1. Juni 1976 war ich Kandidat des Schriftstellerverbandes mit der Nummer 143 im kleinen gelben Ausweisbuch. Mein Kandidatenstand endete am Tag meiner Entlassung aus der DDR-Staatsbürgerschaft. Das gelbe Ausweisbüchlein des DDR-Schriftstellerverbandes besitze ich noch, obwohl – wie es im Statut des Verbandes unter III. 6. hieß – das Mitgliedsbuch Verbandseigentum bleibt und ... an den Bezirksvorstand zurückzugeben ist. Aber, so hieß es: «In Einzelfällen kann der Bezirksvorstand ... auf die Rückgabe verzichten.» In meinem Einzelfall verzichtete er, weil sich zwischen der Entlassung aus der Staatsbürgerschaft am Abend des 9. Dezember 1977 und der Stunde, da ich das Staatsgebiet der DDR verlassen haben mußte – am 10. Dezember 1977, 24 Uhr –, keine rechte Bürozeit finden ließ.

Es folgte ein letzter Versuch, in der DDR Prosa zu veröffentlichen. Günter Kunert vermittelte mir die Verbindung zu dem Verlag Neues Berlin, zu seinem Lektor G. Sch. Ich lieferte das Manuskript für einen Band Erzählungen und einigte mich mit G. Sch. auf eine Auswahl von 14 Texten. Es bestand die Absicht, für die Zeit von November 1976 bis April 1977 einen Förderungsvertrag mit mir abzuschließen, der die Vorstufe eines Verlagsvertrages darstellen sollte, welchen man im April 1977 mit mir abzuschließen gedachte.

Am 17. November 1976 unterschrieb ich den Protest von DDR-Schriftstellern gegen die Ausbürgerung Wolf Biermanns. Diese Unterschrift hatte bemerkenswerte Folgen. Noch im November (am 23.) wurde ich in das Akademieinstitut zitiert, für das ich auf Honorarbasis weiterhin tätig war. Der zuständige Forschungsbereichsleiter Prof.

Dr. W. H. forderte mich auf, meine Unterschrift zurückzuziehen, aber ich weigerte mich. Gefragt, was nun folgen werde, antwortete Prof. H., soweit er wisse, folge nichts.

Am 6. Dezember verlangte es die Lektoren Manfred Küchler und Roland Links vom Verlag Volk & Welt, für den ich belletristische Übersetzungen lieferte, nach einem klärenden Gespräch mit mir. Roland Links hatte bei dem Aufnahmeantrag für den Schriftstellerverband für mich gebürgt und meine Übersetzerarbeit gefördert. Links und Küchler forderten mich auf, meine Unterschrift zurückzuziehen. Sie hatten sich aber auf meine Weigerung vorbereitet. Es hieß, die laufenden Verträge würden eingehalten, neue Übersetzungsaufträge werde es nicht geben.

Die bemerkenswertere Folge meiner Unterschrift war am 20. Dezember 1976 die Mitteilung G. Sch.s vom Verlag Neues Berlin, die Hauptabteilung Verlage und Buchhandel im Ministerium für Kultur habe den Abschluß eines Förderungsvertrages mit mir untersagt, weil ich wegen meines Protests gegen die Ausbürgerung Wolf Biermanns nicht förderungswürdig sei. G. Sch. sagte aber auch, der Verlag halte an der Absicht fest, im April 1977 einen Vertrag mit mir abzuschließen, um 1978 einen Band Erzählungen herauszubringen.

Es verging das Jahr 1976. Am 4. Januar 1977 folgte in der Akademie doch noch etwas. Der stellvertretende Direktor des Akademieinstituts, Dr. J. Sch., sagte mir, ich hätte die Zusammenarbeit mit dem Institut als beendet zu betrachten, rückwirkend per 31. Dezember 1976.

Jetzt hatte ich keine legale Verdienstmöglichkeit mehr, weder als Übersetzer noch als freier Mitarbeiter des Akademieinstituts. Ich hatte eine gewisse Hoffnung in die Versicherung G. Sch.s gesetzt, der Verlag Neues Berlin werde, aller Ereignisse ungeachtet, im April einen Vertrag mit mir abschließen. Tatsächlich aber mußte G. Sch. am 7. März 1977 sagen, daß im April kein Vertrag mit mir abgeschlossen werde. Aus diesem Gespräch mußte ich den Schluß ziehen, daß mein Versuch, in der DDR Prosa zu veröffentlichen, gescheitert war.

Ich entschloß mich, die in den vergangenen Jahren entstandenen Texte in der Bundesrepublik zu veröffentlichen. Es kam – vermittelt durch Günter Grass – ein Vertrag mit dem Rowohlt Verlag zustande, ohne daß ich das Büro für Urheberrechte der DDR um Genehmigung gebeten hatte. (Erst nach meiner Übersiedlung in die Bundesrepublik wurde ich einer weitreichenden Wirkung des DDR-Verlagswesens gewahr. Günter Grass sagte mir, er hätte mein Manuskript zuerst dem Luchterhand Verlag gezeigt; dieser aber habe mit der Begründung abgelehnt, die Veröffentlichung könne seine Lizenzgeschäfte mit DDR-Verlagen stören.)

Im August 1977, binnen weniger als fünf Monaten, legte der Rowohlt Verlag den Prosaband «Versuchte Nähe» mit 25 Texten vor. Plötzlich tauchte im DDR-Buchhandel die «Gemeinschaftsanthologie» mehrerer DDR-Verlage auf, zu welcher der Hinstorff Verlag meinen Text «Tante liebt Märchen» beigesteuert hatte. Als Erscheinungsjahr ist auf dem Titelblatt groß und deutlich «1976» zu lesen. Ein ganzes Jahr hatte diese Anthologie in den Lagern gelegen. Nun wurde sie wohl schnell ausgeliefert, um im nachhinein die Bemerkung im Klappentext des Rowohlt-Buches zu widerlegen, daß meine Texte bisher nur im Westen erscheinen konnten.

Am 16. August 1977 meldete sich dann fast erwartungsgemäß das Büro für Urheberrechte der DDR bei mir. In einem Brief des stellvertretenden Leiters der Vertragsabteilung, Heitkam, hieß es: «... ein Inserat im Frankfurter Börsenblatt Nr. 47/1977 vom 14.6. 1977, mit dem der Rowohlt Verlag die Veröffentlichung Ihres Buches ‹Versuchte Nähe› ankündigt, veranlaßt uns zu dem Hinweis, daß jede Vergabe von urheberrechtlichen Nutzungsbefugnissen an Partner außerhalb der DDR der vorherigen Genehmigung durch unser Büro bedarf. Sofern Sie also einem Verlag außerhalb der DDR das Recht einräumen, Ihr Werk zu vervielfältigen und zu verbreiten, ist es erforderlich, schriftlich eine vertragliche Vereinbarung zu schließen und uns vor rechtsverbindlicher Unterzeichnung in einer Durchschrift zur Genehmigung einzureichen ... Wie eine Prüfung unserer Unterlagen ergab, haben Sie es versäumt, die Genehmigung zur Vergabe Ihres Buches an den Rowohlt Verlag bei uns einzuholen.»

Wenngleich der Brief im Rahmen der geltenden Gesetze seine Ordnung zu haben schien – ich war natürlich einigermaßen verstimmt: Ich sollte also nicht befugt sein, für mich selbst einen rechtsgültigen Vertrag abzuschließen. Und: Eine Behörde desjenigen Staates, in dem meine Texte nicht gedruckt werden durften, wollte nun Gewinn ziehen aus der Transferierung des Honorars für meine Texte.

Sollte aber jemand geglaubt haben, das Projekt eines Erzählungsbandes im Verlag Neues Berlin sei nur durch meine Teilnahme am Protest gegen die Ausbürgerung Biermanns gescheitert, der wurde belehrt durch eine Rede des stellvertretenden Ministers für Kultur, Klaus Höpcke, der im Ministerium über die Hauptabteilung Verlage und Buchhandel gebot. Auf einer Zusammenkunft von Vertretern aller belletristischen Verlage der DDR am 2. September 1977 in Berlin sagte der Minister, ich hätte mich mit meinem Buch in die Front der psychologischen Kriegsführung gegen die DDR eingereiht und gehörte zu denjenigen, die nach der Ausreise verlangten, wenn sie für ihre Taten zur Rechenschaft gezogen würden.

Ich war kein Vertreter eines belletristischen Verlages und also bei der Rede nicht zugegen. Freunde berichteten mir davon. Am 4. September 1977 stellte ich einen Antrag auf Ausreise in die Bundesrepublik.

In der Mitgliederversammlung des Berliner Schriftstellerverbandes, die 14 Tage später, am 19. September 1977, stattfand, verlegten sich Mitglieder des Verbandes auf die Sprache von Staatsanwälten und Beauftragten des Staatssicherheitsdienstes. Jemand verkündete, mein Buch erfülle den Tatbestand der «staatsfeindlichen Hetze». Staatsfeindliche Hetze galt als Verbrechen gegen die DDR und konnte nach Paragraph 106 des Strafgesetzbuches mit Freiheitsstrafe bis zu zehn Jahren bestraft werden.

Ein anderes Verbandsmitglied gab zu wissen, es sei lediglich der Großzügigkeit der Staatsorgane zuzuschreiben, daß ich noch auf freiem Fuß sei. Es sei zu fragen, wann der Verband mich endlich ausschließe.

An dieser Mitgliederversammlung des Berliner Schriftstellerverbandes hätte ich teilnehmen sollen. Aber die Aussicht auf dieses Ereignis löste bei mir einen heftigen Anfall von Zahnschmerzen aus. Statt in die Versammlung ging ich in die Zahnklinik. Über den Verlauf des Treffens unterrichtete mich Klaus Schlesinger.

Mein Antrag auf Ausreise wurde am 29. September 1977 abgelehnt, am 2. Dezember 1977 genehmigt.

Postskriptum: Zu dem vorstehenden Text schrieb mir Bernd Jentzsch: «... Kurt Batt bedeutete mir, nachdem er Deine Texte gelesen hatte, daß es eine politische Zumutung meinerseits sei, ihm so etwas zu zeigen und für den Druck vorzuschlagen. Das muß er ernsthaft gemeint haben, denn er kam bei zwei Begegnungen ziemlich aufgebracht darauf zurück. Schließlich, denn Euer Kontakt kam ja nur stufenweise zustande, verbot er mir (ich machte, wie Du vielleicht noch weißt, einen zweiten Anlauf bei ihm), ihm Texte von Dir zu schicken. Das ging so weit, daß unsere Freundschaft an einem Haar hing. Er hatte das Gefühl (und äußerte es sehr wortreich und konkret), ich beschädigte mit Deinen Texten den Stuhl, auf dem er saß, wissentlich. Ich habe K. B. zweimal wütend gesehen; einmal deshalb. Es endete mit dem Verbot, ihm Neues von Dir und über Dich mitzuteilen ...»

(1991)

Jeder ist klug, der eine vorher, der andere nachher

Am 21. Januar 1992 konnte ich zum erstenmal in der Akte lesen, die das Ministerium für Staatssicherheit der ehemaligen DDR über mich angelegt hat. Der Name, den die Hauptabteilung XX/Abteilung 7 des MfS meiner Akte gegeben hat, lautet OV «Schädling». Das Kürzel OV bedeutet: Operativer Vorgang. In der «Richtlinie Nr. 1/76 zur Entwicklung und Bearbeitung Operativer Vorgänge (OV)» des MfS heißt es, eine der «politisch-operativen Zielstellungen der Bearbeitung Operativer Vorgänge» bestehe darin, «durch eine offensive, konzentrierte und tatbestandsbezogene Bearbeitung die erforderlichen Beweise für den Nachweis des dringenden Verdachtes eines oder mehrerer Staatsverbrechen bzw. einer Straftat der allgemeinen Kriminalität zu erbringen».

Das Kennwort «Schädling» ordnete mich dem Ungeziefer zu, das zu bekämpfen und – womöglich – zu vernichten war. Die «Bearbeitungskonzeption» des OV «Schädling» war bestätigt von Rudolf Mittig, Generalleutnant und Stellvertreter des Ministers für Staatssicherheit, Erich Mielke.

Die mit dem OV «Schädling» befaßte Hauptabteilung XX des MfS, die von Generalmajor P. Kienberg geleitet wurde, «nahm eine Schlüsselstellung bei der flächendeckenden Bespitzelung der DDR-Bevölkerung ein. Sie hatte namentlich die staatlichen Einrichtungen, den Bereich der Justiz, des Gesundheitswesens, der Kultur und der Bildung, der Medien- und Jugendarbeit, der gesellschaftlichen Organisationen sowie der Kirchen und Religionsgemeinschaften mit geheimdienstlichen Mitteln zu ‹bearbeiten›. Vor allem sollten ihre Mitarbeiter alle Bestrebungen erkennen und bekämpfen, die auf eine Änderung der bestehenden politischen Verhältnisse gerichtet waren, mithin jede Form von organisierter Kritik und Opposition.»[1]

Innerhalb der Hauptabteilung XX war die Abteilung 7, die von Joachim Tischendorf geleitet wurde, speziell für den Bereich der Kultur zuständig. Außer Joachim Tischendorf beschäftigten sich vor allem Hans Schiller (Hauptmann), Willi Gentz, Brosche (Oberstleutnant), Stange (Oberstleutnant) und Pönig (Hauptmann) mit dem OV «Schädling». Auch Mitarbeiter anderer Abteilungen der Hauptabteilung XX waren mit dem OV «Schädling» befaßt, zum Beispiel der Leiter der für politische Emigranten aus der DDR zuständigen Abteilung 5, Buhl.

In der «Richtlinie Nr. 1/76» steht zu lesen: «Die Hauptkräfte für die Bearbeitung Operativer Vorgänge sind die IM (Inoffiziellen Mitarbeiter), da sie am umfassendsten in die Konspiration des Feindes eindringen, diese weitgehend enttarnen, zielgerichtet auf die verdächtigen Personen einwirken und solche Informationen und Beweise gewinnen können, die eine offensive, tatbestandsbezogene Bearbeitung Operativer Vorgänge gewährleisten.»[2]

Mit anderen Worten: Der Einsatz von Spitzeln (Inoffiziellen Mitarbeitern) war das wichtigste Mittel des MfS bei der Erfassung und Bekämpfung von Andersdenkenden.

Die «Richtlinie 1/76» nennt die Anforderungen, die an die Spitzel gestellt wurden:

«Die IM müssen
- eine solche berufliche oder gesellschaftliche Position aufweisen und über solche spezifische Persönlichkeitsmerkmale verfügen, die für die zu bearbeitenden Personen von Interesse sind;
- in der Lage sein, sich unauffällig ins Blickfeld der zu bearbeitenden Personen zu bringen, zu ihnen Kontakt herzustellen und ihr Vertrauen zu erwerben;
- den zu bearbeitenden Personen möglichst geistig ebenbürtig oder überlegen sein;
- mit den Grundregeln der Konspiration zur Bekämpfung des Feindes vertraut sein, die qualifizierte Arbeit mit operativen Legenden beherrschen und auf Überprüfungsmaßnahmen des Feindes richtig reagieren.»[3]

«Es sind vor allem die IM in die engere Auswahl einzubeziehen, die das Ausgangsmaterial erarbeitet haben, die bereits Kontakte oder Berührungspunkte zu den verdächtigen Personen besitzen ...»[4]

Unter den Gesichtspunkten der «Unauffälligkeit», der «Vertrauenswürdigkeit», der «geistigen Ebenbürtigkeit» und der «beruflichen und gesellschaftlichen Position» lag es am nächsten, Berufskollegen, «Freunde» und Verwandte eines «Verdächtigen» als Spitzel zu benutzen.

Die Spitzel (Inoffiziellen Mitarbeiter) erscheinen in der Akte unter ihren Decknamen. Die «Festlegung eines Decknamens» war laut «Richtlinie Nr. 1/79 für die Arbeit von Inoffiziellen Mitarbeitern (IM) und Gesellschaftlichen Mitarbeitern für Sicherheit (GMS)» des MfS «Bestandteil der Verpflichtung» eines Spitzels. «Bestandteil der Verpflichtung» war auch «die Belehrung über die Geheimhaltung» der Spitzeltätigkeit. Ein Spitzel mit einem Decknamen hatte sich also bewußt zur Spitzeltätigkeit verpflichtet, war sich über die Pflicht zur Geheimhaltung im klaren und kannte seinen Decknamen. Schriftliche Spitzelberichte, die sich in der Akte finden, sind oft von der Hand des Spitzels mit dem Decknamen unterzeichnet.

Es ist in einigen Fällen leicht, den richtigen Namen einer Person festzustellen, die sich als Spitzel hinter einem Decknamen verbirgt. Ich bin über mein großes Interesse an der Identität der Spitzel erstaunt. Keinesfalls vergesse ich über den Spitzeln die MfS-Offiziere, die das System und den Betrieb der Überwachung und Verfolgung beherrscht und organisiert haben. Ihre richtigen Namen stehen in der Akte.

Das Interesse an der Identität der Spitzel erklärt sich mir aus psychologischen und moralischen Gründen. Ich möchte wissen, wie jemand beschaffen ist, der einen anderen hinreichend täuschen, dem Unterdrückungsapparat einer Diktatur verraten und ausliefern kann. Ich möchte einen solchen Spitzel zur Rede stellen, um ihn zu einer Antwort zu bringen auf die Fragen: Warum hast du es getan? Was willst du tun, um dich aus der inneren Bindung an ein Verrats-System zu lösen? Wie willst du dich fernerhin verhalten? Was erwartest du von *mir*?

Ich möchte die Verletzung, die mir durch Verrat zugefügt wurde, kurieren. Es bedarf dazu der Antwort auf meine Fragen. – Leugnet der Spitzel, bleibt er die Antwort schuldig, weicht er aus oder lügt er, so bleibe ich verletzt, und aus der Enttäuschung über den Verrat entsteht erst eigentlich Zorn.

Ich weiß schon, daß ich zuviel erwarte, aber ich erwarte dennoch, daß ein MfS-Spitzel (von den MfS-Offizieren ganz zu schweigen), der der SED-Diktatur gedient hat, darauf verzichtet, in der demokratischen Gesellschaft Abgeordneter, Anwalt, Beamter, Bischof, Lehrer, Offizier, Pfarrer, Polizist, Professor, Psychiater, Richter usw. sein zu wollen.

Ich suche Antwort auf die Fragen: Wie soll ich mich zu Leuten verhalten, von denen ich weiß, daß sie mich an die Diktatur verraten haben, die aber keine Anstalten machen, sich mir zu öffnen ? Kann ich sie entschuldigen?

Die Gespräche mit enttarnten Inoffiziellen Mitarbeitern (IM) des MfS gehören zu den unangenehmsten Gesprächen, die ich je geführt habe.

In zwei Fällen reagierten die IM verblüffend gleichartig auf die Eröffnung, sie tauchten in den Akten des MfS eindeutig als IM auf. Die IM erklärten, sie seien keine IM gewesen und hätten keine Verpflichtungserklärung unterschrieben. Natürlich drängte sich mir der Eindruck auf, die IM seien am Ende der DDR vom MfS instruiert worden, im Falle der Enttarnung derartig zu reagieren.

Der eine (ich nenne ihn H) wird in einer «Information» der zuständigen Hauptabteilung des MfS vom 25. 11. 1976 ausdrücklich als «zuverlässiger IM» bezeichnet. Der andere (ich nenne ihn F) wird in einem «Vorschlag zur Realisierung einer operativen Maßnahme» der zuständigen Hauptabteilung des MfS vom 6. 10. 1977 ausdrücklich als «IM in der Abteilung XV der Bezirksverwaltung Potsdam» bezeichnet.

Als ich diese Zeugnisse des MfS erwähnte und auf den eklatanten Widerspruch zu den Erklärungen der IM verwies, war die Reaktion der IM wiederum gleich. H sagte: «Das weiß ich jetzt auch nicht.» F sagte: «Ich kann mir das gar nicht denken.»

Die beiden IM wollten sich auch nicht daran erinnern, daß sie «in Verwirklichung eines ... Auftrages» des MfS bzw. gemäß einer «Instruierung» des MfS (wie es in der «Information vom 25. 11. 76 bzw. im «Vorschlag zur Realisierung einer operativen Maßnahme» vom 6. 10. 77 heißt) gehandelt hatten.

Bis zu diesem Punkt der Gespräche waren also zwei Tatsachen geleugnet: die Tätigkeit als verpflichtete IM und die Ausführung von Aufträgen.

Die beiden IM wollten mir aber nicht bestreiten, daß «Mitteilungen» von ihnen in den MfS-Akten enthalten sind. Wie kamen diese «Mitteilungen» zum MfS? H sagte: «Ich weiß nicht, in welche Hände mein Bericht gekommen ist. Daß der dann da gelandet ist, würde ich für möglich halten.» F sagte: «Ich überlege, wie das dort hineingekommen ist.»

Irgendwie mußte «das» in irgend«welche Hände» gelangt sein, und das geschah so: H sagte: «Ich bin damals über dich befragt worden, das ist schon richtig. ... Ich weiß nicht mal, ob ich einen Bericht geschrieben habe; ich würde es aber zumindest nicht ausschließen.» Und: «Ich bin natürlich verpflichtet worden, darüber zu schweigen.»

Wer konnte wen zum Schweigen verpflichten? H sagte: «Das war dieser Mann, der damals mit mir gesprochen hat.»

Ein Offizier des MfS? H sagte: «Das würde ich nach allem, was ich heute weiß, vermuten, ja ... Wie dieser Mann hieß, das weiß ich nicht. Ich nehme an, daß er sich mit Namen vorgestellt, mindestens aber den Ausweis vorgezeigt hat ... Öfter habe ich den nicht getroffen; das war später ein anderer.»

Und F? Jaa, gesprochen habe er «mit einem dieser Leute» schoooon. Öfter. Der Mann habe Soundso geheißen.

So also kamen diese «Mitteilungen» zum MfS.

Von besonderem Reiz ist die Erklärung, die H für seinen Decknamen ‹XYZ› lieferte.

Auf der unteren Erklärungs-Stufe hieß es: «Notizen, die der MfS-Offizier angefertigt hat, wurden offenbar mit dem Decknamen ‹XYZ› in Verbindung gebracht.»

Auf der mittleren Stufe hieß es: «Ich habe über mehrere Jahre hinweg Dinge gesagt, von denen Notizen gemacht wurden – die der MfS-Offizier mit dem Decknamen ‹XYZ› unterzeichnet hat.»

Die höchste Stufe der Erklärung hieß: «Es ist denkbar, daß ich einen

Durchschlag hatte und den auf Geheiß des MfS-Offiziers mit dem Decknamen ‹XYZ› unterzeichnet habe.»

Spitzelberichte des verpflichteten IM, die in der Handschrift des IM mit dem Decknamen ‹XYZ› unterzeichnet sind – und der IM weiß nicht, wie seine Decknamen-Unterschrift unter die Spitzelberichte geraten konnte, es sei denn, man habe ihn zur Decknamen-Unterschrift gezwungen.

Wie gesagt: Die Festlegung eines Decknamens war Bestandteil der Verpflichtung des IM, und der IM kannte seinen Decknamen. Glaubte H, ich wüßte nicht, wie es sich mit IM-Decknamen verhielt? Nun ja – immerhin hat er auf seiner höchsten Erklärungs-Stufe nichts anderes gesagt, als daß er Berichte (ob Durchschläge oder Originale) mit seinem Decknamen unterzeichnet habe. Die letzte Ausflucht hieß: «... auf Geheiß des MfS-Offiziers ...». Das kann einfach bedeuten, der MfS-Offizier habe gesagt: «Na, dann unterschreiben Sie mal.» Wie? Mit dem Decknamen natürlich.

H lieferte mir in einem zweiten Gespräch eine Erklärung für seine Ausflüchte. H sagte unvermittelt – und dieser Satz war für mich das eigentliche Bekenntnis seiner IM-Tätigkeit –: «Du kannst mein Leben zerstören, wenn du darüber mit anderen sprichst!»

Ich gestehe, daß mich dieser Satz verblüffte. Es verging einige Zeit, ehe ich begriff, was dieser Satz bedeutete. H schien wirklich «Leben» zu meinen. Es liegt mir fern, Hs Leben zu zerstören, aber es kam mir eine Zeile von Wolf Biermann in den Sinn: «Leben steht nicht auf dem Spiele, euer Wohlleben ja nur.» Hs Satz stellt eine aggressive Umkehrung des Verhältnisses dar, das zwischen ihm und mir bestand und besteht.

Heute bekommt man in Deutschland schon eingeredet, die Inoffiziellen Mitarbeiter seien vom Staatssicherheitsdienst mißbrauchte arme Kerlchen, denen jetzt auch noch ein Strick daraus gedreht werde, daß sie mißbraucht worden seien. Die Inoffiziellen Mitarbeiter des MfS sagten zu mir, sie hätten doch niemandem geschadet mit ihren kleinen Berichten. Abgesehen von der Tatsache des persönlichen Verrats, den diese Leute begangen haben – sie konnten und können gar nicht beurteilen, welchen Schaden ihre «kleinen» Berichte anrichteten. Sie dienten sich dem großen Stasi-Apparat an und verrichteten ihre kleine Arbeit. Viele kleine Berichte fügten sich im MfS zu einem Mosaik: zu dem Bild von einer «feindlich-negativen» Person, zu dem Bild von einem «Staatsverbrecher». Die Inoffiziellen Mitarbeiter lieferten die Bespitzelten dem großen Stasi-Apparat Stückchen für Stückchen aus.

(1992)

1 David Gill und Ulrich Schröter, Das Ministerium für Staatssicherheit. Anatomie des Mielke-Imperiums. Berlin (Rowohlt) 1991 S. 45.

2 Gill und Schröter, a. a. O., S. 135.

3 ebd., S. 378.

4 ebd., S. 379.

Literatur und Politik

Fahndungsobjekt Schriftsteller

Ist von Literatur und Politik die Rede, so sollte versucht werden, zweierlei zu unterscheiden: *Erstens* das Verhältnis zwischen Schriftstellern und Politik; *zweitens* das Verhältnis zwischen Texten und Politik. Ich gebe zu, daß diese Unterscheidung schwierig ist, denn das Verhältnis eines Schriftstellers zur Politik wirkt sich auf das Verhältnis eines Textes zur Politik mehr oder weniger direkt aus. Ehe ich mich aber in abstrakten Erörterungen verfange, will ich das Verhältnis zwischen Schriftstellern und Politik an einem konkreten, nämlich an meinem eigenen Fall erörtern – auf der trivialen Ebene des alltäglichen Verhaltens der Politik in der DDR zu meiner Person. Nachdem alle meine Versuche, in der DDR Prosatexte zu veröffentlichen, gescheitert waren, und der Rowohlt Verlag im August 1977 mein erstes Buch «Versuchte Nähe» herausgebracht hatte, verkündete der Stellvertretende Kulturminister der DDR, Klaus Höpcke, auf einer Tagung mit Verlagsleitern und Lektoren am 2. September 1977, man habe in mir einen Staatsfeind vor sich. Das berichtete mir Edda Bauer, die seinerzeit als Lektorin im Aufbau Verlag beschäftigt war. Am 4. September 1977 schrieb ich einen Brief an Erich Honecker und gab den Brief am 5. September 1977 persönlich im Zentralkomitee der SED ab.

Berlin, den 4.9. 1977

Hans Joachim Schädlich
117 Berlin-Köpenick
Rotkäppchenstr. 5

An den
Generalsekretär der Sozialistischen
Einheitspartei Deutschlands und
Vorsitzenden des Staatsrates der
Deutschen Demokratischen Republik
Herrn Erich Honecker
102 Berlin
Am Marx-Engels-Platz

Sehr geehrter Herr Generalsekretär!
Alle meine Bemühungen, in der DDR meine literarischen Texte zu veröffentlichen, sind gescheitert. Zwei DDR-Verlagen hat mein Manuskript vorgelegen. Der Kontakt mit dem ersten Verlag währte vom Herbst 1971 bis zum Frühjahr 1976. Im Frühjahr 1976 wurde mir von dem Verlag mitgeteilt, eine Veröffentlichung meiner Texte sei nicht möglich. Der Kontakt mit dem zweiten Verlag währte vom Herbst 1976 bis zum Frühjahr 1977. Es wurde mir im Herbst 1976 der Abschluß eines Förderungsvertrages für November des gleichen Jahres sowie der Abschluß eines Buchvertrages für April 1977 in Aussicht gestellt.
Am 18. November 1976 habe ich mich durch meine Unterschrift der Erklärung Berliner Schriftsteller und Künstler gegen die Ausbürgerung Wolf Biermanns angeschlossen. Im Dezember 1976 wurde mir daraufhin von meinem Verlag erklärt, der in Aussicht gestellte Förderungsvertrag könne nicht abgeschlossen werden. Im März 1977 erhielt ich die Nachricht, auch der Buchvertrag sei nicht möglich.
Nachdem die jahrelangen Versuche fehlgeschlagen waren, meine Erzählungen in der DDR zu veröffentlichen, habe ich mein Manuskript in der Bundesrepublik in Druck gegeben. Im August 1977

ist mein Buch «Versuchte Nähe» im Rowohlt Verlag (Reinbek bei Hamburg) erschienen.
Ich erwähne noch, daß ich neben meiner Arbeit als Schriftsteller und Übersetzer nach dem im März 1976 erfolgten freiwilligen Weggang aus dem Zentralinstitut für Sprachwissenschaft der Akademie der Wissenschaften seit April 1976 als freier Mitarbeiter des genannten Instituts beschäftigt war. Diese Tätigkeit wurde mir mit Wirkung vom 1. Januar 1977 – sechs Wochen nach meiner Unterschrift gegen die Ausbürgerung Wolf Biermanns – gekündigt. In der Akademie der Wissenschaften wurde die Verleumdung verbreitet, meine schriftstellerische Tätigkeit stelle eine Annäherung an die literarische Konterrevolution dar.
Wenige Wochen nach der Veröffentlichung meines Buches im Rowohlt Verlag wurde mir gesagt, ich könne als Übersetzer aus Plangründen momentan nicht mit Arbeitsaufgaben rechnen.
Auf einer Zusammenkunft von Vertretern aller DDR-Verlage am 2. September 1977 wurde mir öffentlich von einem hohen Verantwortlichen dem Sinne nach unterstellt, ich unterstütze mit meinem im Rowohlt Verlag erschienenen Buch die psychologische Kriegsführung gegen die DDR.
Aus der Summe aller genannten Erfahrungen ziehe ich den Schluß, daß ich als Schriftsteller nicht in der DDR arbeiten und leben kann. Ich habe zuviel Ablehnung und Zurückweisung erfahren. Deshalb bitte ich Sie für mich, für meine Frau und für meine Kinder um die Genehmigung zur Übersiedlung in die Bundesrepublik.
Ich habe mich in meiner literarischen Arbeit stets von der Wirklichkeit meines Gegenstandes leiten lassen und werde dies weiterhin tun. Ich kann nicht schreiben, was man mir vorschreibt; ich lasse mich nicht zum Gegner der DDR erklären: dies käme den Gegnern der DDR zustatten. Ich will als Schriftsteller unvoreingenommen arbeiten; ich will – gleichgültig, an welchem Ort – nur von der Wirklichkeit meines Gegenstandes eingenommen sein.
Meine Arbeit als Schriftsteller ist mir in der DDR unmöglich gemacht. Deshalb will ich fortgehen. Ich bin Ihnen sehr dankbar,

wenn Sie mir behilflich sind, die Erlaubnis zur Übersiedlung in die Bundesrepublik zu erlangen.

Mit vorzüglicher Hochachtung
Hans Joachim Schädlich

Am folgenden Tag hat Karl Corino im Ostberliner ARD-Studio ein Gespräch mit mir für den Hessischen Rundfunk geführt (das am 28. September gesendet wurde). In diesem Gespräch heißt es u. a.

Karl Corino: Es gibt für Ihr Buch einen Generalnenner, auch wenn die einzelnen Texte in ganz verschiedenen Zeiten angesiedelt sind. Sei es nun eine imaginäre Antike, sei es das Renaissance-Zeitalter, sei es das Zeitalter Kaiser Wilhelms, immer hat man den Eindruck, als sei von diesem Land, von der DDR die Rede. Und dennoch, oder gerade deshalb, war es offenbar nicht möglich, Ihre Texte hier in der DDR zu veröffentlichen.

Hans-Joachim Schädlich: Ich habe mich natürlich seit langer Zeit mit einigen für mich wesentlichen Themen auseinandergesetzt. Dazu rechne ich z. B. ein Problem, das für die Literatur in der DDR wahrscheinlich ein Existenzproblem ist. Das ist der Widerspruch zwischen der Darstellung der Wirklichkeit, wie sie sich einem Autor, soweit er für sich Zugang zu dieser Wirklichkeit bekommt, darstellt, und der Darstellung vorgegebener oder erwünschter Ansichten über diese Wirklichkeit. Diesen Widerspruch als ein Problem der Literatur, nicht nur hier, sondern anderswo auch, habe ich selbst in mehreren Texten zum Thema meiner Arbeit gemacht, z. B. in dem Text «Kleine Schule der Poesie» oder auch in dem kurzen Bericht vom «Todfall des Nikodemus Frischlin» oder in dem Text «Nachlaß» oder in «Oktoberhimmel» oder im letzten Text des Bandes «Satzsuchung». Das ist für mich ein Thema, das sich, glaube ich, durch den ganzen Band hindurchzieht. Und das ist, anders gesagt, das Thema vom Verhältnis der Macht zu den Künsten, die der Macht dienlich sein sollen oder nicht dienlich sein wollen. Ein anderes Thema, das ist das, was man die Fremdheit von Menschen im Verhältnis zu Dingen, Abläufen, Umgebungen oder Menschen ihrer gesellschaftlichen Wirklichkeit nennen könnte, das in den Texten hervortritt wie z. B. «Teile der Landschaft» oder «Einseitige Ansehung».

Ein drittes Thema, mit dem ich mich beschäftigt habe, das ist eng verwandt mit dem vorher erwähnten, das ist die Problematik, die sich mit dem Bedürfnis nach Loslösung aus fremd gewordenen Verhältnissen beschäftigt. Z.B. in der Geschichte von «Tibaos» oder in dem von Ihnen erwähnten Text «Schwer leserlicher Brief». Ein weiteres Thema, das von allgemeiner Bedeutung für mich ist in der Gegenwart wie in der Geschichte, in gegenwärtigen Gesellschaftsordnungen, in vergangenen Gesellschaftsordnungen oder in verschiedenen Gesellschaftsordnungen der Gegenwart, das ist das Verhältnis der Mächtigen zu den Einzelnen. Und im Blick auf all diese Themen und Probleme, mit denen ich mich beschäftige, glaube ich, daß es dabei gewisse Grundmodelle oder Modelle von Abläufen und Vorgängen zu entdecken gibt, die in verschiedenen Zeiten oder in verschiedenen Gesellschaftsordnungen Züge von Übertragbarkeit aufweisen und die, wenn auch immer historisch konkret aufgefaßt, zugleich etwas Verallgemeinerbares enthalten, ohne daß ich etwa einer vordergründigen Parallelität von verschiedenen Geschichtsepochen, von verschiedenen Gesellschaftsordnungen das Wort reden würde. Ich bin mir natürlich auch bewußt, daß das ein relativ unerforschtes Feld ist, ein umstrittenes Feld, das von Historikern, Gesellschaftstheoretikern und Literaturwissenschaftlern verschiedener Art ganz verschieden behandelt wird, aber ich spreche ja nur von mir, von meiner persönlichen Ansicht. Ich will da überhaupt keine Weisheiten verkündet haben wollen, sondern ich will nur von meiner persönlichen Auffassung solcher Erfahrungen sprechen.

K. C.: Offenbar hat sich die DDR, alles das eingeräumt, was Sie sagen, aber doch von Ihren Texten getroffen und betroffen gefühlt, daß sie es vorzog, Ihren Arbeiten hier keine Öffentlichkeit zu bieten.

H. J. S.: Ich kann natürlich gerechterweise in diesem Zusammenhang nicht von der DDR sprechen, sondern nur von Verlagen in der DDR, mit denen ich zu tun hatte, bzw. von Zeitschriftenredaktionen. Das

Manuskript des Bandes, der bei Rowohlt erschienen ist, hat in einer früheren Phase, als noch nicht alle Texte, die jetzt vorliegen, entstanden waren, einem Verlag vorgelegen, einem anderen Verlag hat das gesamte Manuskript vorgelegen, und beide Verlage haben gesagt, daß diese Texte nicht publizierbar sind, und zwar weil sie im wesentlichen – vielleicht von einzelnen Ausnahmen abgesehen – die Grenzen überschritten, die durch die Determinanten der Kulturpolitik der DDR für die Verlage gezogen sind. Das hängt im weiteren ganz gewiß damit zusammen, daß gewisse Bereiche der gesellschaftlichen Wirklichkeit im Sinne dieser Determinanten der Kulturpolitik nicht ohne weiteres darstellungsfähig sind, sie sind mit Tabus belegt, also im Wortsinn besteht gewissermaßen ein Berührungsverbot, und wenn solche literarischen Produktionen abgewiesen werden, die gewisse Tabus brechen, die sich also tabuisierter Wirklichkeitsbereiche bemächtigen, dann hat diese Scheu vor der Wirklichkeit und vor ihrer Darstellung natürlich Gründe, die aber für mich, da ich mich bemühe, mich strikt an der mir zugänglichen Wirklichkeit zu orientieren, keine Rolle spielen dürfen.

Nachdem alle meine Versuche gescheitert waren, meine Texte in der DDR zu publizieren, habe ich das Manuskript in der BRD in Druck gegeben, da ich ja jemand bin, der in der Gegenwart, in seiner Gegenwart, in seiner Realität lebt und sich in der Gegenwart mit seiner Realität auseinandersetzt, und keinen Spaß daran findet, für eine Zeit zu schreiben, in der die Widersprüche, die mich bewegen, womöglich aufgelöst sind. Die Gegenstände, die mich beschäftigen, die müssen m. E. auch in der Zeit, in der ich lebe, zur Sprache gebracht werden.

Einen Tag darauf, am 6. September 1977, wurde in der Magazin-Sendung des ZDF «Kennzeichen D» ein Beitrag von Dirk Sager gesendet, der schon am 19. August (also drei Wochen vor meinem Ausreiseantrag) in meiner Wohnung ein Gespräch mit mir geführt hatte. In diesem Beitrag heißt es u. a.:

Sager: Herr Schädlich, hat Ihnen eigentlich auch einmal ein Verlag gesagt, Sie sollten doch lieber mit dem Schreiben aufhören, weil, so richtig gut schreiben könnten Sie auch nicht. Seien Sie doch lieber wieder Wissenschaftler?

Schädlich: Die Einwände, die ich erfahren habe, richteten sich ausdrücklich gegen die von mir gewählten Gegenstände oder, einfacher gesagt, gegen den Inhalt meiner Texte. Um da zu einem richtigeren Blick auf die Wirklichkeit zu gelangen, ist mir geraten worden, z. B. in ein Bergwerk einzufahren oder als Mähdrescherfahrer zu arbeiten, oder es ist mir geraten worden, ich solle mich besinnen, mir ist Einkehr und Besinnung empfohlen worden, um den Blick zu gewinnen, der nötig sei, um etwas Machbares zu machen.

Am deutlichsten ist das vielleicht in einer Antwort einer Zeitschrift zum Ausdruck gekommen, die Texte von mir zur Prüfung vorgelegt bekam. Es hieß da: unser Einwand richtet sich gegen den Inhalt.

Ich erwähne an dieser Stelle, daß ich im Januar 1992 von der Bundesbehörde für die Unterlagen des Staatsicherheitsdienstes der ehemaligen DDR (der sog. Gauck-Behörde) die Erlaubnis erhielt, die Akten einzusehen, die der Staatsicherheitsdienst über mich angelegt hat.

Das Gespräch mit Dirk Sager hat – wie gesagt – am 19. August 1977 stattgefunden. Noch am selben Tag hat die HA XX/7 des MfS eine Aktennotiz angefertigt.

Die Hauptabteilung XX des MfS «hatte namentlich die staatlichen Organe und Einrichtungen, den Bereich der Justiz, des Gesundheitswesens, der Kultur und Bildung, der Medien- und Jugendarbeit, der gesellschaftlichen Organisationen sowie der Kirchen- und Religionsgemeinschaften mit geheimdienstlichen Mitteln zu ‹bearbeiten›.» (vgl. David Gill und Ulrich Schröter: Das Ministerium für Staatssicherheit. Anatomie des Mielke-Imperiums. Reinbek 1993, S. 45). Die Abteilung 7 der HA XX «widmete» sich u. a. speziell der Kulturpolitik (a. a. O., S. 51–52).

In der Aktennotiz heißt es unter der Überschrift «Information»:

Hauptabteilung XX/7 Berlin, 19.8.1977

Information

Der in der DDR [akkreditierte Korrespondent] des BRD-Fernsehens [Dirk Sager] suchte am 19.8.1977 um 11:48 Uhr Dr. Hans-Joachim Schädlich in dessen Wohnung

117 Berlin-Köpenick
Rotkäppchenstr. 5,

auf.

In Begleitung des BRD-[Korrespondenten] befand sich ein aus drei Personen bestehendes Aufnahme-Team, das mit dem PKW «Mercedes», pol. Kennzeichen [ ] bei SCHÄDLICH vorfuhr. Während des Interviews befanden sich keine weiteren Personen bei SCHÄDLICH.

Die Bild- und Tonaufzeichnungen wurden um 14.30 Uhr beendet. Unmittelbar danach verließen die BRD-Bürger SCHÄDLICH in seiner Wohnung.

Zum Inhalt des Fernsehinterviews [Sagers] mit SCHÄDLICH wurde über eine inoffizielle Quelle bekannt, daß Dr. SCHÄDLICH nach seinen eigenen Äußerungen über «die Wirklichkeit» in der DDR gesprochen hat. Er erläuterte dazu, daß er an Hand von Beispielen dargestellt hat, wie die DDR von offizieller Seite gesehen werden soll und «wie sie wirklich ist.»

An der weiteren Konkretisierung des Inhalts des Interview wird gearbeitet.

Diese ‹Information› stammt von einem Inoffiziellen Mitarbeiter (IM) des MfS, der im Sprachgebrauch der Stasi «inoffizielle Quelle» genannt wurde. Der IM muß jemand sein, dem ich im Laufe desselben Tages nichtsahnend erzählt habe, wovon in dem Gespräch mit Dirk Sager die Rede gewesen war.

Ebenfalls vom 19. August 1977 stammt ein sog. «Zwischenbericht» der HA XX/7 des MfS «über den gegenwärtigen Stand des op. Materials zum Schriftsteller Dr. Hans Joachim SCHÄDLICH», gezeichnet von Leutnant Edel.

In dem «Zwischenbericht» steht u. a. zu lesen:

Hauptabteilung XX/7 Berlin, den 19.8. 1977
Ed/Ri

Zwischenbericht

über den gegenwärtigen Stand des op. Materials zum Schriftsteller Dr. Hans Joachim SCHÄDLICH.
Das vorliegende op. Material zu Schädlich wurde im Juli 1977 von der HA XVIII/5 übernommen. Schädlich war bis zum 31. 8. 1976 an der Akademie der Wissenschaften der DDR, Zentralinstitut Sprachwissenschaften, tätig. Seit diesem Zeitpunkt arbeitet Schädlich als freischaffender Lyriker und Schriftsteller. Er wurde am 1. 6. 76 Kandidat des Schriftstellerverbandes der DDR. Schädlich, der sehr eng mit [Sarah Kirsch] befreundet ist, [...] läßt sich ständig über den Verlauf der Vorbereitung zur Übersiedlung durch die [Kirsch] informieren und unterstützt sie, indem er mit seinem Pkw einige Fahrten für die [Kirsch] unternahm.

Am 5. 8. 77 fand in der Wohnung des Schädlich eine Zusammenkunft von Schriftstellern und Kulturschaffenden der DDR und BRD/WB statt. Diese Zusammenkunft wurde hauptsächlich durch Schädlich, dessen [Frau] und [Sarah Kirsch] organisiert. Als Teilnehmer wurden folgende Personen festgestellt:

DDR

Schädlich, H.-J. und [dessen Frau Krista Maria]
[Sarah Kirsch]
[Brigitte Struzyk]
[Rainer Kirsch]
[Elke Erb]
[Adolf Endler]
[Dieter Schubert]
[Klaus Schlesinger]
[Bettina Wegner]

[Klaus Poche]
[Erich Arendt]
[Hannelore Teutsch]
[Edda Bauer]

BRD/WB
[Günter Grass]
[Nicolas Born]
[Hans Christoph Buch]
[Rolf Haufs]
[Christoph Meckel]

Türkei
[Oksan ...]
Im Verlauf der Zusammenkunft wurde aus literarischen Arbeiten einiger anwesender Schriftsteller gelesen und anschließend literaturtheoretische Diskussionen darüber geführt. So las [Grass] aus seinem neuen Roman «Der [Butt]» und Schädlich aus einem im Herbst 1977 im Rowohlt-Verlag Reinbek, b. Hamburg erscheinenden Prosaband «Versuchte Nähe.»

Vier weitere Teilnehmer an dieser Zusammenkunft fehlen in der namentlichen Aufstellung des Stasi-«Zwischenberichts» (Fred Viebahn; Freundin von Fred Viebahn; Ute Gruner; Wolfgang Werth).

Ein Inoffizieller Mitarbeiter (IM) des Ministeriums für Staatssicherheit (MfS), der Gutachten über literarische Veröffentlichungen schreiben konnte und schrieb, wird in der Akte, die das MfS über mich angelegt hat, «Sachverständigen-IM» genannt. Das Gutachten dieses IM, das ich in meiner Stasi-Akte fand, handelt von dem im August 1977 bei Rowohlt erschienenen Buch «Versuchte Nähe» und stammt vom 8. September 1977. Der «Sachverständigen-IM» beschränkte sich nicht aufs Literarische; er verstand sich aufs Politisch-Ideologische (wir sprechen von Literatur und Politik) und aufs Strafrechtliche (anders wäre er als «Sachverständigen-IM» des MfS nicht brauchbar gewesen).

Ich zitiere den Teil I des Gutachtens «Zur politisch-ideologischen Position und Wirkungsabsicht der Publikation»:

Gutachten

zu der Publikation «Versuchte Nähe» von Hans-Joachim SCHÄDLICH im Rowohlt-Verlag, BRD, 1977, 218 S.

I) Zur politisch-ideologischen Position und Wirkungsabsicht der Publikation:

Die 25 Einzelbeiträge umfassende Publikation – genremäßig als kurze Prosa benennbar – läßt vier Angriffspunkte gegen unsere sozialistische Gesellschaftsordnung erkennen, die jedoch von Autor und Herausgeber bewußt so nicht gegliedert sind, sondern in geschickter Auflockerung und Streuung in Erscheinung treten und gerade dadurch ihren Lese-Effekt zu steigern versuchen.

1. Als Generalthema, welches sozusagen die stimmungsmäßige Einbindung liefert, fungiert die Beschreibung der Institution des Ministeriums für Staatssicherheit der DDR.
Der Autor benötigt dies zu einem Doppelzweck,

a) um den Eindruck zu erwecken, daß diese Schutzeinrichtung ein alles beherrschendes Absolutum ist, womit das feindlich-ideologische Zusammenwirken mit dementsprechenden Erklärungen von KUHNERT/FUCHS/PANNACH (BRD-Fernsehen vom 4. 9. 1977), aber auch mit anderen Gegnern der Deutschen Demokratischen Republik hier mit sogenannten literarischen Mitteln hergestellt wird. (Belege: «versuchte Nähe» (1975), S. 7, zugleich der einleitende und titelgebende (!) Text, «Kleine Schule der Poesie» (1976), S. 26, «Unter den achtzehn Türmen der Maria vor dem Teym» (1971), S. 58 – mit gehässigem Bezug auf die Sicherheitsarbeit der CSSR!, «Unstet und flüchtig», (1971), S. 143)

b) eignet sich für den Autor das «Generalthema» Staatssicherheit speziell literarisch-publizistisch, also von der Darstellungsform (bis in den Stil hinein!) besonders, weil er damit die dem Entfremdungsgefühl dienende Schreibweise KAFKAs (1883–1924) nachvollziehen kann. (Kafka hat bekanntlich mit Vorliebe Situationen der Verdächtigung, des geheimen Prozesses, der Folterung, des Verlorenseins geschildert, weshalb er von den Initiatoren der konterrevolutionären Entwicklung in der CSSR seit 1963 als ihr «Klassiker» propagiert wurde).

Aus dieser Eigenart ergibt sich, daß zwar eigentlich (formal gesehen) lediglich 4–5 Beiträge in unmittelbar erkennbarer Weise sich auf die Organe des Ministeriums für Staatssicherheit beziehen, tatsächlich aber nahezu alle Erzählpunkte/Fabeln/Motive dieses in verdeckter Weise zum Gegenstand haben. Dennoch kann man aus dem «Generalthema» noch Unterpunkte ablesen, sodaß es gerechtfertigt ist, den 2. Angriffspunkt als die Absicht zu fassen:

- führende Persönlichkeiten von Partei und Staaten (ohne Namensnennung!) als entpersönlichte Symbole der Entfremdung darzustellen (vor allem «Versuchte Nähe» (1975), S. 7, sowie «Diese ein wenig überlebensgroße Statue» (1976), S. 157);
- ein 3. Angriffspunkt stellt sich in der publizistischen Behauptung der Unerträglichkeit/Unehrlichkeit/Unmenschlichkeit des Lebens in der DDR dar.
  (Belege: «Teile der Landschaft», (1975), S. 17, «Schwer leserlicher Brief» (1976), S. 71, «Nachlaß» (1976), S. 77.)
- Als 4. Angriffspunkt erfolgt die in hochverfremdeter Darstellungsweise geschilderte «Analogie» von reaktionärer Geschichte und aktueller Gegenwart, wobei der Autor im Rahmen des von Brecht ästhetisch so genannten V-Effekts (Umformung) keinen Direktbezug zur DDR herstellt, der kunsterfahrene Leser jedoch zu dieser «Analogie» geführt werden soll.

(Belege: «Besuch des Kaisers von Rußland bei dem Kaiser von Deutschland» (1976), S. 105, «Kurzer Bericht vom Todfall des Nikodemus (1974), S. 196). Hierzug gibt der Autor reale Geschichtsbezüge an, sodaß er – formal gesehen – die konkrete Bezüglichkeit jederzeit abweisen könnte, um dem Vorwurf-Erhebenden seinerseits zu unterstellen, nur er lese dies hinein ... Dabei ist zu beachten, daß die letztgenannten zwei Beiträge in dem Kontext eines politisch-ideologisch unzweideutigen Autors sehr wohl einen Platz haben könnten, hier jedoch ihre Tendenz von der Gesamtkonzeption der Publikation erhalten (vor allem die erste Skizze «Besuch des Kaisers ...» ist mit beträchtlichem literarischem Vermögen verfaßt und stellt eine experimentelle «Weiterschreibung» der Kafka-Darstellungsmethode dar, die im Dienste einer progressiven Absicht Anerkennung finden könnte).

Einzelaussagen sind:
Fremdheit/Leere/Entfernung zwischen den führenden Persönlichkeiten und den Massen («Versuchte Nähe»).
- Manipulation eines Talents (der Literatur überhaupt) durch Sicherheitsorgane («Kleine Schule der Poesie»).
- Verschuldung am Tod eines Menschen («Teile der Landschaft»)
- Manipulation und Abhörsystem in der CSSR nach dem Ende der Dubcek-Subversion («hinter den achtzehn Türmen ...») – Vertrauensaufkündigung durch einen jungen Arbeiter («Schwer leserlicher Brief») – gewissenlose Manipulation eines künstlerischen Nachlasses in der DDR zugunsten von «höheren Interessen» («Nachlaß») – lückenlose Beaufsichtigung («Unstet und flüchtig») – «Kontinuität» der historischen Manipulation und Phrase («Rede und Antwort»).

Zusammenfassend ist zum Punkt I festzustellen, daß der Schwerpunkt der Publikation gegen jene Sphäre gerichtet ist, die man als politisch-ideologische, auch psychologische Vertrauensbeziehung zwischen Partei/Staatsmacht und Bevölkerung bezeichnen kann. Ökonomische Probleme sind ausgespart, der Autor konzentriert sich aus seiner eigenen psychischen, intellektuellen Eigenart heraus auf das politisch-ideologische unter dem Aspekt des psychologischen Unbehagens/Mißtrauens/des Entfremdungskomplexes nach der Art Franz Kafkas, Er unterscheidet sich hier in der philosophisch-literarischen Vorgabe durchaus von

> Reiner Kunze, welcher stärker auf dem Existenzialismus eines Albert CAMUS beruht. Die Biermannsche Konzeption (Angriff auf Partei, Staat, Sicherheitsorgane) ist vom Kern her durchaus feststellbar, aber sie ist von Schädlich bedeutend sublimiert, also verfeinert und auch stilistisch auf ein «kultiviertes» Niveau gebracht, wobei die Parabel-Form eine beträchtliche Rolle spielt.

Am 19. September 1977, zwei Wochen nach meinem Antrag auf Ausreise in die Bundesrepublik, fand eine Mitgliederversammlung der Berliner Abteilung des DDR-Schriftstellerverbandes statt. Einige Mitglieder des Verbandes verlegten sich auf die Sprache von Staatsanwälten und Beauftragten des Staatssicherheitsdienstes. Jemand verkündete, mein Buch erfülle den Tatbestand der «staatsfeindlichen Hetze». Staatsfeindliche Hetze galt als Verbrechen gegen die DDR und konnte nach Paragraph 106 des Strafgesetzbuches mit Freiheitsstrafe bis zu zehn Jahren bestraft werden.

Ein anderes Verbandsmitglied gab zu wissen, es sei lediglich der Großzügigkeit der Staatsorgane zuzuschreiben, daß ich noch auf freiem Fuß sei. Es sei zu fragen, wann der Verband mich endlich ausschließe.

An dieser Mitgliederversammlung des Berliner Schriftstellerverbandes hätte ich teilnehmen sollen. Aber die Aussicht auf dieses Ereignis löste bei mir einen heftigen Anfall von Zahnschmerzen aus. Statt in die Versammlung ging ich in eine Zahnklinik. Über den Verlauf des Treffens unterrichtete mich Klaus Schlesinger.

Es läßt sich denken, daß ich durch die Äußerungen auf der Mitgliederversammlung des Ostberliner Schriftstellerverbandes beunruhigt war. Da ich auf meinen Ausreiseantrag noch keine Antwort erhalten hatte, bekräftigte ich mein Ersuchen in einem Brief am 21. September 1977 an den Innenminister der DDR, Friedrich Dickel:

Berlin den 21.9.1977

Hans Joachim Schädlich
117 Berlin-Köpenick
Rotkäppchenstr. 5
Tel. 6564208

An den
Minister des Innern
Herrn Friedrich Dickel
108 Berlin
Mauerstr. 29/32

Sehr geehrter Herr Minister!
Ich habe den Generalsekretär der SED und Vorsitzenden des Staatsrates, Herrn Erich Honecker, in einem Brief vom 4.9.1977 darum gebeten, mir und meiner Familie die Genehmigung zur Übersiedlung in die Bundesrepublik zu erteilen.
Hiermit bitte ich auch Sie, mir und meiner Familie die Übersiedlung in die Bundesrepublik zu genehmigen. Zur Begründung meiner Bitte füge ich die Abschrift des Briefes bei, den ich an den Generalsekretär der SED und Vorsitzenden des Staatsrates gerichtet habe. Ich bin Ihnen dankbar, wenn Sie mir behilflich sind.

Die Stasi-Akten enthalten die Kopie eines Briefes vom Sekretär des Staatsrates der DDR, H. Eichler, mit Datum vom 26. September 1977 an den Minister des Innern, Friedrich Dickel:

STAATSRAT DER DEUTSCHEN DEMOKRATISCHEN REPUBLIK

Der Sekretär

102 Berlin, 26. 9. 1977
Marx-Engels Platz

Minister des Innern und
Chef der Deutschen Volkspolizei
Genossen Generaloberst
Friedrich DICKEL
108 Berlin
Mauerstr.

Werter Genosse Dickel!
Anliegend übermittle ich Ihnen eine Kopie eines Schreibens, mit dem sich Hans-Joachim Schädlich, 117 Berlin-Köpenick, Rotkäppchenstr. 5, an den Generalsekretär des ZK der SED gewandt hat. Genosse Erich Honecker teilte mir dazu mit, daß dem Antrag nicht stattgegeben werden kann. Der Einsender hat auftragsgemäß von hier die Mitteilung erhalten, daß sein Schreiben zur weiteren Bearbeitung dem Minister des Innern übergeben worden ist.

Mit freundlichem Gruß
H. Eichler

	Kurzerhand an	
Minister	Stellvertreter (ZB)	Leiter Sekr.
1. Stellvertreter	Leiter Kader/Ausb.	Leiter Abt. Auslandsbez.
Stellv. u. Leiter PV	Leiter VD	Leiter Rechtsabt.
Stellv. u. Chef des Stabes	Leiter Verw. Fin	Leiter Presse/Inform.
Stellv. u. Ltr. Hauptinspektion	Leiter Büro Min.	Leiter ZKG
Stellvertreter		

Bemerkungen:

Gen. Hubrich
1. VO informieren

2. Entspr. Auftrag des Gen. Honecker
3. auf der Grundlage der Verfügung 34/76 des Vors. des MR Aussprache veranlassen
3. Am 30. 9. Gen. Minister informieren

Schon einen Tag darauf, am 27. September 1977, schrieb mir der Staatsrat der DDR seine Antwort auf meinen an Honecker gerichteten Ausreiseantrag:

STAATSRAT DER DEUTSCHEN DEMOKRATISCHEN REPUBLIK
Abt. Eingaben
Sektor IV

den 27. 9. 1977
Aktenzeichen: sz-kr

Herrn
Hans Joachim Schädlich
117 Berlin
Rotkäppchenstraße 5

Staatsrat der DDR, 102 Berlin, Marx-Engels-Platz

Werter Herr Schädlich!
Ihre Zuschrift an den Vorsitzenden des Staatsrates der Deutschen Demokratischen Republik haben wir erhalten.
Wir teilen Ihnen mit, daß wir diese entsprechend der gesetzlichen Bestimmungen dem Ministerium des Innern zur weiteren Bearbeitung zugeleitet haben.

Mit sozialistischem Gruß,
SCHULZ
Sektorenleiter

Am 28. September 1977 wurde ich telefonisch aufgefordert, am nächsten Tag in der Abteilung Innere Angelegenheiten des Stadtbezirkes Berlin-Köpenick zu erscheinen. In einem «Vermerk» des Leiters der Hauptabteilung XX des MfS, P. Kienberg, vom 29. September 1977, dem Tag der «Aussprache» in der Abteilung Innere Angelegenheiten des Stadtbezirkes Berlin-Köpenick, heißt es:

> «Es wurde festgelegt, daß Schädlich am 29.09. 1977 zur Abteilung Inneres vorgeladen wird. Dem Schädlich wird mitgeteilt, daß sein rechtswidriger Übersiedlungsantrag abgelehnt ist ...»

Ist es noch verwunderlich, daß sich in den Stasiakten ein sog. «Aussprachevermerk» über das Gespräch am 29. September 1977 findet, das eine städtische Behörde Ostberlins mit mir führte? Der «Aussprachevermerk» hat mich darüber belehrt, daß einer meiner Gesprächspartner ein hoher Stasi-Mitarbeiter war, nämlich der Stellvertretende Leiter der Abteilung 5 der Hauptabteilung VII des MfS. Die HA VII (Abwehrarbeit) hatte die Aufgabe, das Ministerium des Innern und seine nachgeordneten Einrichtungen, zu denen natürlich die Abteilungen Innere Angelegenheiten der kommunalen Verwaltungen gehörten, geheimdienstlich zu kontrollieren und das Zusammenwirken zwischen dem Ministerium für Staatssicherheit und dem Ministerium des Innern zu organisieren (vgl. David Gill/Ulrich Schröter: Das Ministerium für Staatssicherheit. Anatomie des Mielke-Imperiums. Rowohlt/Reinbek 1993, S. 43)

Ich zitiere den genannten «Aussprachevermerk» des MfS/HA VII vom 29. Sept. 1977:

4673/77

XX/4664/77

Hauptabteilung VII
XX/7 R

Berlin, den 29.09. 1977
XX/7/3574/77

AUSSPRACHEVERMERK
über das Gespräch mit dem Schriftsteller/Übersetzer
Hans-Joachim S c h ä d l i c h am 29.09. 1977

Am Mittwoch, dem 28.09. 1977, wurde Schädlich durch den Leiter der Abteilung Innere Angelegenheiten des Rates des Stadtbezirkes Berlin-Köpenick für den 29.09. 1977, 10.00 Uhr zu einem Gespräch bestellt.
Die Aussprache mit Schädlich erfolgte am 29.09. 1977 in der Zeit von 10.00 Uhr bis 10.50 Uhr durch den [ ] der Abteilung Innere Angelegenheiten des Rates des Stadtbezirkes Berlin-Köpenick, Genossen [ ], und den stellvertretenden Leiter der Abteilung 5 der Hauptabteilung VII.
Schädlich erschien pünktlich und allein zu diesem Gespräch. Ihm wurde eröffnet, daß die Aussprache auf Grund seines Ersuchens auf Übersiedlung in die BRD erfolgt.
Dazu wurde ihm eindeutig und unmißverständlich erklärt, daß im Ergebnis der Prüfung die verbindliche Entscheidung getroffen wurde, daß sein Ersuchen auf Übersiedlung in die BRD für sich und seine Familie abgelehnt ist. Schädlich wurde erklärt, daß diese Entscheidung des zuständigen staatlichen Organs verbindlich ist und es keinen Zweck hat, weitere Ersuchen zu stellen.
Schädlich erwiderte, daß er diese Entscheidung zur Kenntnis genommen hat, aber aus seiner Sicht für unzweckmäßig und unklug hält.
Er begründete, daß er nun weiter in die «Ecke getrieben» wird und ihm die einzige Alternative, als Schriftsteller zu arbeiten und zu existieren, genommen wurde. Seinerseits wollte er die Angelegenheit seiner beabsichtigten Übersiedlung in die BRD sehr ruhig und ohne offenen Streit und Komplikation abwickeln, er weiß nun nicht, ob das noch möglich sein wird.

Schädlich bat die Gesprächsführenden darum, sich dazu weiter äußern zu dürfen, da es ihm wichtig erschien.
Aus Gründen der Höflichkeit und unter operativen Gesichtspunkten wurde Schädlich die Möglichkeit gegeben, sich dazu zu äußern.
Im einzelnen führte er dazu aus:
Zu seiner Arbeit und seiner Person seien durch den Stellvertreter des Ministers für Kultur, Klaus Höpcke, während einer Tagung mit Verlagsleitern und während einer Versammlung des Schriftstellerverbandes unwahre und falsche Beschuldigungen gemacht worden:
Er habe dies durch zuverlässige Personen, die an diesen Veranstaltungen teilgenommen haben, glaubhaft erfahren.

Um diese Anschuldigungen zurückzuweisen und seinen Standpunkt zu formulieren, müsse er sich jetzt an die Öffentlichkeit wenden, da er anders keine Möglichkeit sieht, die seiner Person zugefügten Anschuldigungen zurückzuweisen.

Schädlich wurde daraufhin zu verstehen gegeben, daß er die durch das betreffende Staatsorgan bezüglich seines Übersiedlungsersuchens getroffene Entscheidung zu akzeptieren hat und als Bürger der DDR verpflichtet ist, die Gesetze unseres sozialistischen Staates in jeder Hinsicht einzuhalten.

Schädlich führte weiter aus, daß es ihm schon seit Jahren in der DDR unmöglich gemacht ist, seine Texte und schriftstellerischen Arbeiten zu veröffentlichen. Als Ausweich hatte er in letzter Zeit Übersetzungen aus dem Englischen und Holländischen für den Hinstorff-Verlag, den Kinderbuch Verlag und den Verlag «Das neue Berlin/Eulenspiegel-Verlag» durchgeführt. Auch diese Arbeitsmöglichkeiten seien ihm genommen.
Da er aus seiner Sicht in der DDR in absehbarer Zeit nicht mit ihm gemäßen Arbeits- und Veröffentlichungsmöglichkeiten rechnen kann, blieb ihm, um zu existieren, nichts anderes übrig als in die BRD zu übersiedeln.

Im Zusammenhang damit erklärte Schädlich, daß seine Frau evtl. auch bestimmte berufliche Schwierigkeiten und Nachteile erleiden kann. Krista Schädlich beendet im Oktober 1977 eine Dissertation an der Sektion Ästhetik und Kunstwissenschaft, Fachbereich Theaterwissenschaft der Humboldt-Universität Berlin.
Weiter führte er aus, daß seiner Frau – nachdem er zwei Interviews dem «ZDF» und dem «Hessischen Rundfunk» gegeben hatte, die nach seiner Auffassung «sachlich und objektiv» waren – seitens «verantwortlicher Leute» der Humboldt-Universität nahegelegt worden sei, ihr Verhältnis zum Standpunkt ihres Mannes zu überdenken.
Er findet derartige Handlungen unangebracht und falsch, da dies seine Angelegenheit sei und mit der Tätigkeit seiner Frau nichts zu tun habe.
Im Gesprächsverlauf ließ Schädlich nicht erkennen, wohin und zu wem er in die BRD oder nach Westberlin übersiedeln wollte. Verwandte engeren Grades wohnen nicht in der BRD bzw. Westberlin.

Schädlich hat nach eigenen Angaben zwei Kinder. Das von ihm formulierte Ersuchen auf Übersiedlung war mit seiner Frau abgestimmt und fand ihre Billigung.

Im Gespräch war zu erkennen, daß Schädlich Einzelheiten der Tagung des Stellvertretenden Ministers für Kultur, Klaus Höpcke, mit Leitern von Verlagen und des Buchhandels und über die Versammlung des Schriftstellerverbandes am 19.09.1977 in Berlin gut unterrichtet war.
Er selbst konnte an dieser Versammlung nicht teilnehmen, da er sich während dieser Zeit in einer Zahnbehandlung in Jena befand.

Zum Abschluß des Gesprächs wurde ihm gegenüber zum Ausdruck gebracht, daß mit der Ablehnung seines Antrags auf Übersiedlung die Möglichkeit der Antragsstellung für Reisen in die BRD, andere nichtsozialistische Staaten oder nach Westberlin nicht aufgehoben sind.

> Während des Gesprächs verhielt sich Schädlich betont ruhig und sachlich, mitunter sprach er sehr leise.

Der «Aussprachevermerk» ist inhaltlich korrekt. Über die Diktion schweige ich lieber. Also: Ich war zum Staatsfeind erklärt worden, das MfS hatte vorgeschlagen, gegen mich wegen Landesverrats zu ermitteln, und der Ausreiseantrag war abgelehnt. Die Beziehung zwischen Schriftsteller und Politik war sehr eng geworden und meine Situation ausgesprochen unerfreulich.

Noch am 29. Sept. 1977, nach der Ablehnung des Ausreiseantrags, besuchte ich mit Ute Gruner, der Lebensgefährtin von Günter Grass, den Ständigen Vertreter der Bundesrepublik in der DDR, Günter Gaus, im Gebäude der Ständigen Vertretung in der Hannoverschen Straße. Ich beschrieb Gaus meine Situation und bat ihn, sich bei den DDR-Behörden für die Genehmigung meiner Ausreise einzusetzen. Er sagte mir Hilfe zu und kündigte an, daß er den DDR-Rechtsanwalt Wolfgang Vogel in meiner Sache bemühen wolle.

Es war mir klar, daß Vogel kein beliebiger Anwalt, sondern nur ein Beauftragter der DDR-Regierung sein konnte, der unter dem Mantel des Zivilen politische Geschäfte der DDR-Behörden erledigte. Am 10. Oktober 1977 erschien ich zum erstenmal in der Kanzlei von Vogel in der Reilerstr. 4 in Berlin-Lichtenberg, um ihm meinen Ausreisewunsch vorzutragen. Vogel nahm meine Sätze ohne großen Kommentar zur Kenntnis.

Am 11. Oktober unterrichtete ich Gaus in der Ständigen Vertretung der Bundesrepublik über meinen Besuch bei Vogel. Die Hauptabteilung II des MfS hat unter dem Datum des 13. Oktober eine streng geheime «Information» über meinen Besuch bei Gaus in die Akten geheftet.

> «Die Aufgabe der Hauptabteilung II bestand im wesentlichen in der Spionageabwehr ... Besondere Aufmerksamkeit galt den ausländischen Vertretungen in der DDR, vor allem Kontakten zwischen deren Mitarbeitern und Bürgern der DDR». (vgl. David Gill und Ulrich Schröter, dass., S. 42)

Die streng geheime «Information» lautet:

Hauptabteilung II — Berlin, den 13. 10. 77

Information Nr. 2111/77

Betr.:
Der DDR-Schriftsteller

Schädlich, Hans-Joachim
geb. 8. 10. 35
wh.: Berlin-Köpenick, Rotkäppchenweg 5

suchte am 11. 10. 77 in Begleitung von [ ] die Ständige Vertretung der BRD in der DDR auf. Es wurde bekannt, daß Sch. in der Ständigen Vertretung mit dem Leiter der Ständigen Vertretung, Gaus, zusammentraf.

Beim Verlassen der Vertretung wurde Sch. und [ ] durch uniformierte Kräfte des Wachkommandos Missionsschutz außerhalb des Sichtbereichs der Ständigen Vertretung einer Personalausweiskontrolle unterzogen.

Der nächste Besuch bei Vogel fand am 7. November statt. Vogel sagte mir nur, meine Sache sei noch nicht entschieden. Über diese Auskunft unterrichtete ich Gaus am selben Tag. Weitere Besuche bei Vogel unternahm ich am 17. und 21. November 1977.

In den Stasi-Akten findet sich ein «Vermerk» der Hauptabteilung XX/7 vom 30. November 1977, unterzeichnet von Oberstleutnant Brosche:

Hauptabteilung XX/7 Berlin, 30. 11. 1977
Bro/Wa

Vermerk

Der [Leiter] des Büros des Ministers für Kultur, Genosse [Herbert Werner], teilt am 30. 11. 1977 folgendes mit:
Genosse Minister Hoffman wurde vom Büro des Genossen Hager, Mitglied des Politbüros und Sekretär des ZK der SED, davon in Kenntnis gesetzt, daß dem Schriftsteller Hans-Joachim Schädlich die ständige Ausreise aus der DDR zu gestatten sei. Alle durchzuführenden Maßnahmen betreffs dieser Angelegenheit werden dem MfK noch mitgeteilt.

Brosche
Oberstleutnant

Am 1. Dezember rief Gaus mich an und sagte, er könne unverbindlich mitteilen, daß eine positive Lösung sich einzustellen scheine. Ich bekäme in den nächsten Tagen einen Anruf. Es gelte für hier und später, daß «kein Geschrei» erhoben werde.

In den Stasi-Akten findet sich eine «Information» über dieses Telefonat:

«Hauptabteilung XX/7 Berlin, den 07. 12. 1977

Information

Wie inoffiziell bekannt wurde, setzte sich am 1. 12. 1977 der [Leiter] der [Ständigen Vertretung] der BRD in der DDR, [Günter Gaus], mit dem Autoren Hans Joachim Schädlich in Verbindung. Einziger Zweck des Gespräches war, Schädlich davon in Kenntnis zu setzen, dass dieser in kurzer Zeit von den zuständigen staatlichen Stellen der DDR eine positive Nachricht auf seinen widerrechtlichen Antrag auf Übersiedlung mit seiner Familie in die BRD erhalten wird. [Gaus] begründete [seine] Information an Schädlich damit, daß [er] die Gefühle des Schädlich in dem Maße teile, wie dies nur ein unmittelbar Betroffener könne und Schädlich gehöre offenbar zu denen, die kein großes Geschrei machen. Schädlich möchte deshalb nicht vor Freude übersprudeln und sich nicht auf das zwischen ihnen stattgefundene Gespräch berufen, was Schädlich [Gaus] versicherte ... Beide verblieben abschließend so, daß Schädlich sich sofort meldet, wenn eine Entscheidung getroffen wurde.

Schiller
Hptm.»

Ebenfalls am 1. Dezember rief Vogel bei mir an und sagte, ich solle ihn am 2. Dezember unter seiner Privatnummer anrufen. Er könne mir vielleicht eine günstige Nachricht übermitteln.

Am 2. Dezember 10:15 Uhr rief ich Vogel in Teupitz an. Er sagte, ich bekäme in den nächsten Tagen einen positiven Bescheid von der Behörde. Man werde mich anrufen und mir sagen: «Das Ausreiseverfahren wird eingeleitet».

Man werde sagen, die Sache sei noch nicht endgültig entschieden, aber ich solle es so nehmen, wie er es mir sage. Ich solle mich weiterhin ruhig verhalten. Dann, wenn ich bei der Behörde gewesen sei, solle ich noch einmal zu ihm kommen, damit er mit mir über dasjenige reden könne, was danach sein werde. Es werde alles relativ schnell vonstatten gehen. Ich solle bei der Behörde auf alles eingehen.

Auch über dieses Telefongespräch gibt es eine «Information» in den Stasi-Akten.

«Hauptabteilung XX/7 Berlin, den 17.12.1977

Information

Am Vormittag des 02.12.1977 meldete sich Hans-Joachim Schädlich bei Rechtsanwalt [W. Vogel] in Teupitz. [Vogel] erklärte ihm, daß er in den nächsten Tagen in seiner Angelegenheit einen positiven Bescheid bekomme. Er solle sich in alles fügen und keinen herausfordern, also so bleiben, wie er begonnen habe. Weiter wies Vogel darauf hin, daß man ihm nicht sagen werde, daß sein Antrag genehmigt ist, sondern nur, daß das Ausreiseverfahren eingeleitet wurde, die letzte Entscheidung aber noch nicht gefallen ist.

Schiller
Hauptm.»

Am 2. Dezember 10:50 Uhr rief mich die Abteilung Innere Angelegenheiten des Stadtbezirks Köpenick an. Eine Angestellte sagte, ich solle mit meiner Frau sofort in das Zimmer 207 kommen. Wir trafen gegen 11:30 Uhr in der Behörde ein. Die Angestellte erklärte uns, diesmal sei der Ausreiseantrag genehmigt worden. Ob wir uns freuten. Ich antwortete, ich hielte diese Entscheidung für angemessen. Wir bekamen je zwei Antragsformulare – einen Antrag auf Übersiedlung und einen Antrag auf Entlassung aus der Staatsbürgerschaft der DDR – und wurden aufgefordert, die Anträge sofort auszufüllen.

Der Antrag auf Entlassung aus der Staatsbürgerschaft enthielt eine Rubrik «Begründung des Antrags ...» Ich sagte, der vorgesehene Raum für die Begründung reiche nicht aus. Die Angestellte meinte, wir sollten die Begründung fortlassen und die Anträge unterschreiben. Danach trug die Angestellte unter der Rubrik «Begründung» irgend etwas ein und steckte die Anträge weg. Wir erhielten einen sog. Laufzettel, auf dem zu lesen war, welche Formalitäten zu erledigen seien: Aufstellung des Umzugsguts und aller Bücher; Schuldenfreiheitserklärungen, Paßbilder etc.

In den Stasi-Akten findet sich ein «Vermerk über ein Gespräch mit dem Ehepaar Schädlich, 117 Berlin, Rotkäppchenstr. 5» der Abteilung Innere Angelegenheiten des Stadtbezirkes Berlin-Köpenick vom 2. Dezember 1977.

Köpenick, den 02. 12. 1977

Rat des Stadtbezirks
Berlin-Köpenick
Abt. Innere Angelegenheiten

Vermerk über ein Gespräch mit dem Ehepaar Schädlich,
[117 Berlin, Rotkäppchenstr. 5]

Am 2. 12. 1977 um 11:30 Uhr sprach das Ehepaar Schädlich auf grund unseres telefonischen Anrufes in unserer Dienststelle vor. Entsprechend der gegebenen Weisung wurde ihnen gesagt, daß wir das Ersuchen auf Übersiedlung nochmals geprüft haben und jetzt entschieden haben, dieses Ersuchen zu genehmigen.
Herr Dr. Schädlich erklärte, daß es in seiner Situation die beste Lösung ist. Unsere Entscheidung entspricht seinen Interessen. Beide Eheleute erhielten die Anträge auf Übersiedlung (PM67 g) und die Anträge auf Entlassung aus der Staatsbürgerschaft der DDR. Diese Unterlagen haben sie sofort in unserer Dienststelle ausgefüllt. Sie wollen nach Wewelsfleth bei Hamburg (Grenzübergang mit PKW ist Horst). In dieser Gegend wohnen Verwandte. Auf unsere Frage, ob sie ihre Übersiedlung kurzfristig durchführen können, erklärte Herr Schädlich, daß das vom Transport ihres Umzugsgutes abhängig wäre, da sie ihren gesamten Besitz, Mobiliar, Hausrat, Bücher usw. mitnehmen wollen. Auch hat Herr Schädlich die Absicht, seinen PKW mitzunehmen. Auf alle Fälle wollen sie so schnell als möglich ausreisen.
Wir haben der Fam. Schädlich zugesagt uns am Montag, dem 5. 12. 77 mit dem VEB Autotrans in Verbindung zu setzen und dafür zu sorgen, daß entsprechend seiner Bitte umgehend Packer geschickt werden. Sie wurden aufgefordert, über das Wochenende Aufstellungen über das Umzugsgut sowie über die mitzunehmenden Bücher zu fertigen.
Am Montag, dem 5. 12. 77 um 14:00 Uhr wird Dr. Schädlich wieder bei uns vorsprechen und berichten wie weit er mit der Listenfertigung ist, gleichzeitig wird er die fehlenden Unterlagen, wie Schuldenfreiheitserklärung der Sparkasse, Lebensläufe, Urkunden und Paßbilder abgeben.

Das [Ehepaar] Schädlich äußerte sich, daß sie daran interessiert sind, nach ihrer Ausreise die DDR besuchen zu können, da [die Mutter] von [Frau Schädlich] und der Sohn des Herrn Schädlich aus 1. Ehe in der DDR wohnhaft sind.
Wir haben diesen Wunsch zur Kenntnis genommen.
Sie bedankten sich für die von uns gegebenen Hinweise und Unterstützung. Das Verhalten des [Ehepaars] war sehr höflich und korrekt ...»

In den Stasi-Akten findet sich ein Blatt vom 2. Dezember 1977 von der Hand des Hauptmanns Schiller:

Berlin 2.12.1977

HA XX/7

2812/2668 2610/2633

Hauptm. Schiller

F-Nr. 230597

Schädlich
Hans-Joachim
8.10.1935
Reichenbach
bisher DDR
Schriftsteller/Übersetzer
117 Berlin
Rotkäppchenstr. 5

Für HA XX/7

1. Mitteilung der Ausreise des Fahndungsobjektes an die auftraggebende Diensteinheit.
2. Dokumentation der Reiseunterlagen
3. Dokumentation der Reiseunterlagen mitreisender Personen. Fahndungsobjekt reist unter Aberkennung der DDR-Staatsbürgerschaft für ständig aus der DDR aus.

Am Nachmittag des 2. Dezember ging ich zu Gaus und informierte ihn über den Besuch bei der Abteilung Innere Angelegenheiten. Am Abend rief ich Vogel an und erzählte ihm dasselbe.

Ich suchte Vogel ein letztes Mal in seiner Kanzlei auf – es war, glaube ich, am 3. Dezember 1977 –, um von ihm zu hören, «was danach sein werde». Vogel verkündete nicht ohne einen gewissen Stolz, meine Angelegenheit sei an allerhöchster Stelle entschieden worden. Er fragte mich, wohin ich mit meiner Familie gehen wolle. Auf meine Antwort «In die Hamburger Gegend» sagte er, vielleicht sähe man sich einmal wieder, da er öfter in der Hamburger Gegend weile. Schließlich forderte er mich auf, künftig Stillschweigen über die Umstände meiner Ausreisegenehmigung zu bewahren. Begründung: Es gebe noch andere Leute in der DDR. Ich verstand nicht, was er damit meinte: andere Leute, die durch seine Vermittlung auszureisen wünschten, oder – meine Verwandten in der DDR, die Nachteile erleiden könnten, falls ich nicht schwiege?

Ich fragte nicht nach. Bis zum Ende der DDR habe ich nur privat über dieses Gespräch geredet – nie öffentlich. Wolfgang Vogel habe ich nicht wiedergesehen. Über das Datum der Ausreise herrschte zunächst Unklarheit.

In einer Aktennotiz der Hauptabteilung XX/7 des MfS vom 2. Dezember 1977 heißt es zunächst:

«HA XX/7 Berlin 2.12.1977
Hauptm. Schiller 2812/2668 2610/2633

Schädlich
Hans-Joachim
8.10.1935
Reichenbach
bisher DDR
Schriftsteller/Übersetzer
117 Berlin
Rotkäppchenstr. 5

Für HA XX/7

Die umseitig genannte Person unternimmt im Zusammenwirken mit feindlichen Kräften aus der BRD/WB antisozialistische, gegen die DDR gerichtete Aktivitäten.

Der Genannte reist am 6. 12. 1977 unter Aberkennung der DDR-Staatsbürgerschaft für ständig aus der DDR nach BRD/WB aus.»

Im Unterschied dazu ist in dem «Vermerk» der Abteilung Innere Angelegenheiten des Stadtbezirks Köpenick vom 2. Dezember 1977 als Datum der Ausreise der 8. Dezember 1977 erwähnt.

In dem Vermerk heißt es aber:

«Nach Einschätzung der Situation und unter Berücksichtigung der Mitnahme des gesamten Eigentums der Familie Schädlich ist der vorgesehene Termin der Ausreise am 8. 12. 77 nicht zu schaffen.»

Schließlich liest man in einem «Vermerk» der Hauptabteilung XX des MfS vom 9. Dezember 1977:

Berlin, den 9. 12. 1977

«Hauptabteilung XX

Vermerk

Durch die HA VII wurde mitgeteilt, daß Hans-Joachim SCHÄDLICH und dessen Familie laut einer am 9. 12. 1977 getroffenen Festlegung die Ausreise aus der DDR am 10. 12. 1977 bis 24.00 Uhr zu realisieren hat.

Die Ausreise erfolgt in die BRD.

SCHÄDLICH wird mit seiner Familie am 10. 12. 1977 mit seinem PKW «Shiguli», pol. Kennzeichen: IS 98-55, über die Güst Horst aus der DDR ausreisen.»

Bei diesem Datum ist es geblieben.

(1995)

Zwei Abschnitte im Leben eines Botschafters

Versuch einer Rekonstruktion

Das Grundstück Unter den Linden 63, früher 7, gehört seit dem 12. Januar 1837 Rußland. Mancher weiß das. Bis 1942 stand auf diesem Grundstück ein Gebäude, in welchem seit 1841, als der Umbau vollendet war, die russische Botschaft ihren Sitz hatte und später, seit 1918, die sowjetische. Viele erinnern sich der Fassade mit dem Torbogen zwischen dem zehnten und elften Fenster. Aber wer, außer Historikern und Politologen, weiß, wer Nikolai Nikolajewitsch Krestinski war?

Deutschland zählte zu den ersten westlichen Ländern, welche zu Sowjetrußland diplomatische Beziehungen aufnahmen; erster ständiger Vertreter Sowjetrußlands in Berlin war im April 1918 Adolf Abramowitsch Joffe.

Seit Oktober 1921 war Nikolai Nikolajewitsch Krestinski sowjetischer Bevollmächtigter, später Botschafter in Berlin. In der sowjetischen Regierungszeitung «Iswestija» vom 6. August 1922 ist die Rede abgedruckt, die Krestinski hielt, als er dem Reichspräsidenten Friedrich Ebert sein Beglaubigungsschreiben als «Bevollmächtigter Vertreter und Botschafter der Russischen Regierung im Deutschen Reich» überreichte. Krestinski schloß seine Rede mit den Worten: «Ich grüße Sie als Präsidenten der Deutschen Republik und bitte Sie, meine besten Wünsche für das Gedeihen der Deutschen Republik und für das Wohlergehen des deutschen Volkes entgegenzunehmen».[1]

Pjotr Andrejewitsch Abrassimow, zuletzt von 1975 bis 1983 sowjetischer Botschafter in der DDR, mochte aus der Biographie seines frühen Vorgängers Krestinski nur wenig mitteilen. «Nikolai Nikolajewitsch Krestinski», schrieb er, «ist 1883 in Mogiljow, Bjelorußland, geboren worden. Von Beruf Rechtsanwalt, war er von 1917 bis 1921 Mitglied des Zentralkomitees der Kommunistischen Partei Rußlands (Bolschewiki), von 1918 bis 1921 Volkskommissar für Finanzen und von 1921 bis 1930 Botschafter in Berlin. Nach seiner Rückkehr in die Sowjetunion wurde er zum Ersten Stellvertreter des Volkskommissars für auswärtige Angelegenheiten der UdSSR ernannt».[2]

Kein Wort über Krestinskis weiteren Weg. Nicht einmal Krestinskis Todesjahr erfährt man. Abrassimows Sätze klingen, als lebte Krestinski noch heute. Natürlich hatte Abrassimow Gründe für seine Zurückhaltung. Es war aber beinahe unumgänglich, Krestinski zu erwähnen, wenn man, wie Abrassimow, über die Geschichte der russischen und sowjetischen Botschaft in Berlin berichten wollte.

Warum aber heute von Krestinski reden? Krestinski ist nur ein Beispiel. Ebenso könnte von Adolf Abramowitsch Joffe geredet werden oder von Christian Georgijewitsch Rakowski. Beide waren – wie Krestinski – Botschafter der Sowjetregierung im Westen; Joffe – vor Krestinski – 1918 in Deutschland, Rakowski seit 1923 in England, seit 1925 in Frankreich. Beide wurden – indirekt oder direkt – zu Opfern der Stalinschen «Säuberungen»: Joffe, ein Anhänger Trotzkis, beging – in der Voraussicht der Ereignisse – nach dem Ausschluß Trotzkis aus dem Zentralkomitee und aus der Kommunistischen Partei am 16. November 1927 Selbstmord; Rakowski wurde im 3. Moskauer Schauprozeß im März 1938 der Spionage angeklagt, zu 25 Jahren Haft verurteilt und starb, wahrscheinlich 1941, in einem Stalinschen Lager.

Abrassimow hat auch einiges, das den Rang Krestinskis in der Kommunistischen Partei Rußlands deutlich macht, nicht gesagt. Krestinski war seit 1903 Mitglied der Kommunistischen Partei. Während der russischen Februarrevolution 1917 war er Vorsitzender des Jekaterinburger und des Uraler Gebietskomitees der Kommunistischen Partei, während der Oktoberrevolution Vorsitzender des Jekaterinburger Revolutionären Militärkomitees. Mit anderen Worten: Er nahm führend am Kampf der Bolschewiki um die Macht im Ural teil.[3]

1919 wurde er in das höchste Führungsgremium der Kommunistischen Partei und also Sowjetrußlands, in das nur fünf Mitglieder zählende Politbüro der Kommunistischen Partei gewählt, ferner zum «verantwortlichen Sekretär» des Zentralkomitees und zum Mitglied des Organisationsbüros des Zentralkomitees.

Über das Ende Krestinskis schweigt Abrassimow, wie gesagt.

Das «Gedeihen der Deutschen Republik», für das Krestinski dem Reichspräsidenten Friedrich Ebert 1922 die besten Wünsche der Sowjetregierung übermittelte, lag allerdings kaum im Interesse der Moskauer Führung. Vielmehr setzte sie «alles auf die» – angeblich – «‹unmittelbar bevorstehende›» – proletarische – «Revolution in Deutschland».[4] «Deutschland war die große Hoffnung (...)».[5] Moskau erwartete «von Deutschland – wenigstens bis zum Jahr 1925 –, daß die Revolution (...) von neuem aufflammen und ein sowjetisches Deutschland sich (...) als Verbündeter an die Seite Rußlands stellen würde (...)».[6]

«In den (...) Jahren 1920 bis 1923 tat Moskau sein Bestes, einen» – kommunistischen – «Staatsstreich in Deutschland vorzubereiten».[7] In diese Zeit fällt die Wiedereinrichtung der sowjetischen Botschaft – mit Krestinski an der Spitze – und der sowjetischen Handelsvertretung.[8] «(...) die sowjetische Botschaft in Berlin diente» dem sowjetischen geheimen Nachrichtendienst «zu allen erdenklichen Zwecken». Die Handelsvertretung diente «als Deckung, (...) als wichtigster Stützpunkt für» – sowjetische – «Agenten».[9]

Mit einem kommunistischen Deutschland sollte der Ring der bürgerlichen Staaten um die Sowjetunion durchbrochen und die kommunistische Macht in Rußland gesichert werden. Die Sowjetführung verlegte sich in Deutschland auf die Vorbereitung von Generalstreik und Bürgerkrieg.[10] So wurde die Kommunistische Partei Deutschlands zu «revolutionären Aktionen», das heißt zu bewaffneten Aufständen gedrängt, um die Eroberung der Macht in der «Deutschen Republik» vorzubereiten. (Später, als diese Aktionen gescheitert waren, erhielten die deutschen Kommunisten «die Aufgabe, den befürchteten Angriff der kapitalistischen Mächte des Westens auf die Sowjetunion [...] zu verhindern».[11])

Schon Joffe, der erste sowjetische Bevollmächtigte in Berlin 1918, wirkte in Deutschland für die Interessen der Revolution. Er betrieb revolutionäre Propaganda und leistete politische und finanzielle Hilfe.

Am 6. November 1918 wurde Joffe veranlaßt, nach Rußland zurückzukehren, und die diplomatischen Beziehungen wurden abgebrochen. Bei seiner Rückkehr nach Rußland erklärte er: «Ich habe, so gut ich konnte, für den Sieg der deutschen Revolution gewirkt.»[12]

Die Möglichkeit des Sowjetstaates, nach der Wiederaufnahme der diplomatischen Beziehungen im Frühjahr 1922 – mit Krestinski als Botschafter – aufs neue für das alte Ziel, die kommunistische Revolution in Deutschland, tätig zu werden, umschreibt der ehemalige Sowjetbotschafter in der DDR, Abrassimow, mit den Worten: «Damit begann ein neues Kapitel in der Geschichte der diplomatischen Beziehungen zwischen dem Sowjetstaat, dem ersten Rätestaat in der Welt, und Deutschland. Die Ehre, sie zu entwickeln und zu verbessern, fiel Nikolai Krestinski zu.»[13]

Auf dem Höhepunkt der Inflation, angesichts von Streiks und Hungerdemonstrationen erachtete die Sowjetführung die revolutionäre Chance für gekommen.

Auf einer Sitzung des Exekutivkomitees der Kommunistischen Internationale im September 1923 wurde der Aktionsplan für die deutsche Revolution beschlossen. Karl Bernhardowitsch Radek und Georgi Leonidowitsch Pjatakow (dieser unter dem Namen Arvid) reisten neben anderen im Auftrag des Exekutivkomitees der Kommunistischen Internationale nach Deutschland.

Erich Wollenberg, der damals einer der Leiter des militärischen Apparates der Kommunistischen Partei Deutschlands war, schreibt: «Politischer Leiter des Militärapparates der KPD (der «deutschen Roten Armee in Keimform») war Guralski (Kleine). Die russische Rote Armee sandte eine Reihe Brigade-, Divisions- und Armeekommandeure nach Deutschland. Militärischer Reichsleiter wurde Armeekommandeur Skoblewski alias Gorew, recte Rose (...). Die Reichsmilitärleitung bildeten sechs Militärpolitische Oberleitungen (MP-Oberleitungen), die den sechs Wehrkreisen (Divisionen) der Reichswehr entsprachen. An die Spitze einer jeden MP-Oberleitung wurde ein Deutscher gestellt, dem ein russischer General als Berater beigegeben wurde.»[14]

Es existierte praktisch 1923 in der «Deutschen Republik» ein «System der Stationierung russischer Offiziere und Berater».[15]

Einige hundert Offiziere der Roten Armee waren damit beauftragt, die geheimen militärischen Formationen der deutschen Partei anzuführen. «Viele unter diesen waren keine Russen, sondern Österreicher, Ungarn, Serben, Polen oder andere nichtrussische Kommunisten, die im Bürgerkrieg in Rußland gefochten hatten und später der Roten Armee beigetreten waren; nachdem sie ihren Posten zugeteilt waren, begaben sie sich unter den verschiedensten Tarnungen an Ort und Stelle und hatten sich dann nur bei ihren russischen Vorgesetzten zu melden, den bei der russischen Botschaft untergebrachten Vertretern der OMS im Ausland.»[16] Die nach den Anfangsbuchstaben benannte *O*(tdjel) *M*(jeshdunarodnoi) *S*(wjazii) war die Abteilung für Internationale Verbindungen der Komintern, an deren Spitze bis zu den Stalinschen «Säuberungen» Ossip Aronowitsch Pjatnitzki stand.[17]

Einer der wichtigsten Vertreter der OMS in Berlin war Mirow-Abramow. Er hatte in den Jahren 1921 bis 1930 die Aufgabe, der Kommunistischen Partei Deutschlands die finanziellen Mittel zur Verfügung zu stellen. Im Jahr 1937 wurde Mirow-Abramow in der Stalinschen «Säuberung» hingerichtet; man hatte ihn beschuldigt, größere Geldbeträge an Trotzki geschickt zu haben.[18]

Eine andere Quelle besagt, zumindest im Herbst 1923 sei dem sowjetischen Botschafter in Berlin, Krestinski, «die Finanzierung der deutschen Revolution aus den in Berlin (...) deponierten Fonds der russischen Staatsbank»[19] direkt übertragen gewesen.

Die Gelder der Komintern für die Kommunistische Partei Deutschlands empfing der spätere erste Präsident der DDR, Wilhelm Pieck, von der Sowjetbotschaft, und nur er und sein Parteifreund Hugo Eberlein verwalteten diese Mittel.[20]

Am 21. Oktober 1923 trat in Chemnitz eine Konferenz der Betriebsräte zusammen. Es war von der Zentrale der Kommunistischen Partei Deutschlands in Berlin beschlossen worden, auf der Betriebsrätekonferenz den Generalstreik für Deutschland auszurufen.[21] «Hinter den Kulissen arbeiteten die kommunistischen Organisatoren (...) fieberhaft. Radek war in Chemnitz und ebenfalls Skoblewski mit seinem großen Stab technischer Sachverständiger.»[22] Die militärischen Apparate bereiteten den bewaffneten Aufstand vor.[23] Wollenberg schreibt, daß die Militärpolitischen Oberleitungen der Kommunistischen Partei Deutschlands bereits Mitte Oktober angewiesen worden waren, «im Falle eines Generalstreiks sofort (...) den bewaffneten Aufstand zu beginnen».[24]

Die Chemnitzer Betriebsrätekonferenz verlief jedoch anders als von den Kommunisten erwartet. Die sozialdemokratischen Delegierten lehnten die kommunistischen Ziele unzweideutig ab, und die kommunistische Zentrale mußte noch am 21. Oktober auf eine kommunistische Sonderaktion verzichten.[25] Die in Chemnitz versammelten Kuriere der Kommunistischen Partei, die das Zeichen zum bewaffneten Aufstand erwarteten, erhielten die Meldung, daß der bewaffnete Kampf von der Tagesordnung abgesetzt worden sei, und reisten ab, um die Bezirksorganisationen von dieser Wendung zu unterrichten. Ein Kurier jedoch, das Mitglied des Zentralkomitees, Hermann Remmele, war zusammen mit dem Hamburger Delegierten zur Betriebsrätekonferenz, Ernst Thälmann, schon vorher aus Chemnitz abgereist. Sie befahlen in Hamburg die sofortige Mobilisierung. Der Aufstand in Hamburg brach los. Zwar erreichte unterdessen ein zweiter Kurier mit dem Gegenbefehl die Stadt, aber er erreichte nicht die Führer des Aufstandes. Thälmann und die anderen waren bei den Kämpfenden. Sie kämpften in der Vorstellung, der Aufstand sei in ganz Deutschland ausgerufen worden und Rußland werde bald in die Kämpfe eingreifen. Als die Führer des Aufstandes in Hamburg durch den zweiten Kurier endlich erfuhren, daß die Hamburger Aktion isoliert geblieben war und auch keine Waffen geliefert würden, weil der Rückzugsbeschluß von den sowjetrussischen Abgesandten Radek und Skoblewski gebilligt worden war, hatten die Führer um Thälmann nicht den Mut, den Gegenbefehl an die Kämpfenden weiterzugeben. So ging der sinnlose Kampf noch bis zum 25. Oktober weiter.[26] Die deutsche proletarische Revolution, die gegen den Willen der Mehrheit des deutschen Proletariats im Oktober 1923 stattfinden sollte, fiel aus. Die sowjetischen Fachleute und Militärs zogen sich ruhmlos in die Sowjetunion zurück.

Der sowjetische General und militärische Reichsleiter der Kommunistischen Partei Deutschlands, Alexej Skoblewski-Gorew, wurde 1925 im sogenannten Tscheka-Prozeß in Leipzig angeklagt. «Der Prozeß ist» – nach den Worten Ruth Fischers – «einer der sehr wenigen objektiven Beweise, daß eine bedeutende Gruppe russischer Militärsachverständiger 1923 nach Deutschland geschickt wurde. Die meisten Beweisstücke wurden vom deutschen Bürger als ein Hintertreppenroman beiseitegeschoben, aber selbst manche der phantastischsten Einzelheiten waren buchstäblich wahr».[27] Skoblewski wurde zum Tode verurteilt, aber nicht hingerichtet; er wurde gegen zwei deutsche Studenten ausgetauscht, die in Moskau angeklagt waren.[28]

Trotz der Versicherungen der sowjetischen Regierung, sie stehe auf dem Standpunkt der Nichteinmischung, setzte die Sowjetunion die Einmischung in die inneren Angelegenheiten Deutschlands mittels direkter Steuerung der Kommunistischen Partei bis in die dreißiger Jahre fort. Sie bediente sich zu diesem Zweck – nach wie vor – der Komintern, die formell natürlich von der sowjetischen Regierung getrennt war.[29]

Der deutsche Außenminister Gustav Stresemann schrieb in diesem Zusammenhang an Krestinski: «Angesichts des ganzen Aufbaus und der Organisation des Sowjetstaates (...) kann die deutsche Regierung für die scharfe Unterscheidung, die von Ihnen zwischen der Regierung und derartigen Organisationen gemacht wird, ebensowenig Verständnis aufbringen wie für die Erklärung, daß es der Regierung der Union der SSR unmöglich sei, diese Organisationen zu überwachen».[30]

Krestinski kehrte 1930 in die Sowjetunion zurück; am 21. Juli war er unter Maxim Maximowitsch Litwinow zum Ersten Stellvertreter des Volkskommissars für auswärtige Angelegenheiten ernannt worden.

In den Jahren 1936 bis 1938 erreichte die Stalinsche «Große Säuberung» ihren Höhepunkt. In vier großen Prozessen, von denen drei öffentlich geführt wurden – die sogenannten Moskauer Schauprozesse – und einer unter Ausschluß der Öffentlichkeit stattfand, vernichtete Stalin die Elite der aus den eigenen Reihen stammenden Opposition. Mit der Behauptung, kapitalistische Staaten seien mit Hilfe der Angeklagten dabei gewesen, den Sturz der kommunistischen Ordnung in Rußland vorzubereiten, vermochte Stalin zudem, patriotisch und kommunistisch gesinnte Teile der Bevölkerung auf seine Seite zu bringen. Der erfolgreiche Arrangeur dieser monströsen Prozesse war Stalins Generalstaatsanwalt Andrej Januarjewitsch Wyschinski, der 1940 zum Stellvertretenden Außenminister, 1949 zum Außenminister der Sowjetunion avancierte.

Die vier großen Prozesse waren: erstens der «Prozeß der Sechzehn» oder die «Strafsache des trotzkistisch-sinowjewistischen Zentrums» im August 1936 gegen Grigori Jewsejewitsch Sinowjew, Lew Borisowitsch Kamenew, Grigori Jeremejewitsch Jewdokimow, Iwan Nikititsch Smirnow und andere; zweitens der «Prozeß der Siebzehn» oder die «Strafsache des sowjetfeindlichen trotzkistischen Zentrums» im Januar 1937 gegen Juri Leonidowitsch Pjatakow, Karl Bernhardowitsch Radek, Grigori Jakowlewitsch Sokolnikow, Leonid Petrowitsch Serebrjakow und andere; drittens der Geheimprozeß gegen Marschall Michail Nikolajewitsch Tuchatschewski und sieben oberste Generale der Roten Armee, unter ihnen Witowt Kasimirowitsch Putna und Jona Emmanuilowitsch Jakir, im Juni 1937; schließlich der «Prozeß der Einundzwanzig» oder die «Strafsache des antisowjetischen ‹Blocks der Rechten und Trotzkisten›» im März 1938 gegen Nikolai Iwanowitsch Bucharin, Alexej Iwanowitsch Rykow, Genrich Grigorjewitsch Jagoda, Nikolai Nikolajewitsch Krestinski und andere.[31]

Der Stalin-Biograph Isaac Deutscher schreibt: «Im Laufe dieser Prozesse erschienen auf der Anklagebank alle die Männer, die einst das Politbüro Lenins gebildet hatten, mit Ausnahme von Stalin selbst und von Trotzki. Der letztere war der Hauptangeklagte. Unter den Angeklagten befand sich ein früherer Premierminister der Sowjetregierung, mehrere Stellvertretende Premierminister, zwei ehemalige Präsidenten der Kommunistischen Internationale, der Präsident der Gewerkschaften (Tomski, er entleibte sich in der Untersuchungshaft), der Chef des Generalstabs der Roten Armee, der Oberste Politische Kommissar der Roten Armee, die Oberbefehlshaber fast aller Militärbezirke, beinahe alle Sowjetbotschafter in Europa und Asien und nicht zuletzt die beiden Chefs der politischen Polizei: Jagoda, der das» – sogenannte – «Beweismaterial für den Prozeß gegen Sinowjew und Kamenew» – also für den ersten Moskauer Schauprozeß – «beschafft hatte, und Jeshow, der die gleiche Arbeit für alle Prozesse geleistet hatte, die seinem eigenen vorausgingen. – (Die Liquidierung Jeshows und seiner Mitarbeiter führte im Auftrag Stalins der Nachfolger Jeshows Lawrenti Pawlowitsch Berija durch, der nach Stalins Tod als Verräter verurteilt und erschossen wurde). – Alle Angeklagten wurden beschuldigt, sie hätten beabsichtigt, Stalin und die anderen

Mitglieder des Politbüros zu ermorden, den Kapitalismus wiederherzustellen, die militärische und wirtschaftliche Macht des Landes zu zerschlagen und russische Arbeiter in Massen zu vergiften (...). Alle Angeklagten wurden beschuldigt, seit den ersten Tagen der Revolution für den britischen, französischen, japanischen und deutschen Spionagedienst gearbeitet zu haben; sie hätten geheime Abreden mit den Nazis geschlossen, in denen die Zerstückelung der Sowjetunion und die Abtretung großer sowjetischer Gebietsteile an Deutschland und Japan vorgesehen gewesen sei».[32]

Nach dem XX. Parteitag der Kommunistischen Partei der Sowjetunion, auf dem Nikita Sergejewitsch Chruschtschow in seiner Geheimrede die sogenannten «Verletzungen der Gesetzlichkeit» unter Stalin teilweise enthüllt hatte, wurden viele Opfer des Stalinschen Terrors rehabilitiert – so im November 1962 Sinowjew, Kamenew, Radek und Bucharin.

Wenn Stalin die Verhaftung eines bekannten Mannes der sowjetischen Führungsspitze plante, versetzte er ihn zunächst auf einen weniger auffälligen Posten. Dort wurde er nach gewisser Zeit verhaftet. So erging es Krestinski, der hoffte, er würde verschont bleiben, solange er Stellvertretender Volkskommissar für äußere Angelegenheiten, also Vize-Außenminister war, der viele europäische Staatsmänner persönlich kannte. Am 29. März 1937 wurde er plötzlich von seinem Posten abberufen und zum stellvertretenden Volkskommissar für Justiz ernannt. Jetzt wußte er, daß er an der Reihe war.[33] Im Jahr 1937 wurde er auch aus der Kommunistischen Partei ausgeschlossen.

Im dritten Moskauer Schauprozeß, der vom 2. bis 13. März 1938 stattfand, im sogenannten «Prozeß der Einundzwanzig» oder – nach der offiziellen Lesart – in der «Strafsache des antisowjetischen ‹Blocks der Rechten und Trotzkisten›» saß neben den Angeklagten Bucharin, Rykow, Jagoda, Rakowski und so weiter auch der ehemalige Botschafter der Sowjetunion in Deutschland und nachmalige Stellvertretende Volkskommissar für äußere Angelegenheiten Nikolai Nikolajewitsch Krestinski vor Gericht.

Krestinski, geboren am 13. Oktober 1883, war vierundfünfzig Jahre alt; 34 Jahre lang – von 1903 bis 1937 – war er Mitglied der Kommunistischen Partei gewesen.

Der Vorsitzende des Militärkollegiums des Obersten Gerichtshofes der UdSSR, Armee-Militärjurist Ulrich, erklärte Bucharin, Rykow, Jagoda, Krestinski, Rakowski und die sechzehn anderen «angeklagt des Vaterlandsverrats, der Spionage, der Diversion, des Terrors, der Schädlingsarbeit, der Untergrabung der Militärmacht der UdSSR und der Provozierung eines militärischen Überfalls auswärtiger Staaten auf die UdSSR».[34]

Krestinski, vom Vorsitzenden befragt, ob er einen Verteidiger wünsche, verzichtete wie siebzehn seiner Mitangeklagten.

Der Ankläger, Generalstaatsanwalt der UdSSR Wyschinski, erging sich in seiner Anklagerede in Beschimpfungen, die der Sprache eines Roland Freisler, des Präsidenten des nazistischen Volksgerichtshofes, zum Vorbild gedient haben mögen; Freisler war zeitlebens «ein Bewunderer sowjetischer Terrormethoden, die er genau studiert hatte».[35]

In seiner Anklagerede sagte Wyschinski von den Angeklagten: «(...) es ist dies eine Bande von gemeinen Verbrechern, (...) die sogar von kriminellen Verbrechern als die am tiefsten gesunkenen, als die allerletzten, als die allerverächtlichsten, als die korrumpiertesten unter den Korrumpierten betrachtet werden»;[36] «das ist eine Horde von Henkern und (...) Mördern»;[37] «die Bucharin und Rykow, die Jagoda und Bulanow, die Krestinski und Rosengolz (...). Das ist eine der Abteilungen der faschistischen Provokateure und Kriegsbrandstifter (...)»;[38] «die Zerschmetterung dieser Abteilung ist ein gewaltiges Verdienst an der Sache des Friedens, an der Sache der Demokratie, an der Sache der wahren menschlichen Kultur»;[39] «Krestinski ist nach eigenem Geständnis seit 1921 ein deutscher Spion»;[40] «Das ist ein übelriechender Haufen menschlichen Abschaums, der vor nichts zurückschreckte, der vor nichts zurückscheute, der zu allem bereit war – (...)»;[41] «Vor der ganzen Welt wird jetzt die abscheuliche, verräterische Banditentätigkeit der Bucharin, Jagoda, Krestinski, Rykow und der übrigen (...) entlarvt»;[42] es sind «Söldlinge des ausländischen Kapitals», «Verräter, die mit ewiger Verachtung, ewiger Schmach und dem Fluch der Millionenmassen des werktätigen Volkes der ganzen Welt bedeckt sind»;[43] «Die Maske ist heruntergerissen. Ihr wahres Gesicht, ihre wirkliche Gestalt ist jetzt jedem klar. Jedem sind (...) ihre Schandtaten klar, wie auch ihr klägliches, schändliches Los klar ist»;[44] vollendet ist «die Entlarvung des trotzkistisch-sinowjewistischen Geschmeißes als einer schamlosen und prinzipienlosen Bande von Schädlingen, Diversanten, Spionen und Mördern, die im Auftrage der Spionagedienste auswärtiger Staaten handelten»;[45] «da ist der alte Trotzkist und deutsche Spion Krestinski, der seine Verräterkarriere noch zu Lebzeiten von Wladimir Iljitsch Lenin begann. Krestinski übergibt dem deutschen Spionagedienst Spionagematerial und erhält jährlich 250.000 Goldmark von der deutschen Reichswehr für die illegale trotzkistische Arbeit».[46]

«Die Rakowski, Krestinski, Jurenew und andere, die Bessonow und dergleichen – das sind doch alles Leute, die mit der diplomatischen Vertretung der UdSSR in auswärtigen Staaten betraut waren. Dadurch wird unter anderem ihre Schuld und die Schwere ihrer Verantwortung vor dem Sowjetstaat und dem Sowjetvolk noch mehr vertieft. Entsandt dazu, die Interessen unseres Staates zu vertreten, kämpften sie in Wirklichkeit mit allen Mitteln gegen diese Interessen. Diese Herrschaften benützten ihre Dienststellung – und so handelten sowohl Rakowski wie Grinko und Krestinski –, um die Sache des Friedens zu sprengen, um alle Maßnahmen zur Provokation möglicher Zusammenstöße zugunsten der Imperialisten zu treffen.»[47]

«Die (...) Hochverräter wollten ihren kapitalistischen Herren zuliebe die (...) befreiten (...) Völker unserer brüderlichen Unionsrepubliken wieder unter das kapitalistische Joch bringen»;[48] «Aber», fragte Wyschinski, «gibt es denn ein anderes Land in der Welt außer der UdSSR, (...) wo das wahre Aufblühen der Millionenmassen der Völker wirklich gewährleistet wäre? Ein solches Land außer der UdSSR gibt es in der ganzen Welt nicht»;[49] «(...) in der UdSSR leuchtet mit ihren starken segnenden Strahlen immer freudiger und heller über den reichen unermeßlichen Flächen dieser Republiken die neue sozialistische Sonne, die Sonne des nie welkenden Ruhms, des unerschütterlichen brüderlichen Bundes der Völker»;[50] zum Abschluß seiner Anklagerede wandte Wyschinski sich an die Richter: «Unser Volk und alle ehrlichen Menschen der ganzen Welt erwarten Ihr gerechtes Urteil. Möge Ihr Urteil in unserem (...) großen Lande erschallen wie eine Sturmglocke, (...) die zu neuen Siegen ruft. Möge Ihr Urteil, das wie ein erfrischendes und reinigendes Gewitter der gerechten Sowjetstrafe wirkt, erschallen! Unser ganzes Land, jung und alt, erwartet und fordert das eine: Die Verräter und Spione, die unsere Heimat dem Feinde verschachern wollten, müssen wie räudige Hunde erschossen werden! Unser Volk fordert das eine: Zertretet das verfluchte Otterngezücht! Die Zeit wird vergehen, Unkraut wird die Gräber der verhaßten Verräter überwuchern (...). Aber über uns (...) wird unsere Sonne mit ihren hellen Strahlen klar und freudig leuchten. Wir (...) werden (...) den vom letzten Schmutz (...) der Vergangenheit gesäuberten Weg gehen, vorwärts und immer weiter vorwärts, dem Kommunismus entgegen».[51]

Das war die Sprache Wyschinskis, so sprach er im März 1938.

Aber dieser dritte Moskauer Schauprozeß hatte einen Schönheitsfehler. Einer der 21 Angeklagten wollte das Mörder-Spiel nicht spielen, das Spiel der lügnerischen Anklagen und der zerstörerischen Selbstbezichtigungen. Dieser eine war Krestinski. Als der Vorsitzende des Gerichts die 21 Angeklagten der Reihe nach fragte, ob sie sich der gegen sie erhobenen Anklage schuldig bekennen, da durchbrach die Antwort Krestinskis das zwanzigfache «Ja, ich bekenne mich schuldig» mit dem unerhörten Satz: «Nein, ich bekenne mich nicht schuldig.» Er fuhr fort: «Ich bin kein Trotzkist. Ich war nie Teilnehmer des ‹Blocks der Rechten und Trotzkisten›, von dessen Bestehen ich nichts wußte. Ich habe auch kein einziges der Verbrechen begangen, die persönlich mir zu Last gelegt werden, im besonderen bekenne ich mich nicht schuldig der Verbindungen mit dem deutschen Spionagedienst.»[52]

Dreimal fragte der Gerichtsvorsitzende nach, ob er richtig gehört habe. Aber Krestinski blieb dabei: «Ich habe kein einziges Verbrechen begangen.»[53]

Krestinski war noch kühn genug, das in der Voruntersuchung unter der Folter abgelegte falsche Geständnis vor Gericht zu widerrufen. Aber schon am nächsten Tag gab Krestinski seinen Widerstand auf. Zwischen dem Ankläger Wyschinski und dem Angeklagten Krestinski fand der folgende Dialog statt:

«Wyschinski: Wenn das, was Rakowski hier sagte, richtig ist, werden Sie dann fortfahren, das Gericht zu betrügen und die Richtigkeit Ihrer in der Voruntersuchung gemachten Aussagen zu bestreiten?

Krestinski: Meine Aussagen in der Voruntersuchung bestätige ich vollständig.

Wyschinski: (...) Was bedeutet in diesem Falle Ihre gestrige Erklärung, die man nicht anders einschätzen kann als eine trotzkistische Provokation vor dem Gericht?

Krestinski: Ich war gestern unter dem Eindruck eines momentanen scharfen Gefühls falscher Scham, das durch die Anklagebank und durch den schweren Eindruck von der Verlesung der Anklageschrift hervorgerufen und durch meinen krankhaften Zustand noch verschärft wurde, nicht imstande, die Wahrheit zu sagen, nicht imstande zu sagen, daß ich schuldig bin. Und anstatt zu sagen – jawohl, ich bin schuldig, antwortete ich fast mechanisch – nein, ich bin nicht schuldig.

Wyschinski: Mechanisch?

Krestinski: Ich hatte nicht die Kraft, im Angesicht der öffentlichen Meinung der Welt die Wahrheit zu sagen, daß ich die ganze Zeit einen trotzkistischen Kampf geführt habe. Ich bitte das Gericht, meine Erklärung festzuhalten, daß ich voll und ganz mich all der äußerst schwerwiegenden Anklagen, die gegen mich persönlich erhoben wurden, schuldig bekenne, und daß ich mich voll für den von mir begangenen Treubruch und Verrat verantwortlich bekenne.

Wyschinski: Ich habe vorläufig keine weiteren Fragen an den Angeklagten Krestinski».[54]

Was war zwischen den beiden Verhandlungstagen geschehen?

Ein ehemaliger Gefangener Stalins, Dr. Hans Metzger, deutscher Ingenieur für Straßenbau, der nach dem deutsch-sowjetischen Nichtangriffspakt 1939 an die Gestapo ausgeliefert wurde und die Zeit des Faschismus überlebt hat, berichtet, er sei auf einem Gefangenentransport in der Sowjetunion mit Sergej Alexejewitsch Bessonow, einem der Angeklagten im dritten Moskauer Schauprozeß, zusammengetroffen; Bessonow, Pletnjow und Rakowski waren die einzigen von 21 Angeklagten, die nicht zum Tode verurteilt wurden. Dr. Metzger hatte Bessonow gefragt: «Warum haben Sie diese entsetzlichen Geständnisse im Gerichtssaal nicht widerrufen?» Bessonows Antwort lautete: «Ich wollte nicht das Schicksal Krestinskis teilen. Krestinski hat widerrufen. Sie holten ihn sofort nach Schluß der Verhandlung und folterten ihn drei Stunden lang. Sie haben ihm das linke Schultergelenk ausgerenkt. Er litt maßlose Schmerzen, aber äußerlich konnte man nichts erkennen. In der Verhandlung am nächsten Morgen bekannte er sich schuldig.»[55]

Wer aber dem Zeugnis von überlebenden Opfern nicht glauben wollte, der konnte den Worten Chruschtschows glauben, welcher in seiner Geheimrede am 25. Februar 1956 vor dem XX. Parteitag der KPdSU gesagt hat: «Und wie ist es möglich, daß ein Mensch Verbrechen zugibt, die er gar nicht begangen hat? Nur auf eine Weise, nämlich auf Grund der Anwendung physischer Gewalt zur Geständniserpressung – indem man ihn bis zur Bewußtlosigkeit foltert und ihn seiner Urteilsfähigkeit und seiner menschlichen Würde beraubt. Auf diese Weise kamen die ‹Geständnisse› zustande.»[56] Chruschtschow berichtete von einer «Anweisung bezüglich der anzuwendenden Untersuchungsmethoden»; «diese Methoden», sagte er, «waren sehr einfach: schlagen, schlagen und nochmals schlagen».[57]

Etwas anderes erwähnte Chruschtschow in seiner Geheimrede nicht: Am 7. April 1935 wurde in der Sowjetunion ein Dekret veröffentlicht, das Kinder ab 12 Jahre dem Strafrecht unterwarf und der Bestrafung Volljähriger unter Einschluß der Todesstrafe gleichstellte. Mit der Drohung, die Kinder der Angeklagten zu foltern und hinzurichten, konnten Geständnisse erpreßt und fügsames Benehmen während der öffentlichen Gerichtsverhandlungen erzwungen werden. Die Frau Krestinskis, Vera Moissejewna, und seine fünfzehnjährige Tochter befanden sich zur Zeit des Prozesses in der Gewalt der politischen Polizei.[58]

Krestinski bat in seinem Schlußwort vor dem Militärkollegium des Obersten Gerichtshofes um Entschuldigung, daß er seine «Schuld» geleugnet habe; und er sagte: «Meine Verbrechen an der Heimat und der Revolution sind unermeßlich, und ich nehme jedes, auch das strengste Urteil von Ihnen als absolut verdient an. Ich bitte Sie, Bürger Richter, bei Verhängung des Urteils zu berücksichtigen, daß ich selbst, freiwillig, (...) offen und bis zu Ende von meiner verbrecherischen Tätigkeit und der Tätigkeit meiner Organisation erzählte. Ich bitte Sie, zu berücksichtigen, daß ich nicht unmittelbar an den schärfsten Kampfformen – Terror, Diversionen und Schädlingsarbeit – teilgenommen habe und nichts Konkretes über diese Handlungen wußte. Ich bitte Sie, sich an meine frühere wirklich revolutionäre Arbeit zu erinnern (...), mein Leben zu schonen und mir die Möglichkeit zu geben, in irgendeiner Form, wenn auch nur zum Teil, meine schweren Verbrechen zu sühnen.»[59]

Das Militärkollegium des Obersten Gerichtshofes der UdSSR verurteilte Krestinski – wie 17 Mitangeklagte – zum Tode durch Erschießen; die Urteile wurden am 15. März 1938 vollstreckt.[60]

25 Jahre später, am 27. Oktober 1963, veröffentlichte die sowjetische Regierungszeitung «Iswestija» einen Artikel von Maiski mit dem Titel «Ein Diplomat der Leninschen Schule»; der Diplomat, von dem die Rede ist, heißt Nikolai Nikolajewitsch Krestinski.[61]

Chruschtschow mußte in seiner Geheimrede 1956 bekennen, daß «Unterdrückungsmaßnahmen in größtem Ausmaß durchgeführt (worden waren), denen nichts Greifbares zugrundelag».[62]

Der Arrangeur der Moskauer Prozesse, der Generalstaatsanwalt Wyschinski, war noch von 1953 bis zu seinem Tod im Jahr 1954 ständiger Vertreter der Sowjetunion bei den Vereinten Nationen in New York.

Die Witwe Krestinskis versuchte nach dem XX. Parteitag der KPdSU sieben Jahre lang, die Rehabilitierung ihres Mannes zu erreichen. Als sie vom Zentralkomitee der KPdSU unterrichtet wurde, daß ihr Mann vollständig rehabilitiert und nachträglich wieder in die Kommunistische Partei aufgenommen worden sei, war sie dieser Nachricht ihres Lebens nicht mehr gewachsen; sie erlitt einen Herzanfall und starb.[63]

Wie gesagt, Krestinski ist nur ein Beispiel. Als überzeugter Anhänger des kommunistischen Systems vertrat er sowohl den totalitären Herrschaftsanspruch einer einzigen Partei im eigenen Land als auch den – sogenannt revolutionären – sowjetischen Expansionismus. Als er 1924 in einem Brief an den Außenminister der Weimarer Republik Gustav Stresemann schrieb, daß die Sowjetregierung «stets auf dem Standpunkt der völligen Nichteinmischung in die inneren Angelegenheiten Deutschlands verharrte und fortgesetzt auf dem gleichen Standpunkt unerschütterlich verharrt»[64], so war das angesichts der Vorgänge im Herbst 1923 reine Lüge. Krestinski hatte als sowjetischer Botschafter in Deutschland selber sein Bestes getan, die sowjetische Politik, die in den Aktionen der Kommunistischen Partei Deutschlands zum Ausdruck kam, gegen die Republik von Weimar zu verwirklichen. Diese Politik richtete sich vor allem gegen die Sozialdemokratie und gegen die parlamentarische Demokratie im ganzen. Sie erwies sich am Ende als eine direkte Unterstützung des Faschismus.

Soll man es persönliche Tragik nennen, daß Krestinski, der der Ausbreitung des sowjetischen Systems nach Kräften gedient hat, selber zum Opfer der totalitären Herrschaft seiner Partei wurde?

(1997)

1 Zitiert nach Pjotr Abrassimow, Das Haus Unter den Linden. Aus der Geschichte der russischen und sowjetischen Botschaft in Berlin. Westberlin 1979, S. 36.
2 Ebenda, S. 38.
3 Lexikon der Großen Sozialistischen Oktoberrevolution. Leipzig 1976, S. 151.
4 David J. Dallin, Die Sowjetspionage. Prinzipien und Praktiken. Köln 1956, S. 92.
5 Ebenda.
6 Ebenda.
7 Ebenda, S. 93.
8 Ebenda.
9 Ebenda, S. 98.
10 Ebenda, S. 92.
11 Wilhelm Hoegner, Der politische Radikalismus in Deutschland 1919–1933. München/Wien 1966, S. 154.
12 Zitiert nach: Georges Haupt and Jean-Jacques Marie, Makers of the Russian Revolution. Biographies of Bolshevik Leaders. Ithaca, New York, S. 351.
13 P. Abrassimow, s. Anm. 1, S. 37.
14 Zitiert nach: Hermann Weber, Von Rosa Luxemburg zu Walter Ulbricht. Hannover 1961, S.28/29.
15 D. J. Dallin, s. Anm. 4, S. 94.
16 Ruth Fischer, Stalin und der deutsche Kommunismus. Frankfurt/M. 1950, S. 388.
17 Ebenda, S. 388/ 389.
18 Ebenda, S. 389, 445/446, 540.

19 Boris Baschanow, Ich war Stalins Sekretär. Frankfurt/M./Berlin/Wien 1977, S. 58.

20 R. Fischer, s. Anm. 16, S. 542/543.

21 H. Weber, s. Anm. 14, S. 29.

22 R. Fischer, s. Anm. 16, S. 409.

23 H. Weber, s. Anm. 14, S. 29.

24 Ebenda.

25 W. Hoegner, s. Anm. 11, S. 157/158.

26 R. Fischer, s. Anm. 16, S. 413–417.

27 Ebenda, S. 395/396.

28 Ebenda, S. 396.

29 Ferdinand Friedensburg, Die Weimarer Republik. Berlin 1946, S. 151.

30 Brief vom 31. 12. 1924; zitiert nach: Hermann Weber, Die Wandlung des deutschen Kommunismus, Band I. Frankfurt/M. 1969, S. 344.

31 Die Moskauer Schauprozesse 1936–1938. Hrsg. Theo Pirker. München 1963.

32 Zitiert nach: Ebenda, S. 71/72.

33 Joel Carmichael, Säuberung. Die Konsolidierung des Sowjetregimes unter Stalin 1934–1938. Frankfurt/M./Berlin/Wien 1981, S. 19; Schulthess' Europäischer Geschichtskalender 1937.

34 Die Moskauer Schauprozesse, s. Anm. 31, S. 203.

35 «Im Namen des deutschen Volkes». Todesurteile des Volksgerichtshofes. Hrsg. Heinz Hillermeier. Darmstadt und Neuwied 1982, S. 36.

36 A. J. Wyschinski, Gerichtsreden. Berlin 1951, S. 630.

37 Ebenda, S. 633.

38 Ebenda.

39 Ebenda, S. 633/634.

40 Ebenda, S. 635.

41 Ebenda.

42 Ebenda, S. 636.

43 Ebenda, S. 638.

44 Ebenda, S. 644.

45 Ebenda.

46 Ebenda, S. 653.

47 Ebenda, S. 682.

48 Ebenda, S. 685.

49 Ebenda.

50 Ebenda, S. 685/686.

51 Ebenda, S. 718.

52 Zitiert nach: s. Anm. 31, S. 209.

53 Ebenda, S. 209/210.

54 Ebenda, S. 40.

55 Alexander Weissberg-Cybulski, Hexensabbat. Frankfurt/M. 1951, S. 614.

56 Zitiert nach: Entstalinisierung. Der XX. Parteitag und seine Folgen. Hrsg. Reinhard Crusius und Manfred Wilke. Frankfurt/M. 1977, S. 510.

57 Ebenda, S. 524.

58 Joel Carmichael, Säuberung. Die Konsolidierung des Sowjetregimes unter Stalin 1934–1938. Frankfurt/M./Berlin/Wien 1981, S. 92 und 132.

59 Zitiert nach: s. Anm. 31, S. 41.

60 A. J. Wyschinksi, s. Anm. 36, S. 718.

61 G. Haupt und J.-J. Marie, s. Anm. 12, S. 154.

62 Zitiert nach: s. Anm. 56, S. 508.

63 Roy A. Medvedev, On Stalin and Stalinism. Oxford University Press 1979, S. 169/170.

64 Zitiert nach: H. Weber, s. Anm. 30, S. 343.

Was ich gerne ändern möchte

Es gibt natürlich Dinge, die sich von Menschen einfach nicht ändern lassen: der Gang der Gestirne, die Aufeinanderfolge der Jahreszeiten, die Sterblichkeit aller Lebewesen. Das sind die unabänderlichen Dinge, und es bleibt dem Menschen nichts anderes übrig als sich in das Unabänderliche zu fügen. Nur Träumer oder Narren, so sagt man, möchten in den Lauf der Sterne eingreifen oder einen anderen Wechsel der Jahreszeiten bestimmen oder manchen Lebewesen ewiges Leben verleihen. Gehören zu den Träumern und Narren auch die Dichter? Im Schaufenster einer Änderungsschneiderei in der Schöneberger Hauptstraße hängt ein Schild: «Was wir nicht ändern, kann man nicht ändern.»

Nicht wenige Leute empfinden es als schwer erträglich, sich fügen zu müssen. Sie können getröstet werden, denn es gibt doch genügend Dinge, die sich ändern lassen.

Sogar gibt es manches, von dem geglaubt wurde, es ließe sich niemals ändern, doch die vermeintliche Schicksalhaftigkeit erwies sich als Irrtum. So lassen sich die Erbanlagen von Lebewesen künstlich verändern, und auch das Erdklima ist in die Hände von Menschen geraten. Sie sorgen für die Zerstörung der Ozonschicht und für die globale Erwärmung.

Schließlich gibt es Dinge, die jeder Einsichtige als veränderbar ansehen wird. Man kann ein Kleid ändern, die Verfassung, den Namen, einen Menschen, das Testament, das Benehmen, ein Manuskript, die Meinung. Manchmal ändert sich ein Mensch sogar von selbst.

Unter all den Dingen, die sich ändern lassen und die ich ändern möchte, finden sich solche, die ich auch wirklich ändern kann, und solche, die ich nicht ändern kann.

Ich kann es nicht ändern, daß es am Ausgang des 20. Jahrhunderts, nach den Erfahrungen des Nationalsozialismus und des Kommunismus, Leute gibt, die die Opfer beider Herrschaftssysteme verhöhnen und neuerlich Untaten begehen.

Ich kann es nicht ändern, daß sich Täter und Mitläufer totalitärer Regime im Nachhinein als Oppositionelle ausgeben, so daß der Eindruck entsteht, die Zahl der Widerstandskämpfer gegen solche Regime nehme nach dem Ende der Regime von Tag zu Tag zu.

Ich kann es nicht ändern, daß die sogenannte innere Einheit Deutschlands von verschiedenen Sprechern mittels einer Art sprachlicher Säuberung angestrebt zu werden scheint, die die SED-Herrschaft verharmlost und deren Folgen einfach wegwischt, so daß eine regelrechte Tilgung des zeitgeschichtlichen Gedächtnisses diagnostiziert werden kann.

Ich kann es auch nicht ändern, daß Spezialmänner in Spezialautos halbe Tage lang mit Durchschnittsgeschwindigkeiten von 250 bis 300 Stundenkilometern im Kreis herumfahren, weil Autohersteller Testergebnisse brauchen für den Bau schnellerer Personenkraftwagen, mit denen sich jeder Durchschnittsmann zu Tode fahren kann.

Ich kann es nicht ändern, daß immer schnellere Züge und immer größere, schnellere, weiterreichende Flugzeuge gebaut oder daß Weltraumstationen errichtet werden.

Mein Sohn beklagt die ungeheure Verschwendung natürlicher Ressourcen und die Vergeudung von Steuergeldern, meine Tochter die Gewinnsucht, der sogar das Weltklima zum Opfer fällt, und meine jüngere Tochter beklagt, daß Kinder auf der Welt hungern müssen.

All das kann ich nicht ändern, auch nicht, daß einige wenige Leute sehr viel Geld besitzen und die meisten Leute sehr wenig.

Und ich kann es nicht ändern, daß die Präposition «über» immer öfter falsch gebraucht wird, zum Beispiel, wenn es heißt, jemand sei «mißtrauisch über jemanden», obwohl jemand «mißtrauisch gegen jemanden» sein sollte, oder wenn gesagt wird, jemand sei «überrascht über so viel Großzügigkeit», obwohl jemand «überrascht» sein müßte «von so viel Großzügigkeit».

Schließlich kann ich es nicht ändern, daß während eines Sinfoniekonzertes manche Zuhörer niesen und husten, und daß mit dem letzten Ton der Musik ein ohrenbetäubendes Geklatsche und Getrampel anhebt, und ich kann es nicht ändern, daß in Talkshows privateste Angelegenheiten öffentlich verhandelt werden, und sei es unter der Anleitung von Pfarrern.

Im Deutschen des 16. Jahrhunderts begegnet gelegentlich der Gebrauch des Wortes Änderung im Sinne von Besserung. Das Betragen zu ändern meinte, das Betragen zu bessern.

Mir scheint, auch in der Gegenwart verbinde man mit einer Änderung häufig eine Verbesserung. Die Änderung eines Kleides, einer Verfassung, eines Namens, eines Menschen, eines Testaments, eines Manuskripts, einer Meinung, eines Benehmens – aus der Sicht derer, die die Änderung wollen, wird alles besser. Ob es sich in den Augen derer, die die Änderung zur Kenntnis zu nehmen haben, um eine Besserung handelt, kann nicht ohne weiteres gesagt werden. Könnte ich alles ändern, was ich ändern möchte, aber nicht ändern kann, so wäre vieles besser, glaube ich. Mancher andere glaubt das nicht.

Ach ja, es wäre noch zu sagen, welche Dinge, die ich ändern möchte, ich auch wirklich ändern kann. Abgesehen davon, daß ich lieber öfter zuhören als selber reden möchte – alles andere sind privateste Angelegenheiten, die ich öffentlich nicht verhandle, und daran soll sich nichts ändern.

(2000)

Nicolas Born

In angestrengter Lage, beschäftigt mit einem Roman, einem Gedicht, einem Aufsatz, die Anstrengung auf der Stirn, war Nicolas Born immer beschäftigt mit anderer Leute Roman, Gedicht, Aufsatz. Nicht Wasschreibstdu, Wieweitbistdu, sondern Lies vor, Laß sehen, und: strenge Gespräche über die Arbeit. Die Schnellen mochten einhalten, die Langsamen mochten Schritt halten. Woher sein Gefühl und Wissen, eine Arbeit sei falsch, dürftig, aufgesetzt, heischend? Aber er wollte selber geprüft werden. Rasche Zustimmung, faules Lob zweifelte er an. Durften andere seine Arbeit mit leichteren Gewichten messen als er seine Arbeit maß und die Arbeit anderer?

Sein Wissen und Gefühl kamen aus rigoroser Aufrichtigkeit. Womöglich empfindet jemand es als lästig, von der Aufrichtigkeit zu sprechen. Das Wort werde allzu leicht gebraucht, zumal für jemanden, der tot sei. Mancher hat Grund, das Wort Aufrichtigkeit für Nicolas Born zu gebrauchen.

Nicht anders als mit den Arbeiten anderer ging Nicolas Born mit anderen und mit sich selber um. Schwäche hieß Schwäche, Stärke Stärke. So konnte Nicolas Born Freundschaft gewinnen und Freundschaft verlieren.

Einen Gegner konnte Nicolas Born sich machen, wenn er ahnte oder wußte, und es sagte, daß jemand eines teueren Erfolges wegen billig von Wichtigerem absah. So war Nicolas Born radikal.

Welche, die ihm vorschlugen, einen Freund zu verraten, wies er fort und verriet sie dem Freund. So war Nicolas Born treu. Jemandem, der ahnungslos war, zeigte Nicolas Born einen Weg. Jemandem, der hilflos war, kochte Nicolas Born ein Essen. So war Nicolas Born brüderlich.

In verzweifelter Lage, beschäftigt mit unheilbarer Krankheit, beschäftigt mit einem Roman, einem Gedicht, auf der Stirn Not, war Nicolas Born noch beschäftigt mit anderer Leute Krankheit, Roman, Gedicht. Die Gesunden schwiegen manchmal. Die Kranken sollten gesund werden. So war Nicolas Born verantwortlich.

In trostloser Lage, beschäftigt mit dem Ende, Angst auf der Stirn und Zorn, lehnte Nicolas Born Mitleid ab. So war Nicolas Born tröstlich.

(1987)

Asher Reich

Asher Reich nahm 1989, vier Tage im Mai, an dem ersten Treffen israelischer und deutscher Schriftsteller in Freiburg im Breisgau teil. Die Idee zu diesem Treffen war von Christoph Meckel, und Christoph Meckel hatte das Treffen zusammen mit der Malerin, Autorin und Übersetzerin Efrat Gal-Ed vorbereitet. Die israelischen und deutschen Schriftsteller – auch aus der damaligen DDR war jemand dabei: Helga Schütz – trafen sich zunächst zwei Tage lang hinter verschlossenen Türen; an den folgenden Tagen gab es zwei große öffentliche Lesungen. Es lasen Rahel Chalfi, Naim Arajdi, Asher Reich, Savyon Liebrecht, David Shahar, Yehuda Amichai, Amalia Kahana-Carmon, T. Carmi, Tuvia Rübner und Moshe Dor. Die deutschen Schriftsteller lasen die Übersetzungen: Efrat Gal-Ed sprach den Text von David Shahar. Die Gespräche, die am ersten und zweiten Tag ohne jede Öffentlichkeit geführt wurden, werde ich, solange mein Kopf wach bleibt, nicht vergessen. Ich will gar nicht zu sagen versuchen, worüber wir gesprochen haben. Vielleicht ist es erlaubt, zu behaupten: Wir haben über alles gesprochen. Unsere Dolmetscher waren Efrat Gal-Ed, Madeleine Neige und Michael Sternheimer. An dem Freiburger Treffen nahm auch der Vizepräsident des israelischen Parlaments, Mordechai Virshubski, teil. Nach dem ersten Tag, bei Tisch, sagte Mordechai Virshubski plötzlich auf Deutsch: «Ich erinnere mich genau an die Telefonnummer meiner Eltern in Leipzig.» Auf einem Empfang, den der Oberbürgermeister von Freiburg gab, sagte jemand zu Moshe Dor: «Was haben die Israelis und die Deutschen hinter verschlossenen Türen eigentlich getan.» Moshe Dor antwortete: «Wir haben Zigaretten geraucht und mystische Erfahrungen gemacht.» In Freiburg habe ich Asher Reich kennengelernt.

Asher Reich war vor dem Treffen in Freiburg zweimal zu kurzen

Besuchen in Deutschland, 1985 und 1987. Seit Anfang 1990 ist er Gast des DAAD in Berlin.

Wie sagen, wer und was Asher Reich ist? Selten bin ich jemandem wie Asher Reich begegnet: Leben und Schreiben sind bei ihm untrennbar. Aber das bedeutet mehr, als ein solcher Satz, der zuerst nur wie eine Formel klingt, nahelegen mag. Alltagsbewußtsein und poetisches Bewußtsein, Alltagsempfinden und poetisches Empfinden – in Asher Reich durchdringen sie einander nicht nur, sie sind eins. Wäre es weniger, könnte man sagen: Asher Reich ist *Poet.* So, wie Asher Reich *ist* – und der Unterschied kommt in einer anderen Betonung zum Ausdruck –, kann gesagt werden: Asher Reich *ist* Poet.

Asher Reich hat in einem Beitrag für die *tageszeitung* gesagt: «Meine Herkunft bewirkte, daß ich Kindheit und Jugend nur zur Hälfte lebte. Ich bin in einer orthodoxen Familie in Jerusalem geboren und wuchs hinein in eine stumpfe Kindheit, ohne Wiegenlieder aus Mutter- und Vatermund, ohne Kinderbücher, ohne Pflanzen- und Tierreich kennenzulernen, ohne Reisen in die Natur und ohne die Atmosphäre von Jugendbewegung, Sport und Spiel ... Andererseits war es mir vergönnt, noch bevor ich drei Jahre alt war, in Worten und Klängen der Gebete und der Thora zu schreiten. In diesem Schreiten verbrachte ich die Wüste meiner Kindheit und lebte halb in einer verzauberten verbalen Welt ... Manchmal erscheint mir dieser Zeitraum wie ein Eisberg, dessen größter Teil im eisigen Wasser des Unbewußten versunken war. Und trotzdem, der verschlossene Schatz meiner an sich armen Erinnerungen öffnet sich nicht durch bestimmte Ereignisse oder Situationen, sondern durch die Gnade der Worte und Klänge, die ich in meiner Kindheit aus der Thora und den Gebeten in mich aufnahm ... Eines Tages, ich war 18 Jahre alt, erwachte ich aus dieser Jugend wie aus einem sonderbaren, anstrengenden, fast schon erloschenen Traum ... Zurückblickend kann ich sagen, daß ich ohne diese Kindheit vermutlich nicht dahin gekommen wäre, Gedichte zu schreiben. Kann sein, daß meine Existenz als einer, der Gedichte schreibt, eine zweite Kindheit ist ...»

Im Alltagsgespräch sagt Asher Reich oft Wörter und Sätze, die man festhalten will, weil sie poetische Erhellungen sind. Dem, der aufhorcht und sich vergewissert, bietet er sie einfach zum Geschenk an.

Asher Reich ist 1937 in Jerusalem geboren. Er besuchte die religiöse Grundschule und das religiöse Gymnasium. Die Herkunft einer Narbe an einem Finger erklärt er so: Der Lehrer an der Grundschule beschrieb, daß Gott Himmel und Erde geschaffen habe. Asher Reich fragte den Lehrer: «Und wer hat Gott geschaffen?» Für diese Frage bekam Asher Reich Stockschläge auf die Hand. An der Universität Jerusalem studierte Asher Reich hebräische Literatur und Philosophie. Er lebt und arbeitet in Tel Aviv. Dort ist er Mitherausgeber der monatlich erscheinenden Zeitschrift des israelischen Schriftstellerverbandes, *moznaim* («Die Waage»).

Asher Reich hat in acht Bänden seine Gedichte veröffentlicht, darunter: «baschanah hashèwi'it linèdudaj» («Im siebten Jahr meiner Wanderung») 1963; «tèmunat mazaw» («Standfoto») 1975, «sseder haschirim» («Inhaltsverzeichnis. Ausgewählte Gedichte 1965–1984 und neue Gedichte») 1986.

Englische und deutsche Übersetzungen seiner Gedichte sind in Zeitschriften und Anthologien veröffentlicht; deutsche Übersetzungen in den Zeitschriften *ariel*, *Akzente*, *Lettre*, und in den Anthologien «4 Tage im Mai. Ein deutsch-israelisches Lesebuch», Waldkircher Verlag Freiburg im Breisgau 1989, und «Ich ging durch Meer und Steine. Israelisches Lesebuch», Piper Verlag München 1989.

Asher Reich bereitet die Buchausgabe einer Auswahl seiner Gedichte in deutscher Übersetzung vor.

Sein Werk wurde mit mehreren Literaturpreisen ausgezeichnet; unter anderen erhielt er 1989 den Preis für Poesie, den der israelische Premierminister verleiht, und den Preis der israelischen Publishers Union für Poesie 1987.

(*1990*)

Sarah

Ein Geburtstagsgruß

Manche wissen es vielleicht: Dass vom Mai 1974 bis zum August 1977 in Ostberlin, in der Wohnung des einen oder der anderen, ziemlich regelmäßig Schriftsteller aus dem Osten und aus dem Westen zusammentrafen, um einander aus Manuskripten vorzulesen und die Texte zu bemängeln oder zu loben. «Westen» ist weit gefasst; es kamen auch Westler aus Österreich, aus der Schweiz und Aras Ören. Das war natürlich keine einfache Unternehmung mitten im Stasi-Reich; da mussten telefonisch Termine vereinbart und Namen genannt werden, und Wohnungen, in denen man sich ungestört treffen wollte. In Ostberlin gab es jemanden, der die ostdeutschen Fäden in der Hand hielt, und das war Sarah Kirsch. Die Zusammenkünfte passierten in den Wohnungen von Erich Arendt, Edda Bauer, Adolf Endler, Sybille Hentschke, Bernd Jentzsch, Sarah Kirsch, Günter Kunert, Hans Joachim Schädlich und Klaus Schlesinger. Ich erinnere mich an 14 Treffen dieser Art, und bei 10 Treffen habe ich Sarah Kirsch getroffen. 1992 war ich neugierig darauf, was die Stasi-Schnüffler über diese Zusammenkünfte wussten. Sie hatten die Telefongespräche zwischen Sarah Kirsch, Bernd Jentzsch und mir abgehört, und sie wussten, wo die Treffs stattfinden sollten und stattfanden und wer teilnehmen wollte und wer teilgenommen hatte. In den Schnüffler-Akten finden sich Fotos von westlichen Teilnehmern, wie die gerade aus dem S-Bahnhof Friedrichstraße geklettert kamen, und es findet sich beispielsweise ein Bericht über die Zusammenkunft bei Erich Arendt, der am Prenzlauer Berg parterre wohnte und wegen der sommerlichen Wärme die Fenster zur Straße offen gelassen hatte. Man liest: In der Wohnung des E. Arendt säßen Leute, die Papiere in den Händen hielten, und auf dem Tisch sähe man erhebliche Mengen Alkohol. – Aber über den Ablauf aller 14 Zusammenkünfte, und das waren Lesungen und Diskussionen, erfuhren die Schnüffler nichts. Im Stasi-Jargon heißt das: «Der Inhalt der Beratungen konnte nicht aufgeklärt werden.» – Zweimal, am 28. August 1976 und am 6. Mai 1977, fanden die Lesungen bei Edda Bauer in Berlin-Friedrichshagen statt. Die Stasi-Strategen müssen geglaubt haben, dass Edda Bauers Wohnung zu unserem bevorzugten Treff-Ort avanciert war, und um für die Zukunft besser gerüstet zu sein, wurde in der Nachbarwohnung eigens ein sogenannter «operativer Stützpunkt errichtet», um eventuelle weitere Treffen direkt observieren zu können. So sagen es die Schnüffler-Akten. Es hätten da im Einvernehmen mit dem Mieter die Schnüffler hocken sollen, ausgerüstet mit hochempfindlichen Mikrofonen usw., und vielleicht hatten sie in Höhe der Scheuerleiste schon ein feines kleines Loch in die Wand gebohrt.

Das letzte Treffen, an dem ich teilgenommen habe, fand am 5. August 1977 in meiner Wohnung in der Köpenicker Rotkäppchenstraße statt. Es war ein wenig eng für die 24 Leute, die im Wohnzimmer saßen. Sarah Kirsch sagte an diesem Tag, dass ihr Ausreiseantrag, den sie am 25. Juli, vormittags 10 Uhr, im ZK der SED abgegeben hätte, am 26. Juli, 9 Uhr vormittags, genehmigt worden sei. 23 Tage später, am 28. August, vier Tage nach der Verhaftung Rudolf Bahros, zog Sarah mit ihrem Sohn Moritz nach Westberlin. Ich besitze ein Foto, das Roger Melis kurz vor Sarahs Abreise in ihrer Wohnung auf der Fischerinsel gemacht hat: «Sarah auf einem Stapel russischer Kisten der Firma VEB DEUTRANS vor ausgeleerten Bücherregalen, in Kopfhöhe ein Strauß getrockneter Blumen, der von der Zimmerdecke hängt, auf der Kiste die Aufschrift, in Russisch: ‹Export DDR, Kontrakt 2703/3070, Partie 49, Platz 91/108, brutto 60 Kg›, das war das Schlussbild.»

Wenn ich etwas über Sarah Kirsch sagen will oder – wie Sarah Kirsch es sagen würde – «zu die Schreiberei oder wie lange wir uns kennen und was wir so erlebten», dann ist es unvermeidlich, gelegentlich von mir zu reden, deshalb frage ich mich, wo und wann wir uns erstmalig persönlich begegnet sind. Es war bei Bernd Jentzsch, das ist sicher, in Berlin-Wilhelmshagen, in welchem baumreichen Ortsteil der Stadt auch ich seinerzeit wohnte, aber ob es anno domini 1972 oder 1973 war und ob in der alten Wohnung von Jentzsch in der Schönblicker Straße oder in der neuen Wohnung in der Lassallestraße, das weiß ich leider nimmer. Jedenfalls, es muss zu einer ungelegenen Zeit gewesen sein, dass ich bei Jentzsch hineinschneite, da saß Sarah Kirsch am Fenster und rauchte stark Zigarette, ich setzte mich am anderen Zimmerende nieder, und Bernd Jentzsch saß in der Mitte. Ich hatte den Eindruck, Sarah Kirsch und Bernd Jentzsch hätten gerade über ein welt- und menschenerschütterndes Naturereignis ratlos gesprochen, was sollte da mit einem Hereingeschneiten angefangen werden, den Sarah Kirsch nicht und von dem sie nichts kannte? Aber ich kannte von Sarah Kirsch das «Gespräch mit dem Saurier. Gedichte» [1965] und «Landaufenthalt. Gedichte» [1967] und die «Gedichte» aus dem Leipziger Reclam Verlag [1967] und «Die Pantherfrau. Fünf unfrisierte Erzählungen aus dem Kassettenrecorder» [Impressum: 1973; erschienen im Frühsommer 1974] und «Die ungeheuren bergehohen Wellen auf See. Erzählungen» [1973]. Jetzt fragt sich aber, ob das 1972 gewesen sein kann, denn «Die ungeheuren bergehohen Wellen auf See» sind 1973 erschienen, oder ob das 1973 gewesen sein kann, denn «Die Pantherfrau» ist entgegen der Angabe im Impressum [1973] erst im Frühsommer 1974 erschienen, oder ob ich die beiden Prosabände noch gar nicht kannte. Und es fragt sich auch, ob ich die «Zaubersprüche» [1973] schon kannte, die auch 1973 erschienen sind. Aber egal, ob es 1972 oder 1973 oder gar erst 1974 war – Sarah Kirsch war für mich eine Größe, und ich war für sie ein Unbekannt mit einem seltsamen Namen. Einen gewissen Namen muss ich mir bei ihr erst in den Jährchen 1974–1977 gemacht haben: bei den privaten ostwestlichen Schriftstellertreffen, von denen ich keines ausgelassen und während deren ich allemal eine unveröffentlichte Erzählung vorgelesen, weil die Versammelten doch mein einziges Publikum waren. Schon das dritte dieser Treffen war bei Sarah Kirsch in jenem erschreckenden Hochhaus auf der Fischerinsel am 6. Dezember 1974, und das siebente Treffen wiederum, dieses Mal am 27. Februar 1976. Erschreckend war dieses Hochhaus jedenfalls wegen des starken Schnüffler- und Wanzenbefalls.

Von 1976 stammt Sarahs Gedicht «Das Hochhaus»:

«Ein Porzellantiger auf der Konsole der
Diamantene Tränen vergießt. Es klingelt
Und vor der Tür steht der Angeber aus dem
Achtzehnten Stock und beschwert sich
Daß ich die ganze Nacht Chopin gespielt habe.
Als er jetzt meinen Tiger sieht dieses
Lächelnde Schweigen die rollenden Tränen
Entfernt er sich schnell. Damit
Hatte er nicht gerechnet und ich
Ziehe fort aus dem Haus der Stadt dem Land
Und vielleicht noch weiter für immer.»

Im Hause wohnten nur wenige wirkliche Menschen wie zum Beispiel der geschätzte Übersetzer Eckhard Thiele.

In der «gottlob! versunkenen deutschen demokratischen DDR» – wie Sarah Kirsch den Landstrich 1996 genannt hat – hatte man von Anfang bis Mitte der 70er Jahre allerhand zu erleben, ich muss das noch einmal aufzählen: Im April 1971 darf und soll Peter Huchel in den Westen. Im Mai desselben Jahres wird der Spitzbart durch das Saarländer Hütchen ersetzt. Und im Dezember 1971 spricht es aus dessen Mund: «Wenn man von der festen Position des Sozialismus ausgeht, kann es meines Erachtens auf dem Gebiet von Kunst und Literatur keine Tabus geben: Das betrifft sowohl die Fragen der inhaltlichen Gestaltung als auch des Stils ...» Das hieß, kurz gefasst: Es gibt in der Kunst und Literatur Tabus. Im Jahr 1972 haben aber plötzlich verschiedene Leute geglaubt, es gebe keine. Im Februar 1973 kriegt man an Stelle von Klaus Gysi einen Kulturminister namens Hoffmann und im März dessen unrühmlichen Stellvertreter namens Höpcke. Schon im lustigen Mai, auf dem so gezählten 9. Plenum des ZK der SED, mäkelt der Saarländer, gewisse Künstler, zum Beispiel Ulrich Plenzdorf, hätten die verkündete Kunst- und Literaturfreiheit missverstanden. 1974 im Oktober, am 7. nämlich, das war das Gründungsdatum jener Scheinrepublik, werden die Begriffe «deutsche Nation» und «Deutschland» aus der Staatsverfassung gestrichen. 1975 im Februar gibt es das Auftrittsverbot für Gerulf Pannach, im August allerdings die KSZE-Schlussakte von Helsinki und in deren Folge massenhaft Ausreiseanträge, und ab Mitte Oktober immerhin einen Ständigen Vertreter der Bundesrepublik in Ostberlin. Wirklich beunruhigend geht es in der zweiten Hälfte 1976 zu: Im August verbrennt sich in Zeitz der Pfarrer Brüsewitz, im September erscheint in der Bundesrepublik Reiner Kunzes «Die wunderbaren Jahre», im Oktober wird Reiner Kunze aus dem ostdeutschen Schriftstellerverband ausgeschlossen, am 13. November gibt Wolf Biermann auf Einladung der IG Metall ein Konzert in Köln, am 16. November wird Wolf Biermann die DDR-Staatsbürgerschaft entzogen, und am 17. November kann man den Ausbürgerungsbeschluss in der SED-Zeitung «Neues Deutschland» lesen.

Selbigen Tags protestieren 12 Schriftsteller gegen die Ausbürgerung in diesem Offenen Brief, der an erster Stelle die Unterschrift von Sarah Kirsch trägt. Anderntags, in der Wohnung von Sarah Kirsch, im Hochhaus auf der Fischerinsel, habe ich, zusammen mit Kurt Bartsch, auch einen Platz auf der Unterschriftenliste gefunden. Sarahs liebreiche Hochhaus-Nachbarn gaben auf Wandtafeln in den Hausfluren anonym kund, wie verhasst ihnen die Hausbewohnerin Sarah Kirsch sei. Und dieser November hatte es noch anders in sich: Am 19. November wurde Jürgen Fuchs, am 21. wurden die Sänger Gerulf Pannach und Christian Kuhnert verhaftet. In Jena wurden über 40 jugendliche Biermann-Sympathisanten festgenommen. Am 26. November wurde Robert Havemann unter Hausarrest gestellt, weil er im SPIEGEL gegen die Ausbürgerung Biermanns protestiert hatte. Sarah Kirsch wurde natürlich von der SED-Mitgliederliste gestrichen. Am 20. Dezember wurde sie aus dem Vorstand der Berliner Sektion des DDR-Schriftstellerverbandes ausgeschlossen. Ich zähle das auf, weil sich heute kaum noch jemand vorstellt, dass die Lage prekär, ja gefährlich war. Die Stasi schlug um sich, und niemand wusste, vor wem sie nicht Halt machte. In dieser Zeit und später erschien mir Sarah unangreifbar; sie besaß eine Sicherheit, die wie selbstverständlich wirkte, obwohl sie es doch nicht sein konnte. Diese Sicherheit rührte von einer inneren Autonomie her, die haushoch über den dummen und gefährlichen Sprüchen der Politbürokraten und dem Terror der Geheimpolizei stand, und sie übertrug sich auf andere, zum Beispiel auf mich.

Im Frühjahr 1977 war ich von einigen DDR-Verlagen endgültig darüber belehrt, dass meine Erzählungen dortselbst nicht gedruckt werden würden. Übrigens, die Spitzeldichte in diesen Verlagen war groß. Als ich die undiplomatischen Beziehungen zum Rostocker Hinstorff Verlag abbrach, da nahm ich Abschied von einem Verlagsleiter und einem Cheflektor, die – wie ich erst 1992 erfuhr – tüchtige Stasi-Spitzel waren, und an Spitzeln unter den Lektoren hatte es auch nicht gemangelt. Im nächsten und letzten Verlag, den ich im Osten zu finden trachtete, im Verlag Neues Berlin, kam ich vom Rostocker Regen in die Ostberliner Traufe; mein Lektor erwies sich – 1992 – dito als Stasi-Zuträger. 1996 hat Sarah Kirsch in Göttingen gesagt, ich sei ein Autor, «dem es in diesem Ländchen ehemals ... nicht gelang, ein einziges Buch nur herauszubringen ... ein Meisterstück ...». Aber im Frühjahr 1977 wollte ich, dass es mir gelänge, ein Buch in der Bundesrepublik herauszubringen. Die Frage, in Ostberlin, wie das Manuskript des Buches «Versuchte Nähe» unter den Augen der Grenzposten in den Westen gebracht werden könne – da war verlässlicher Rat kostbar, das Scheitern gefährlich. Sarah wusste den Weg. Es kam zu mir Sarahs Freundin Christel Sudau, die, als Ostberliner Korrespondentin der Frankfurter Rundschau in Sarahs Nähe dienstlich ansässig, mitten in der Nacht, wenn die Kontrolle westlicher Journalisten an der Sektorengrenze unwahrscheinlich sein sollte, das Manuskript außer Staates schmuggelte.

Ich weiß nicht, wann Sarah in dieser ersten Jahreshälfte 1977 die Zeichen auf Ausreise gestellt hatte. Die Zeichen müssen aber schon gestellt gewesen sein, als drei Leute – Sarah, Krista und ich – sich im frühen Sommer dieses Jahres auf eine Autoreise begaben von Ostberlin in ein Dorf bei Schwerin, weil Krista von ihrem Bruder im Mecklenburgischen vernommen hatte, in jenem Dorf sei ein Bauernhaus billig zu haben; man müsse sich nur bei dem Nachbarn melden. Dieses Haus zu kaufen hatten Sarah und wir in Berlin erwogen. Das Haus stand frei auf grünem Grund, ein schönes Haus, billig im Preis, sogar eingerichtet mit Bauernmobiliar. Doch geschah es plötzlich, dass Sarah sagte, der Fußboden sei brüchig, und dass ich sagte, durch die Wände wachse schon der Schimmel. Unsere Schritte durch das Haus wurden schneller, wir sahen das freundliche Dorf für einen unerträglichen Provinzschlupf an und stiegen ins Auto für die Rückfahrt nach Berlin. Unterwegs sagte Sarah: «Das is nix mehr mit Mecklenburg, wir müssen ja doch in den Westen.» Viel später, 1995, sah ich die Sache folgendermaßen an: «Eine Fahrt mit Sarah, im Frühsommer 1977 ins Mecklenburgische, an einen Ort nahe Schwerin, weil es geheißen hatte; dort gebe es ein Bauernhaus zu kaufen, weitab von der unsicheren Stadt Ostberlin könne man sich ungestörter einrichten, das war der letzte Versuch ostdeutscher Sesshaftigkeit inmitten der Fahndung nach Schriftstellern, die misstrauischen Dörfler, das Haus eine halbe Ruine, der Nachbar, der nichts anpries, und auf der Rückreise nach Ostberlin die schlagende Gewissheit, dass sich kein Platz der Ruhe mehr finde, keine sichere Arbeit, keine Aussicht, das war der Abschied vom Wunschglauben an unbehelligtes Dasein.» In ihrem «Allerlei-Rauh» schreibt Sarah Kirsch an passender Stelle: «Ich hatte mich letztlich in meinem Hochhaus längst auf eine Hallig begeben, wo das ganze Jahr der Ruf Landunter! erscholl» (1988, S. 89–90).

Und – wie gesagt – am 25. Juli 1977 gab Sarah Kirsch im ZK der SED ihren Ausreiseantrag ab. Die Ausreise am 28. August 1977 vom Bahnhof Friedrichstraße. 1992, in den Stasi-Akten, kann Sarah «paar lustige Stories» lesen, die sie «vergessen längst hatte»: «Schreibt ein Oberstleutnant einen Bericht wie ich bei der Verabschiedung von Eva Maria Hagen mit Moses und anderen Kindern auf ihn in Zivil da losging mit dem Finger ihn fast berührte: ‹Kinder, seht euch hier diesen Herrn an, so sieht ein Spitzel aus!› Oder ich sagte zu einem anderen ‹Sie sind aber wieder schlampig getarnt!› Würde aber hoffen es bekommt noch jeder den Lohn wie im Märchen» («Das simple Leben», 1994, S. 88).

Aber noch vor ihrer Reise von Ost- nach Westberlin, Mitte August nämlich, wollte Sarah, dass ich etwas abhole bei ihr. Da hatte wer ein Buch aus dem Westen zu ihr gebracht, sie gab es mir, und in dieser Sekunde hatte ich das erste Exemplar meiner Erzählungen «Versuchte Nähe» in der Hand. Hatte Christel Sudau es in den Osten geschmuggelt, wie sie Monate zuvor das Manuskript in den Westen geschmuggelt hatte?

In Deutschland, wie ich die Bundesrepublik stets doch nannte im Unterschied zur Zone, welches der gängige Name für die DDR blieb, ging es Sarah besser. «Das Ländchen», schrieb Sarah 1994, «es hat mich geknebelt und schikaniert. Ich kann alles bloß in die Entfernung rücken und mich immer wieder beglückwünschen, dass ich mit Moses entkam» («Das simple Leben», 1994, S. 89). Aber «das Ländchen» streckte sein Händchen nach Deutschland aus, und in Deutschland fanden sich genug Leute, die der Zone ihre Hand liehen, waren das Handleiher oder Handlanger? Der bundesdeutsche Verbandsvorsitzer Bernt Engelmann liebte die kommunistische Diktatur mehr als die Demokratie und schrieb an seinen kommunistischen Kollegen Hermann Kant, er werde schon dafür sorgen, dass Sarah Kirsch in der Bundesrepublik keinen Fuß auf die Erde kriege. Da hatte sich der MarxEngelsmann verhoben, er konnte auch – trotz seiner wissenschaftlichen Weltanschauung – nicht voraussehen, dass man seine Briefe an den lieben Genossen Hermann ab 1992 in den Stasi-Akten würde lesen können. Weiß der Liebe Gott, wer alles in Deutschland den Zonenherren in die Hände gearbeitet hat, es sollen runde 20000 gewesen sein, und nicht gerade wenige auf dem Acker der Literatur.

Es kann von ungeschminkten Versuchen berichtet werden, Schriftsteller, die aus dem Osten in den Westen gegangen waren, für östliche Zwecke zu missbrauchen. Die Westberliner Akademie der Künste hatte unter dem Einfluss ihres Ostberliner Mitgliedes Stephan Hermlin zu einem tatsächlich so genannten Friedensgespräch für den 22. und 23. April 1983 in Westberlin eingeladen. Das hübsche Wort Frieden sollte dazu dienen, die unfriedliche Politik der DDR-Diktatur zu kaschieren. Während die Repression gegen Schriftsteller und gegen die unabhängige Friedensbewegung im Osten munter vorankam und die Kriminalisierung ausgebürgerter Schriftsteller zum Exportschlager von DDR-Handlungsreisenden in Sachen Kultur (wie zum Beispiel Hermlin) avancierte, zelebrierten Kunst-Akademiker aus Ost und West «Friedens»-Orgien. Unter den geladenen Gästen des «Friedensgesprächs» befanden sich der Stasi-Hymnen-Dichter Helmut Baierl und der damalige Präsident des DDR-Schriftstellerverbandes und – wie man heute weiß: bewährte Stasi-IM «Martin» – Hermann Kant. An diesem Gespräch sollten auch drei aus der DDR ausgebürgerte Schriftsteller teilnehmen, nämlich Sarah Kirsch, Jürgen Fuchs und ich. Für uns drei galt seit Jahren ein Stasi-Verbot, die DDR zu betreten. Wir hatten keine Lust, mit Schreibtischtätern wie Kant und Baierl vor der Haustür der DDR an einem Tisch zu sitzen und ein wenig mitzuplappern über den «Frieden». Sarah Kirsch nannte die Veranstaltung in der Frankfurter Rundschau vom 22. April 1983 – dem Eröffnungstag der Veranstaltung – «eine absurde Talkshow» und «Verlogenheit gegenüber der verfolgten Friedensbewegung in der DDR».

Mit der Westberliner Akademie hatte Sarah Kirsch noch einmal trouble. Im Februar 1992 beschloß die Westberliner Akademie der Künste, sich mit der Ostberliner Akademie der Künste zusammenzuschmeißen. «Im Interesse der Vereinigung der Deutschen, als Beitrag zur deutschen Einheit» – oder so ähnlich klang die Begründung. Man habe den Ost-Akademikern helfen wollen, ihr Gesicht zu wahren. Günter Kunert hat damals dazwischengesagt, manche von denen hätten doch ihr Gesicht längst verloren. Jedenfalls, wie seinerzeit der «Frieden», so half jetzt die «Einheit». Obwohl man eigentlich von der Einheit Deutschlands gar nichts wissen wollte (man sprach angewidert von Anschluss oder Eroberung der DDR), konnte jetzt die «Einheit» herhalten, weil man hinter der «Einheits»-Schminke den traurigen alten falschen Fuffzigern aus dem Osten eine Pauschalreise in die West-Akademie zukommen lassen konnte. Der Komponist Jürgen von Bose, der angesichts dessen aus der Akademie West ausgetreten ist, hat geschrieben: «Es ist unglaublich, dass sich die Intellektuellen in diesem Land wieder nicht fragen lassen müssen, wofür sie eigentlich stehen.» Und im Herbst dieses Jahres 1992 wählte die vereinigte Akademie Sarah Kirsch zu ihrem Mitglied. Aber Sarah lehnte die Wahl mit der Begründung ab, dass die Akademie «in absehbarer Zukunft eine Schlupfbude für ehemalige Staatsdichter und Zuträger der Staatssicherheit» sei.

«Gemeiniglich ist der Zorn eine Traurigkeit über dem von anderen uns ... angethanen Unrechte, verknüpft mit einem Hasse gegen den, der uns ... beleidiget.» So definiert der Philosoph der frühen deutschen Aufklärung, Christian Wolff, in seinem Buch «Vernünfftige Gedanken von Gott, der Welt und der Seele des Menschen» aus dem Jahre 1720 die Gemütserregung namens Zorn (zitiert nach Jacob und Wilhelm Grimm, «Deutsches Wörterbuch»). Diese Gemütserregung ist Sarah Kirsch nicht fremd, weder im Alltag noch in der Poesie. Sarahs Zorn äußert sich für gewöhnlich schroff, rigoros; man muss einmal erlebt haben, wie sie jemandem Gruß und Handschlag verweigert. Was macht Sarah zornig? Zum Beispiel Verrat. Ich erinnere mich, wie Sarah

1992 in einem Leseraum von Joachim Gauck die Akten einsah («Das Jahr der Einsicht begann», schreibt sie [«Das simple Leben», 1994, S. 88]), Operativer Vorgang «Milan» war sie von der Stasi genannt worden, und wieder und wieder erschien in den Papieren ein Spitzel mit dem Decknamen Inoffizieller Mitarbeiter «Hölderlin». Vor allem, dass ein Spitzel sich den Decknamen «Hölderlin» zulegen konnte, erregte Sarahs Zorn, und sie stieß Verwünschungen dieses «Schweins» lauthals aus. Ein anderer Inoffizieller Stasi-Mitarbeiter, der den Decknamen «Schäfer» trug, hatte sein Unwesen in Sarahs Umgebung und in meiner allernächsten Nähe getrieben. Ich war von dieser Einsicht wie betäubt. Sarah schickte mir unterm 28. Januar 1992 ein Gedicht und schrieb dazu: «... Dieser Text hier aus meinem 1. Gedichtband fiel mir im Zusammenhang mit unserem IMB ‹Schäfer› ein. Konnte mich nur sehr dunkel erinnern, bes. an die Zeile ‹Sag Bruder dass du mein Bruder nicht bist ...› war doch 'ne gute Vorahnung seinerzeit, nicht? Man mußte bloß gewappenet seyn. Es ist eines meiner ersten Gedichte, etwa unter den ersten 12 die ich je schrieb ...»

Das Gedicht heißt «Aufforderung»:

«Denk nach Bruder und zähle dein Geld
Kauf einen schillernden Hahn verrate mich sag
Ich könnte Fische verstehen wüßte wie Gras wächst

Auf bittrer Erde erstorbener Dörfer, aber
Du hast es gesehn ich verriegle
Abends die Türen vertraue dir nicht und keinem Computer

Hab einen steifen Rücken ein Maultier das störrisch ist
Noch im Kleefeld nicht frißt manchmal
Die Peitsche nimmt aber verdorben ist seit diesem Tag

Sag Bruder daß du mein Bruder nicht bist
Daß deine Fingerabdrücke den meinen fremd sind verwahr dich
Und deine zahlreiche Sippe wenn sie dir lieb ist gegen

Mein einfältiges Schweigen.»

Wie ist es hingegen um die Sanftheit bestellt? Die Sanftheit ist ein poetisches Mittel der Subversion. Oder, wie Günter Kunert es über Sarah dem Sinne gemäß sagt: Das Erschreckende, ja das Schreckliche wird mit schöner Naivität ausgesprochen, «als bestünde es in Wirklichkeit gar nicht sondern sei eigentlich eine Erfindung unseres Kollegen Hans Christian Andersen» (Günter Kunert, Nachwort zu «Landwege», 1985, S. 168). Es ist eben folgendermaßen: Gerade ängstigt man sich angesichts schutzloser Empfindungen, und schon ist kühlster Abstand gewahrt. Wenn nun etwas von «stilistischer Dynamik» gesagt werden soll, wie Sarah selbst es nennt, dann ist es doch am einleuchtendsten, mit ihrer Genehmigung aus einem Brief vorzulesen vom 23. Januar 1983: «... etwas entwickelt sich auf einen Punkt hin und kurz bevor es manieristisch wird, fängt der Abbau wieder an wenn man Glück hat ... Bei mir sind das eben gerade die glühendsten beschreibenden Adjektive, die ich aber niemals völlig verlieren kann und auch nicht muß wenn ich mich nicht völlig inflationiere, manchmal brauche ich zu der Zeit gleich 2 oder gar 3, die müssen dann aber notwendig sein und sich gegeneinander bewegen, ich möchte damit Vorgänge in den Verschen bewerkstelligen können, daß etwas passiert, in Bewegung, in dinglicher, ist, ich meine erst mal keine Innere damit, sondern daß eine Tür zuschlägt momentan in den Zeichen vielleicht, oder aufspringt je nach Bedarf ... Und weil alles kurz vorm Untergang sich befindet, muß ich es wohl preisen ...»

Jemandem gleichgestimmt und gleichgesinnt geneigt sein, mit jemandem Freud und Leid anhänglich teilen, das ist Freundschaft. Sich zugunsten von jemandem sorgen, das ist Fürsorge. Freundschaftlich und fürsorglich, das ist Sarah. Ich kenne manchen, um den sich Sarah gesorgt hat oder sorgt, sei er krank, arbeitslos oder verblendet oder sei er es gewesen. Ich frage mich, ob so manche sich um Sarah sorgen; womöglich sagen sich welche, sie wirke der Fürsorge nicht bedürftig. Dieser Eindruck kann herrühren von der Entschiedenheit, mit der sich Sarah noch stets durchgeschlagen hat, nach Rücksprache allerhöchstens mit den Tieren des Waldes und Pflanzen des Feldes.

Da ich von einem Autor weiß, der zu einem Kunstrichter sagt: «Es ist mir ein Rätsel, wie Sie sich angesichts des gänzlichen Mangels objektiver Geschmacksgesetze nicht in ständiger Verlegenheit befinden!», unternehme ich es nicht, Sarahs Texte auszudeuten, zumal es gescheite Schriften zuhauf gibt, die das bereits getan. Ich bleibe lieber bei meinem Leisten und sage ohne Beachtung von Gesetz und Regel: Sarahs Schreibart, geläufiges Alltagsdeutsch, historische Sprach-Restbestände und zarteste Sprachbilder zu verschmelzen, schafft Abstand von den Welt-Dingen und zieht zugleich tief in sie hinein. Leben und Poesie fallen in eins und sind doch haarscharf zu unterscheiden. Es gibt hoffentlich nur noch wenige Unwissende, die kurzsichtig befinden, Sarah Kirsch wäre nun eine Idyllikerin; obwohl doch sichtbar von Tod und Leben die Rede ist und – «Es ist spät auf Erden» – es ums Ganze geht!

Vom Juni 1999 fünfzehn Junis zurückgerechnet ist Juni 1985.

Am 11. Juni 1985: «... es ist seit einer Woche recht kalt, die berühmte Schafskälte eben ... Eine seltsame Klarheit ist vor den Fenstern, türkisblauer Himmel in schönen Wolkengebürgen und mannigfaltige Regenbögen, heute früh sogar ein doppelter und völlig korrekt.»

Im Juni 1986 hörte ich nichts, aber kurz vorher, am 24. Mai: «Wer geht denn von Euch zum PEN-Kongresse [in Hamburg] daß man was hört? ... Der koreanische Dichter ist übrigens schon wieder draußen, ... gleich hat der Protest genutzt. Bei Stus kümmerte sich kein Schwein drum bis er nach ein paar Jahren tot war.»

Im Juni 1987 hörte ich nichts.

Am 15. Juni 1988: «Ich bin kaum dazu gekommen, den Garten zu bestellen. Jetzt wächst mir das was man früher Unkraut nannte gleich übern Kopf.»

Am 11. Juni 1989: «... mitunter fließt mir – ach strömt mir die Galle, z.B. wenn Herr Henniger von der Schriftstellerbande aus der Hauptstadt in Westberlin aufkreuzt zu beiderseitigen Lesungen – was schreibt denn der? Berichtsliteratur. Der hat uns doch arg schikaniert ...»

Am 11. Juni 1990: «Asher [Reich] ist ein schwarzer Engel ich habe ihn sehr ... gerne kennengelernt.»

Am 7. Juni 1991: «Ich war inzwischen in Weimar bei dieser ... – Akademie, nächtigten im Russischen Hof ... Monierte jeden Morgen ... daß meine Dusche kapores war und fix unter der Decke. Frauenfeindlich. War alles ... desolat, aber das Schloß sehr hübsch für die Vorträge ...

das nächtliche Weimar gehörte nur uns mit seinen hochgeklappten Bürgersteigen.»

Am 23. Juni 1992: «Es ist so hübsch, wenn in W.[iepersdorf] keine alten Genossen mehr auf der Terrasse sitzen.»

Im Juni 1993 hörte ich nichts.

Am 9. Juni 1994: «... ärgere dich nicht über die amerik. Germanisten die Kant und Wolf so großartig finden.»

Im Juni 1995 hörte ich nichts.

Am 2. Juni 1996: «Heute wird hier ein schöner Tag. Ich mache mit Moritz einen Moorspaziergang, da muß man bis zu den Knien ins Wasser. Helfen nicht mal Gummistiefel.»

Am 3. Juni [1996]: «... der Moorspaziergang war wirklich so, etwa 500 m durch überkniehohen Matsch von insgesamt 5 km ... Und hinterher kippt man immer die Gummistiefel aus und wringt die Strümpfe annähernd trocken. Sah alles morbide genug aus, und Methanblasen stiegen, die paar Bäume quälten sich sehr und blühten vor Schreck. Viel Wollgras und archaische große Brachvögel die Scheinangriffe auf uns flogen. Mit himmlischen Stimmen, klingt wie Flöten.» – Am 4. Juni [1996]: «Kunert sagt, Fries kriegt den Hörspielpreis der Kriegsblinden und Stoiber macht die Laudatio. Wie viel ... Kriegsblinde gibt es denn noch? Oder vererbt sich das wie bei denen Heimatvertriebenen? Ist aber ein dicker Hund finde ich! Eigentlich geht das doch nicht. Es geht aber doch. Grauenhaft, kann ich bloß sagen.» – Am 12. Juni [1996]: «Hab im Radio gehört, daß Stoiber die Rede bei Fries nicht mehr halten will und die Kriegsblinden auch lieber Abstand nun nehmen.» – Am 26. Juni [1996]: «Hier am Lande war der Johannistag schön, feinstes Wetter und Segelboote quer durch die Wiesen. Und der Kuckuck flog und die Angler starrten ins Wasser. In der Johannisnacht tanzten die Nebelgeister und die Venus hing am Horizont wie ein Klumpen weißgoldenes Erz.» – Am 27. Juni 1996: «Als 18-jährige hab ich mal gedacht es wäre am besten, es seien alle tot die ich gern hab dann brauchte ich nix zu befürchten. Hier klappern meine Pappelblätter und ich sitze im Grünen.»

Am 8. Juni 1997: «... die städtische Geselligkeit ... Du kannst dir nicht vorstellen, wie süß es ist, bei diesem linden Seewind im Garten bei denen Rosen zu seyn die ihre Knospen gleich aufschlagen werden, die Erde zu lockern, die Quecken zu bändigen, den Kopp voller Gedanken, die Nase voller Glycimenduft oder Vogelbeerblüten. Das ist ne Verzauberung sondergleichen, dann fliegt der Kuckuck über mich hinweg oder ein Haase starret mich aus 1 m Entfernung an mit entzückende braune Augen, kreisrund – es ist ne Verträumtheit ... im grünen grünen Juni ...»

Am 29. Juni 1998: «Gestern die wackeren Dänen beim Fußball gesehen wie sie die stolzen nigerianischen Adler verzauberten daß die abgestürzt sint.»

Am 15. Juni 1999: «... demnächst sehen wir uns ja ... Also das Haus was zusammengekracht war, das war das Fachwerk in Halberstadt. Gehörte dem Großvater mütterlicherseits. In Limlingerode dies war die Pfarre des Großvaters väterlicherseits. Da war ich ... bis 3 Jahr ... Könn wir alles betrachten!»

Am 31. Mai 1997 gab mir der israelische Dichter Asher Reich die deutsche Übersetzung seines Gedichtes über Sarah Kirsch und bat mich, das Gedicht an Sarah zu faxen.

Sarah Kirsch

Irgend ein festlicher Abend
oder so scheint es

einem Fremden wie mir, der seine Fremdheit
hütet wie eine heilige
und kleine Sprache.

Eine Blume pulsiert auf dem Ziegeldach
deines freistehenden Hauses.
An der Eingangstür
liegt der große Hund, breit

wie ein abgebrochener Ast. Er
wartet auf eine Andeutung, die kommen muß:
Das helle Zwitschern eines Vogels,
der Messias des Frühlings.
Und du, drinnen, schreibst ein Gedicht.

Der Hund stellt die Ohren auf und erhebt sich.
Eine diamantne Träne bricht ein ins Haus,
Botin der reinen Sehnsucht,
der Sonne, die verschämt zurückgekehrt ist.
Dein Gesicht strahlt. Das Gedicht leuchtet
von außen und von innen. Alles bewegt sich –

plötzlich erwacht das Feld mit seinem Blühen
und da sehe ich dich deutlich
durch das sich von selbst öffnende Fenster,
wie deine klugen Augen sich öffnen in dich
hinein, schauend ein trauriges Bild,
in welches Liebe floß.

Sarah hat am 1. Juni 1997 etwas dazu gesagt: «Er hat sich vor Robert fast ins Hemd gemacht, auch die Katzen sind ihm unheimlich gewesen. Weil er bei seinem Städele [gemeint ist das orthodoxe Viertel von Jerusalem Mea Shearim] nie 1 Haustier gesehen hat, das ist ... Sünde, genau wie Blumen im Haus oder Garten ...»

(2000)

Hans Sahl

Ich gedenke des Essayisten und Kritikers, des Feuilletonisten und Übersetzers, des Dichters und Romanciers Hans Sahl (Hans Salomon).

Hans Sahl wurde 1902 in Dresden geboren und starb 1993 in Tübingen. Erst 1989 war er von New York endgültig nach Deutschland zurückgekehrt.

Aufgewachsen in einem großbürgerlichen, assimiliert-jüdischen Elternhaus in Berlin, studierte Sahl Literatur- und Kunstgeschichte, Philosophie und Archäologie in Berlin, München, Leipzig und Breslau. Nach dem Studium schrieb er als Kritiker für Zeitungen in Berlin. 1933, als Sahl Berlin und Deutschland verlassen mußte, war er schon ein anerkannter Mitarbeiter namhafter Blätter wie des *Berliner Börsen-Courier*, des *Montag Morgen* und Stefan Grossmanns *Das Tage-Buch.* Im März 1933 konnte er nach Prag fliehen. Im Frühjahr 1934 ging er nach Zürich, wo er für Erika Manns Kabarett *Die Pfeffermühle* schrieb, schließlich zog er nach Paris. In Paris, einem Zentrum der Emigration, arbeitete Sahl am *Neuen Tagebuch* von Leopold Schwarzschild mit, und in Paris saß der *Schutzverband deutscher Schriftsteller im Exil.* «... der Schutzverband ... (wurde) insgeheim von den Beschlüssen des Zentralkomitees der (Kommunistischen) Partei geleitet.»

Man hatte Sahl in den Vorstand des Schutzverbandes gewählt, weil man damit rechnete, daß er – ein Mann der Linken, obwohl nicht Mitglied der Kommunistischen Partei – den Beschlüssen der Partei zustimmen würde. «Eines Tages», so berichtet Sahl, «legte man mir ein Schriftstück vor, das ich unterzeichnen sollte. Es war eine Erklärung des ... (Schutzverbandes), die Leopold Schwarzschild, den Herausgeber des *Neuen Tagebuchs,* als Agenten von Goebbels denunzierte. Leopold Schwarzschild hatte in einer Reihe von Artikeln die Moskauer

Prozesse einer schonungslosen Kritik unterworfen und Stalin mit Hitler verglichen. Schwarzschild mußte liquidiert werden.» Sahl unterschrieb die Erklärung nicht. Er unterschrieb auch nicht, als man ihm das Schreiben zum zweiten Mal vorlegte. Er erklärte seinen Austritt aus dem Schutzverband. Sahl schreibt: «Ich war meinem Gewissen gefolgt ... Ich war nur noch mir Rechenschaft schuldig und keiner anderen Instanz, der ich erlaubt hätte, mir zu sagen, was ich zu tun hatte. Ich glaube, die Entscheidung zur Freiheit ist fast noch wichtiger als die Freiheit selber.»

Hans Sahl gehörte zu den frühen Kritikern der kommunistischen «Denk-Verordnung». Er hat Ende der 30er Jahre Erkenntnisse gewonnen, zu denen andere erst 50 Jahre später gekommen sind. In der «Auseinandersetzung zwischen den Machtansprüchen der demokratischen und der totalitären Welt» entschied er sich für die demokratische Welt.

Nach Kriegsbeginn 1939 wurden die deutschen Emigranten in Paris als feindliche Ausländer behandelt. Sahl verbrachte neun Monate Haft in zwei französischen Internierungslagern. (Im Stade de Colombes bei Paris und in Les Murgers bei Nevers – hier zusammen mit Walter Benjamin). Im Juni 1940 floh er nach Marseille. Hier traf er Varian Fry, der das *Emergency Rescue Committee* leitete. Sahl arbeitete bis zum Frühjahr 1941 als Helfer von Fry, dessen *Committee* vielen in Marseille gestrandeten Emigranten, die von der Auslieferung durch die Vichy-Regierung an die Nazis bedroht waren, zur Flucht verhalf. Es war der Weg über die Pyrenäen nach Madrid und Lissabon, der in die USA führte. Diesen Weg mußte auch Hans Sahl nehmen. Am 1. April 1941 fuhr er auf dem Schiff *Guinee* nach New York. Den Armutszeiten in Paris folgten Notzeiten in New York. Halt und Hilfe bot für Sahl die New Yorker Emigrantenzeitschrift *Aufbau*, zu deren Autor er wurde. In New York entstanden die meisten seiner literarischen Arbeiten, zum Beispiel die Gedichte des Bandes *Die hellen Nächte* (erschienen 1942 in New York) und der große Emigrationsroman *Die Wenigen und die Vielen*, der erst 1959 (im S. Fischer Verlag in Frankfurt/M.) herauskam, und den Fritz Martini 1976 als «den Roman des Exils überhaupt» rühmte.

Nach dem Krieg schrieb Sahl als Kulturkorrespondent für verschiedene deutschsprachige Blätter, z. B. für *Die Welt*, die *Neue Zürcher Zei-*

tung, die *Süddeutsche Zeitung* und für Melvin Laskys *Der Monat.* Und er trat hervor als Übersetzer von Arthur Miller, John Osborne, Thornton Wilder und Tennessee Williams. Für das moderne amerikanische Theater in Deutschland wurde Sahl mit seinen Übersetzungen von Miller, Wilder und Williams zu einem der bedeutendsten Vermittler. Für die Zeit nach dem Krieg sind vorrangig zu nennen Sahls Gedichte des Bandes *Wir sind die Letzten* (1976), die *Memoiren eines Moralisten* (1983) und – als zweiter Band der Memoiren – *Das Exil im Exil* (1990). Virtuosität und Vielfalt kennzeichnen seine Gedichte ebenso wie der bestimmende «Ton von Vermächtnis als Verpflichtung» (Peter Wapnewski). In Sahls Memoiren wird «das Exil» zur «Existenzmetapher des schöpferischen Menschen überhaupt» (Michael Rohrwasser). Über einen ersten Besuch in Deutschland nach dem Krieg im Jahr 1947 hat Hans Sahl gesagt: «... ich habe damals in Deutschland keinen Ansatzpunkt gefunden. Die Bewältigung Hitlers stand hier natürlich im Vordergrund; und was den betraf, hatte ich mich ja bereits 1933 entschieden. Den brauchte ich nicht mehr zu bewältigen. Wer sich aber schon mit Stalin auseinandersetzte, wurde damals in intellektuellen Kreisen scheel angesehen. Das klang nach Kaltem Krieg, das hat einen verdächtig gemacht und in die Nähe der alten Nazis gebracht.»

Von 1953 bis 1958 lebte Sahl zwar in der Bundesrepublik, ging dann aber zurück nach New York. Erst seit 1989 lebte er wieder in Deutschland.

Befragt, warum seine Bücher von bundesdeutschen Verlagen so lange abgelehnt wurden, antwortete Hans Sahl unter besonderem Bezug auf sein Buch *Das Exil im Exil*, das 1990 erst mit Unterstützung der Deutschen Akademie für Sprache und Dichtung gedruckt werden konnte: «Weil man es so genau nicht wissen wollte. Die deutschen Verlage haben das Buch nicht gedruckt wegen meiner harschen Kritik an den Parteikommunisten. Man mochte die Details nicht hören, die ich über (Egon Erwin) Kisch, (Johannes R.) Becher und Anna Seghers berichte. Das schäbige Verhalten dieser Leute im Exil in Erinnerung zu bringen, war nicht opportun. Wer die Wahrheit erzählte, wurde in die rechte Ecke abgeschoben.»

Sahl wurde nicht nur von der frühen Bundesrepublik ignoriert, die kein Interesse für die Emigration zeigte, sondern auch von denen, die als Kritiker der Adenauer-Zeit blind waren gegenüber dem Stalinismus in Ostdeutschland. Sahl war der Außenseiter: ein Hitler-Gegner, der nichts zu tun haben wollte mit dem totalitären Regime im Osten. Hans Sahl ging nach der Trennung von den Marxisten Ende der 30er Jahre in Paris «das Wagnis der absoluten ... Selbständigkeit ein» und erlebte «eine doppelte Heimatlosigkeit, geistig ebenso wie psychisch-räumlich» (Lothar Pikulnik), das «Exil im Exil». Sahl verstand das Exil als «geistige Lebensform». Er bleibt das Beispiel «eines radikal unabhängigen Geistes» (Lothar Pikulnik).

Der Roman

Was liegt bei einem Thema wie DER ROMAN näher, als den zweiten Satz mit dem Wörtchen ICH zu beginnen?

Ich habe einen Freund, der angesichts der Vielfältigkeit und Widersprüchlichkeit des Menschen öfter ironisch-verzweifelt ausruft: «Was ist der Mensch?» Eine Antwort bekommt mein Freund nicht, und er selber findet keine Antwort.

Mein Freund hat einen Freund, der angesichts der Vielfältigkeit und Widersprüchlichkeit des Romans öfter ironisch-verzweifelt ausruft: «Was ist der Roman?» Eine Antwort bekommt der Freund meines Freundes nicht, und er selber findet keine Antwort.

Der Vergleich von Mensch und Roman rührt aber nicht etwa daher, daß der Mensch und der Roman bloß zwei vergleichbar komplexe, rätselhafte Erscheinungen darstellen. Der Vergleich rührt vielmehr von der Gleichartigkeit der Erscheinungen Mensch und Roman her. Ich will aber nicht behaupten, der Mensch sei der (wenn auch ungeschriebene) Roman, und der Roman sei der (wenn auch geschriebene) Mensch.

Vielleicht könnte die Frage, was der Mensch sei, beantwortet werden, wenn keine Menschen mehr geboren würden. Vielleicht könnte die Frage, was der Roman sei, beantwortet werden, wenn keine Romane mehr geschrieben würden. Beide – Mensch und Roman – wären dann abgeschlossene historische Objekte, und der Analytiker wäre endlich mit einem endlichen, überschaubaren Gegenstand konfrontiert, der der abschließenden Analyse unterläge. Solange aber neue Menschen geboren und neue Romane geschrieben werden, findet sich keine Antwort. Jeder neue Mensch und jeder neue Roman erweitert unaufhörlich den Gegenstand, und die Antworten müssen mit jedem Neugeborenen und mit jedem Neugeschriebenen etwas anders ausfallen.

Es kommt erschwerend hinzu, daß ein Mensch, zum Beispiel ein

Romancier, der über den Roman zu reden beginnt, sich während der Rede verändert, und daß sich vielleicht auch der Gegenstand Roman während der Rede verändert, weil der sich verändernde Redner nicht nur geschriebene Romane, sondern auch einen ungeschriebenen Roman im Kopf hat.

In meinem Buch SCHOTT berichtet ein Verfasser von einem Gespräch mit einem Leser (S. 211–212):

«Der Verfasser sagt am frühen Morgen, Kürzlich oder neulich sagte ein Leser, Wissen Sie eigentlich, was ein Roman ist? Oder er sagte, Wissen Sie überhaupt, was ein Roman ist? Oder er sagte, Wissen Sie, was ein Roman überhaupt ist? Oder er sagte, Wissen Sie, was ein Roman eigentlich ist?

Verdammt, jetzt hab ich mich wieder geschnitten. Wozu eigentlich diese elende Rasur. Wozu überhaupt. Jetzt weiß ich nicht mehr, was der Mann gesagt hat.

Ich sagte, Was haben Sie gesagt? Der Leser sagte, Was ein Roman ist. Ich sagte, Nein. Der Leser sagte, Das habe ich mir fast gedacht. Aber Sie tun so. Ich sagte, Wie kommen Sie darauf. Der Leser sagte, Schon die Länge. Ich sagte, Meine Tochter mußte in der Schule ein Gedicht lernen. Der Leser sagte, Na und? Ich sagte, Meine Tochter hat gesagt, Ein langes. Ich habe meine Tochter gefragt, Wie lang? Meine Tochter hat gesagt, Dreißig Zentimeter lang. Der Leser sagte, Ersparen Sie mir Ihre Witze. Ich sagte, Was noch? Der Leser sagte, Das geringe Tempo. Ich sagte, Das kommt von selbst. Der Leser sagte, Aha. Aber ich frage Sie. Ich sagte, ja? Der Leser sagte, Sind Sie satirisch? Oder psychologisch? Oder realistisch? Ich sagte, Aha. Der Leser sagte, Ist es ein Abenteuerroman? Oder ein Schelmenroman? Oder ein Bildungsroman? Oder ein Geschichtsroman? Oder ein Zeitroman? Oder ein Kriegsroman? Oder ein Gesellschaftsroman? Oder ein Heimatroman? Oder ein Kriminalroman?

Lange mach ich das nicht mehr. Ich laß mir 'n Bart stehen.»

Spätestens an dieser Stelle könnte der Romancier das Publikum mit dem Bekenntnis alleinlassen, er wisse nicht, was der Mensch ist, und er wisse nicht, was der Roman ist.

Vermutlich ließe das Publikum dem Romancier eine Ausflucht, die zum Beispiel lauten könnte: «Reden Sie doch über Ihre eigenen Romane!» Es gibt aber Gründe, einem Romancier, der über seine eigenen Romane redet, nicht besonders zu glauben, jedenfalls nicht mir.

Ich habe zwar nicht die Absicht, Sie zu beschwindeln. Aber es fällt mir ziemlich schwer, zwischen Fakten und Fiktion zu unterscheiden.

Ein Beispiel: Mein Buch TALLHOVER gibt die Fiktion eines deutschen Geheimpolizisten unter den faktischen Bedingungen der deutschen Geschichte im 19. und 20. Jahrhundert.

Ich gebe das Wörtchen ICH für eine Weile auf, um einen wirklichen oder eingebildeten Abstand von der Arbeit an dem Buch TALLHOVER zu gewinnen, und spreche von der Arbeit des Autors: Der Autor hatte eine fiktive Gestalt namens Tallhover sowie Bruchstücke der faktischen Polizeigeschichte vor Augen.

Aber Bruchstücke der faktischen Polizeigeschichte hätten doch nie etwas anderes «als ein Aggregat von» faktischen «Bruchstücken» ergeben. Jetzt eilte der Autor mit einer poetischen Idee herbei, «und indem er» faktische «Bruchstücke» unter seine poetische Idee stellte und Faktisches, das ihm fehlte, entsprechend der faktischen Historie imaginierte sowie die erfundenen Fakten mit der faktischen Historie verknüpfte, schien die Grenze zwischen Fakten und Fiktion zu verschwimmen. Dieses Verfahren erhob das «Aggregat von Bruchstükken» vermutlich zum «poetischen System» (Die Zitat-Bruchstücke stammen aus Friedrich Schillers Abhandlung «Was heißt und zu welchem Ende studiert man Universalgeschichte?»). Als Beleg für diese Vermutung erwähnt der Autor gelegentlich die Reaktion von Lesern. Es gibt Leser, die die fiktive Figur Tallhover für etwas Faktisches und die faktische Historie für etwas Fiktives halten.

Um wieder von mir selbst zu reden: Ich war nicht sicher, ob TALLHOVER ein Roman sei, und ich habe deshalb auf die Bezeichnung Roman verzichtet. Die Kritik aber hat TALLHOVER als Roman bezeichnet.

Nunmehr war ich zu der Annahme gelangt, daß die halbe Fiktion zu einem halben Roman geführt habe, und ich glaubte (und glaube noch immer), ein ganzer Roman könne nur etwas sein, das ganz auf Fiktion beruhe. Natürlich lasse ich mir den Einwand gefallen, es gebe auch Tatsachen-Romane. Aber was ein Tatsachen-Roman ist, weiß ich nicht mehr genau, es sei denn, man meint Tatsachen, die wie Tatsachen sind, nämlich denkbar.

Es gibt einen zweiten Grund, einem Romancier, der über seine eigenen Romane redet, nicht besonders zu glauben, jedenfalls nicht mir.

Es fällt mir ziemlich schwer, zwischen Schreib-Intention und Ergebnis zu unterscheiden. Ich meine nicht eine bewußt schönfärberische, sondern eine unbewußte Verwechslung von Intention und Ergebnis.

Nicht wahr, das haben Sie schon erlebt: Ein Autor, der über einen seiner Romane befragt wird, setzt zu einer großartigen Erklärung an. Dieser Autor könnte ich selbst sein, und die großartige Erklärung könnte ungefähr so klingen: «Der Gegenstand meines Romans hat es mir nahegelegt ..., ach, was sage ich denn; hat es mir abverlangt, muß ich doch sagen, auf jegliche Grenze in Raum und Zeit zu pfeifen, und siehe da: Ich habe die Raum- und Zeitgrenzen hinter mir gelassen. Nun erst war ich als Erzähler wirklich frei, und um mich in der Selbsterklärung auch noch wortspielerisch zu betätigen, füge ich hinzu: frei von ‹history› gelangte ich zur Freiheit in der ‹story›. Falls Sie aber lieber mit etwas Mehrdeutigem beschäftigt sein wollen, sage ich vielleicht: frei von Geschichte gelangte ich zur Freiheit in der Geschichte.»

Es kann aber vorkommen, daß ein Zuhörer, der den Roman gelesen hat, den Autor fragt: «Ja, haben Sie denn Ihren Roman gar nicht gelesen? Auf Seite 100 ist eine Raumgrenze, und auf Seite 200 ist eine Zeitgrenze.» Schon sieht sich der Autor in die Lage gezwungen, eine Leiter zu benutzen, die höher ist als sein Text. Der Autor soll aus seinem Text herausklettern und am Ende über seinem Text stehen. Dort könnte er überblicken, ob sein Ergebnis mit seiner Schreib-Intention übereinstimmt. Ob er es aber wirklich kann? Ich kann es nicht.

Kritiker können es, und vielleicht erfährt der Autor es von seinen Kritikern.

Vielleicht soll man einen Autor gar nicht über seine Romane befragen. Wird ein Autor aber dennoch befragt, so könnte er immerhin antworten:

«Als ob ausgerechnet ich das wüßte! Ich mache mir keine Gedanken ... Ich liefere bloß die Beschreibung. Machen Sie damit, was Sie wollen.

Das geht mich nichts an. Es wird sich schon jemand finden, der eine Beschreibung der Beschreibung liefert» (SCHOTT, S. 185).

Oder erwägen Sie den umgekehrten Fall: Ein Kritiker unterrichtet einen Autor über dessen Roman. Da der Kritiker im günstigsten Fall über dem Text des Autors steht und das Ergebnis der Schreib-Arbeit überblickt, kann der unterrichtete Autor vergleichen, wie sich seine Schreib-Intention zum Ergebnis verhält. Oft erfährt der Autor aber mehr; er erfährt über seinen Roman Dinge, an die er in bester Schreib-Absicht nie gedacht hat, die aber dennoch in seinem Roman zu lesen oder aus seinem Roman herauszulesen sind.

Jetzt kann ein Autor, wenn er noch einmal über seinen Roman befragt wird, zu einer großartigen Erklärung ansetzen, die gar nicht von ihm stammt. Weil aber der Roman, über den er spricht, von ihm stammt, glaubt er immer noch, daß auch die Erklärung von ihm stammt, die von einem Kritiker stammt.

Erwägen Sie bitte auch noch eine Variante des umgekehrten Falles: Ein Kritiker unterrichtet einen Autor über dessen Roman. Der Kritiker steht zwar über dem Text des Autors und überblickt das Ergebnis der Schreib-Arbeit, aber dem Kritiker fällt es ziemlich schwer, zwischen Ergebnis und Schreib-Intention des Autors zu unterscheiden. Der Kritiker zieht zum Beispiel den Schluß, der Autor sei ein politischer Autor, weil sein Text im Ergebnis eine politische Wirkung besitze. Der Autor hat jetzt mindestens zwei Möglichkeiten. Erstens: Er weiß zwar nicht, ob er ein politischer Autor ist, liebt es aber, als politischer Autor angesehen zu werden, und pflichtet dem Kritiker bei, obwohl er gar kein politischer Autor ist. Zweitens: Er weiß, daß er kein politischer Autor ist, liebt es auch nicht, als politischer Autor angesehen zu werden, und widerspricht dem Kritiker, weil er weiß, daß ein Text, der ohne politische Intention geschrieben wird, durchaus eine politische Wirkung besitzen kann. – Entgegen dem Eindruck, der an dieser Stelle aufkommen könnte, bemerke ich, daß dies alles zum Thema gehört, wenn auch vielleicht nur an seinem Rande.

An diesem Platz wäre auch über das Verhältnis von Gegenstand und Form des Romans zu reden. Aha, sage ich mir, jetzt komme ich endlich zum Roman als solchem.

Hilflos in den Gedanken verirrt, daß über das Verhältnis von Gegenstand und Form des Romans etwas gesagt werden müßte, kam ich einem Freund in die Quere, der in Roman-Dingen nicht unerfahren ist. Ich fragte ihn nach dem ominösen Verhältnis, und er fragte mich: «Meinen Sie diese Frage ernst?» Ich schwieg, und er sagte: «Da Sie mich über den Charakter Ihrer Frage im Zweifel lassen, lasse ich Sie über den Charakter meiner Antwort im Zweifel: Sie erfahren etwas über dieses Verhältnis, sobald Sie sich folgendes klarmachen: Ein Roman ist, wenn ein Verfasser nicht aufhören kann zu schreiben.»

Ich wandte natürlich sofort ein: «Es kann aber sein, daß ein Verfasser aufhören kann zu schreiben, und das, was er geschrieben hat, ist dennoch ein Roman.»

Der Freund hatte es darauf abgesehen, mich endgültig zu verwirren; er sagte noch: «Oder Sie erfahren etwas über das Verhältnis von Gegenstand und Form, sobald Sie sich folgendes klarmachen: Ein Roman ist, wenn ein Leser nicht aufhören möchte zu lesen.»

Zu Hause dachte ich noch eine Weile über den Unterschied zwischen Verfasser- und Leserroman, über den Umfang von Romanen sowie über Gegenstände und Formen nach – dann schlief ich ein.

Als ich erwachte, schwirrte mir (noch im Halbschlaf) das Wort Sprachform durchs Hirn. Ich war plötzlich von der fixen Idee beherrscht, die Sprachform bestimme sogar den Gegenstand; nicht wahr?

«Der Konjunktiv bezeichnet das Nicht-Reale im weitesten Sinne: Wunsch, Möglichkeit, Ungewißheit, Aufforderung, Zitat.»[1]

«Hätte ich doch auf sie gehört! Hätte ich doch auf sie gehört, als sie sagte, ich sei faul! Hätte sie doch gesagt: Und wenn du mir 1000 Taler bötest, ich ginge nicht länger mit dir. Wäre ich doch fleißiger gewesen! Dann behielte sie mich wenigstens in guter Erinnerung. Ach, wäre sie doch wenigstens häßlich. Nun ja, es sei, wie es wolle. Jedenfalls: Wenn ich ein Vöglein wär und auch zwei Flügel hätt, flög ich zu ihr.»

Ist die Rede von dem, was ist, oder von dem, was sein könnte? Warum stellen sich denn Gedanken an Robert Musil ein?

«Die Gegenwart ist nichts als eine Hypothese, über die man noch nicht hinausgekommen ist», sagt Robert Musil.[2]

«Der ‹Möglichkeitssinn›, der Geist der Indeterminiertheit ... läßt sich nur in einer Struktur verwirklichen, die keine abschließenden Verfügungen erlaubt, zu immer neuen Kombinationen herausfordert, die verschiedensten Ergänzungen ermöglicht, ohne jemals sich in einem abschließenden Ganzen zu erschöpfen», sagt Gerhart Baumann.[3]

Glücklicherweise habe ich die Sätze über den Konjunktiv, über das Wirkliche als «Einzelfall seiner Möglichkeiten»[4] (Robert Musil, zitiert nach Gerhart Baumann) und über den Musilschen «Möglichkeitssinn» erst gelesen, nachdem ich ein Buch namens SCHOTT geschrieben hatte. Anderenfalls hätte ich diese Sätze womöglich zu einem Programm gemacht und wäre vielleicht in der Schreib-Arbeit hoffnungslos steckengeblieben. Es ist aber lustig, nach der Schreib-Arbeit solche Sätze zu entdecken und keinen Grund für Widerspruch zu finden.

Ein paar Glaubenssätze will ich noch seufzen. Den ersten kennen Sie schon: Die Realitäten der *Möglichkeit* seien die Sache des Romans, und diese Realitäten könnten doch nichts anderes sein als Fiktion. Anders gesagt: Es gibt einen Text, in dem etwas so und so steht, und: «So steht es da; so, wie es dasteht, ist es.» Die Realität der Möglichkeit existiert, weil sie im Text steht.

Zweiter Seufzer: Auf den Roman-Autor kann man sich nicht verlassen, wenn man die Realitäten der *Realität* sucht. Die Realität der Realität existiert bereits ohne Text.

Dritter Seufzer: Roman-Autoren wissen vorerst gar nicht, was sie wissen. Während sie schreiben, fragen sie sich, woher sie wissen, was sie wissen.

Jetzt aber soll es genug sein!

Bestimmt habe ich irgend etwas sehr Wichtiges vergessen. Ich könnte mich fragen, ob ich an Gedächtnisschwund leide. Aber nein, ich frage mich erst gar nicht.

Ist es bloße Ignoranz, oder ist es das Bedürfnis, mich vor theoretischen Einsichten zu schützen – ich bitte vorsorglich um Nachsicht für beides; eigentlich will ich nicht allzu genau wissen, was es mit dem Roman auf sich hat. Es könnte mir anderenfalls passieren, daß ich es nicht mehr wage, ein Buch zu schreiben, das vielleicht eine Art von Roman wird.

(1992)

1 Wolfgang Eichler und Karl-Dieter Bünting, Deutsche Grammatik. Kronberg/Ts (Athenäum) 1978, S. 111.

2 Gerhart Baumann, Robert Musil. Bern und München (Francke Verlag) 1965, S. 171.

3 a.a.O. S. 237.

4 a.a.O. S. 169.

Tallhover – ein weites Feld

Autobiographische Notiz

1986 ist *Tallhover* erschienen – die fiktive Biographie eines deutschen Spitzels der Politischen Polizei, dessen Laufbahn in den 40er Jahren des 19. Jahrhunderts beginnt und in den 50er Jahren des 20. Jahrhunderts nur scheinbar endet.

Im August 1986 gab ich Grass – in der Erinnerung an literarische Diskussionen, die wir von 1974 bis 1977 in Ostberlin geführt hatten – ein Umbruchexemplar von *Tallhover*.

In einem Brief aus Kalkutta vom 26. November 1986 schrieb Grass, erst der Schluß des Buches («Tallhovers Ausscheiden aus dem Dienst, seine Selbstbestrafung und sein absehbares Ende») hätte ihn kritisch werden lassen.

Selten habe ihn ein Buch wegen seines Schlusses so angeregt, ihm eine Erweiterung zu erfinden. Natürlich wisse er, schrieb Grass, daß sein Weiterspinnen meines Fadens kaum erlaubt und allenfalls unter Freunden verzeihlich sei.

Ähnlich hat Grass seine Ansicht über *Tallhover* in seinem Indien-Tagebuch *Zunge zeigen*[1] dargestellt:

> Ich werde Schädlich schreiben: nein, Tallhover kann nicht sterben.[2] In Gedanken, nicht abzustellen, bin ich bei Schädlichs «Tallhover». Immer wieder das Romanende variiert: Tallhover, unsterblich, lebt nun im Westen, führt neue Erkennungsmethoden ein, wird Rasterfahnder ...[3]

In meiner Antwort vom 16. Januar 1987 habe ich mich auf die Sätze beschränkt:

Über unsere unterschiedlichen Ansichten, den Schluß des Buches betreffend, würde ich gerne noch mit Dir reden. Es gibt auch in der Kritik, die übrigens überwiegend höchst positiv reagiert hat, differente Beurteilungen oder Bewertungen des Schlusses.

Nach meiner Erinnerung haben wir dann doch nicht mehr über den Schluß von *Tallhover* geredet. Ich war zu der Ansicht gelangt, Grass habe den Schluß des Buches einseitig interpretiert. Mein Text legt zwar das individuelle Ende Tallhovers nahe, aber explizit beschrieben ist es nicht, weil ich zugleich zum Ausdruck bringen wollte, daß Tallhover als Typus fortlebt.

Im Frühjahr 1991 war ich als ein Bewohner der Villa Massimo zu einem Abendessen bei Wolfgang Marschall von Bieberstein, dem Direktor des Goethe-Instituts Rom, geladen. Das Essen wurde anläßlich einer Lesung von Grass im Goethe-Institut Rom gegeben. Am Ende des Abends, mitten im Aufbruch, zwischen Tür und Angel, fragte mich Grass unvermittelt: «Hättest du etwas dagegen, wenn ich deinen Tallhover fortschreibe?» Ich war überrascht, ja ratlos, und ich sagte etwas Dummes wie: «Das kannst du wahrscheinlich auch tun, ohne mich zu fragen.» Grass bestand darauf, daß er mich um Erlaubnis bitten müsse, und jetzt sagte ich: «Ich habe nichts dagegen.» Das Gespräch hat nicht länger als drei Minuten gedauert. Über die Tragweite meiner Erwiderung war ich mir gar nicht im klaren.

Als ich mich später fragte, warum ich so reagiert hatte, kam ich immer wieder darauf, daß ich ein Bedürfnis gehabt haben muß, mich bei Grass zu bedanken für vielfache praktische Hilfe: Grass hatte mir 1977, als ich noch in der DDR lebte und nach der Entlassung aus der Akademie der Wissenschaften mittellos war, Geld geliehen. (Ich konnte ihm das Geld nach meiner Übersiedlung in die Bundesrepublik zurückgeben). Er hatte das Manuskript von *Versuchte Nähe* (nachdem es die in Ostberlin akkreditierte Korrespondentin der *Frankfurter Rundschau*, Christel Sudau, von Ost- nach Westberlin geschmuggelt hatte) zuerst zum Luchterhand Verlag, später zum Rowohlt Verlag gebracht. (Der Luchterhand Verlag wollte seine DDR-Lizenzgeschäfte nicht verderben und hat die Veröffentlichung deshalb abgelehnt). Grass hatte für die Rowohlt-Ausgabe von *Versuchte Nähe* eine Schutzumschlagzeichnung gemacht. Als ich in der DDR nach der Veröffentlichung von *Versuchte Nähe* in eine politisch haltlose Lage geraten und mein Ausreiseantrag von Erich Honecker abgelehnt worden war, hatte ich durch Grass und mit Hilfe seiner Frau Ute Zugang zu dem Ständigen Vertreter der Bundesrepublik in der DDR, Günter Gaus, gefunden, der meine Ausreise durch die Einschaltung des Rechtsanwalts Wolfgang Vogel entscheidend beförderte. Zur gleichen Zeit, im Herbst 1977, wies Grass in Rundfunk- und Fernsehinterviews auf *Versuchte Nähe* hin und las bei seinen Lesungen in der Bundesrepublik auch einen Text *(Unter den achtzehn Türmen der Maria vor dem Teyn)* aus meinem Buch. Nach der Genehmigung meiner Ausreise aus der DDR Anfang Dezember 1977 hatte Grass mir für die erste Zeit sein Haus in Wewelsfleth angeboten. Dort habe ich mit meiner Familie 14 Tage lang gewohnt.

Vom Herbst 1993 bis zum Sommer 1994 hielt ich mich in den USA auf. Am 20. Januar 1994 schrieb mir Grass nach New York, ich könne nicht ahnen, wie oft er mit seinen Gedanken bei mir und meinen literarischen Produkten sei. Ich werde mich sicher erinnern, daß ihn *Tallhover* von Anfang an angezogen und daß ihn Tallhovers Ende zum Widerspruch gereizt habe. Grass bezog sich auf das kurze Gespräch 1991 in Rom und teilte mit, daß es ihn nach wie vor reize, die Unsterblichkeit Tallhovers auf seine Schreibweise fortzusetzen. Und: Nun sei es geschehen – seit Jahr und Tag geschehe es tagtäglich, und es werde ihn noch ein weiteres Jahr beschäftigen. Aus Tallhover sei «im gewendeten Zustand» ein Hoftaller geworden, der sich allerdings gelegentlich an seine Tallhover-Zeiten erinnere.

Noch ganz im Verständnis meiner Begründung für die in Rom geäußerte Erwiderung schrieb ich an Grass am 23. Februar 1994 aus Carlisle, Pennsylvania, es erfülle mich mit großem Vergnügen und wachstem Interesse, von ihm zu hören, daß er mitten in dieser Beschäftigung stecke. Ich freue mich über die Tragfähigkeit dieser Figur, und ich sei neugierig darauf, wie er seine Arbeit anlege.

Immerhin hatte mich Grass' Formulierung vom «gewendeten Zustand» Tallhovers hellhörig gemacht. Ich bezog diese Formulierung nicht allein auf die Silbenvertauschung im Namen, sondern schrieb in meinem Brief vom 23. Februar 1994 vorsorglich auch dies:

Es war mir bei der Arbeit an «Tallhover» immer bewusst, dass eine Verkoerperung der personellen Kontinuitaet auf dem Gebiet der politischen Polizei zwar etwas ueber menschliche Bereitschaft und Faehigkeit aussagt, jeder Ordnung zu dienen, dass aber damit noch nichts ausgesagt ist ueber den Charakter der jeweiligen gesellschaftlichen Ordnung und ueber den Charakter der entsprechenden politischen Polizeien. Ich habe immer das Missverstaendnis gefuerchtet, aus der Darstellung einer solch dienlichen Figur koennte geschlossen werden, es bestehe letztlich kein Unterschied zwischen den durchlaufenen Ordnungen und ihren politischen Polizeiapparaten. Diese Befuerchtung war es auch, die mich gehindert hat, der Figur ein Fortleben in der (demokratischen Ordnung der) Bundesrepublik zuzuschreiben (ganz abgesehen von meinem damaligen Mangel an Kenntnissen ueber die Bundesrepublik). Unterdessen weiss man zwar von der Taetigkeit ehemaliger Stasi-Leute zum Beispiel in der bundesdeutschen Kriminalpolizei. (Ich habe das bei einem Besuch der neu-bundesdeutschen Landespolizeischule Brandenburg in Basdorf erfahren koennen). Aber das rechtfertigt mir natuerlich nicht den Schluss, die bundesdeutsche Institution sei mit der Stasi identisch. Es bleibt mir wichtig, den – eben gesellschaftlich bedingten – himmelweiten Unterschied zwischen der politischen Polizei einer diktatorischen und einer demokratischen Ordnung im Auge zu behalten. (Natuerlich – miese Gestalten gibt es ueberall). Ich erinnere mich, dass ich diese Ueberlegungen viel ausfuehrlicher und klarer in einem Text namens «Polizeigeschichten» von 1986 ausgedrueckt habe. Vielleicht interessiert er Dich; ich lege ihn bei.[4]

In seiner Antwort vom 9. März 1994 schrieb Grass, er wünschte, meinen hohen Glauben an die Vortrefflichkeit des westlichen demokratischen Systems teilen zu können. Da er jedoch radikal-demokratische Züge habe, werte er die üblen Machenschaften westlicher Geheimdienste besonders kritisch. Demokratie müsse höhere Maßstäbe anlegen, und nach diesem Maßstab urteilend, sei für ihn bald zu erkennen gewesen, daß die Übergänge zwischen Berlin-Ost und München-Pullach fließend seien.

Meine Erwiderung vom 3. Mai 1994 fiel ein wenig gequält aus:

... vielleicht kommt meine Antwort auf Deinen Brief vom 9. Maerz so spaet, weil ich keine grosse Neigung verspuere, ueber – wie Du schreibst – meinen «hohen Glauben an die Vortrefflichkeit des westlichen demokratischen Systems» zu rechten. Dennoch – trotz der Verbindungen zwischen westlichen und oestlichen Geheimdiensten, trotz der Tatsache, dass sich westliche Geheimdienste der demokratischen Kontrolle entziehen (das alles ist mir ja nicht neu), wehre ich mich gegen die Tendenz, beide Seiten gleichzusetzen, denn es will mir nicht einleuchten, dass die Verwendung gleicher Mittel es nahelegen soll, die grundsaetzlich verschiedenen Motive der beiden Seiten – zum Beispiel der Stasi und des Verfassungsschutzes – geringzuschaetzen.

Grass beharrte in seinem Brief vom 31. Mai 1994 auf seinem Standpunkt: Was die Geheimdienste in Ost und West und deren Vergleichbarkeit angehe, so sehe er das nach wie vor anders als ich. Er verwies mich u. a. auf polizeiliche Datensammlungen über Frisch und Dürrenmatt in der Schweiz, auf Hausdurchsuchungen bei Heinrich Böll und empfahl mir die Lektüre des Buches von Herbert Mitgang *Dangerous Dossiers.*[5]

Aber Mitgangs Buch über die Observierung von Schriftstellern und Künstlern durch amerikanische Geheimdienste ist nicht dazu geeignet, die Tätigkeit kommunistischer Staatssicherheitsdienste zu relativieren. Bei Mitgang heißt es:

Amerikanische Autoren wurden nicht, wie in der Sowjetunion, unter psychologischen Druck gesetzt, sich entweder anzupassen oder ausgewiesen zu werden ...[6] ... nicht einer oder eine ..., deren Namen in den Dossiers auftauchen, ist jemals wegen eines der Vergehen verurteilt worden, das ihm oder ihr vom FBI oder anderen Ermittlungsbehörden angelastet wurde.[7]

Niemand erhielt Arbeits- oder Publikationsverbot, niemandem wurde die Staatsbürgerschaft entzogen. Es ist also irreführend, aus der Observierung von Schriftstellern und Künstlern durch amerikanische Geheimdienste den Schluß zu ziehen, die Unterschiede der gesellschaftlichen Ordnungen in demokratischen und totalitären Staaten seien sekundär.

Am 15. Februar 1995 traf ich mit Grass zu einem Gespräch zusammen, an dem auch seine Frau Ute teilnahm. Grass teilte mir mit, daß das Manuskript seines neuen Romans abgeschlossen sei und dieser Tage in den Satz gehe. Er erläuterte mir, welche Gestalt die Figur Tallhover angenommen habe und welche Rolle sie in seinem Buch *Ein weites Feld* spiele. Grass fragte, ob ich zur Frankfurter Buchmesse reisen werde. Ja, sagte ich; von mir erscheine ein Büchlein mit dem Titel *Mal hören, was noch kommt.* Was er mit seiner Frage bezwecke. Grass meinte, wir könnten gemeinsam vor die Presse treten. Warum? Er würde über sein neues Buch sprechen, ich könnte über *Tallhover* sprechen – das würde Effekt machen. Ich lehnte diese Idee ab.

Grass gab kund, er habe meinem Verlag nahegelegt, sich in der Werbung für *Tallhover* an sein neues Buch «dranzuhängen». Ich sagte, zwar könne ich nicht für den Rowohlt Verlag sprechen, aber ich persönlich lehnte diesen Einfall ab. Im übrigen sei noch zu erörtern, wer, *Tallhover* betreffend, an wem «dranhänge». Grass meinte daraufhin, ich sei eben geschäftsuntüchtig. Ich sei noch immer derselbe blöde Ossi wie die anderen Ossis alle auch. Überhaupt, er habe in letzter Zeit öfter denken müssen, es sei besser für mich gewesen, wenn ich im Osten geblieben wäre. Ich fragte, wie er das meine; ob er etwa wünschte, ich wäre dort zugrunde gegangen. Nein, meinte Grass; ich hätte auch im Osten weiterschreiben, aber im Westen publizieren können. Dann wäre ich bekannter und hätte mehr Erfolg gehabt.

Nach allem, was Grass über die Bedeutung der Figur Tallhover für seinen Roman *Ein weites Feld* gesagt hatte, äußerte ich den Wunsch, er möge in einer Notiz auf mein Buch und auf meinen Verlag verweisen. Grass hielt eine solche Notiz für überflüssig, da Autor und Titel innerhalb seines Textes mehrfach direkt erwähnt seien.

Am 18. Februar 1995, drei Tage nach diesem Gespräch, schrieb ich Grass, ich sei zu dem Schluß gekommen, daß ich ihm meinen Wunsch noch einmal – womöglich unmißverständlicher – nahebringen müsse:

> Du solltest die Tatsache, daß «Tallhover» die Vorlage für Dein Buch darstellt, in einer editorischen Vorbemerkung direkt zur Kenntnis geben. Das wäre fair und angemessen. Anders kann ein unbelasteter Kontakt zwischen uns nicht mehr möglich sein.

In seiner Antwort vom 28. April 1995 schrieb Grass, mein Brief vom 18. Februar habe auf ihn eine befremdende Wirkung, da er doch versichert zu haben glaubte, daß im Erzählverlauf seines Romans die Figur Tallhover und deren Autor überall dort kenntlich gemacht seien, wo sich aus der Erzählung dieser Zusammenhang ergebe; allerdings nicht als Leitmotiv, denn Tallhover sei nicht die Vorlage für sein Buch, wohl aber Ursache für weiterführende Reflexionen. Bisher habe er geglaubt, daß mir die Praxis unserer Freundschaft Beleg für Vertrauen sein könnte. Mein letzter Brief bediene sich hingegen einer vom Mißtrauen geprägten Sprache. Ich stelle Bedingungen und drohe bei Nichteinlösung. Dies empfinde er als Belastung.

Am 15. Mai 1995 teilte mir der Rowohlt Verlag mit, die Bemerkung am Ende des Buches *Ein weites Feld* von Günter Grass laute:

Die Gestalt des Tallhover, die in dem vorliegenden Roman als Hoftaller fortlebt, entstammt dem 1986 bei Rowohlt/Reinbek erschienenen Roman «Tallhover» von Hans Joachim Schädlich.

Das Leseexemplar von *Ein weites Feld*, das Grass mir am 13. Juni 1995 schickte, war von einem Brief begleitet, der mit dem Satz endete, er überlasse es mir nun, mein ihn verletzendes Mißtrauen zu überprüfen. Zu dieser Bemerkung schrieb ich Grass am 20. Juni u. a.:

... ich hielt es schlichtweg für ein Gebot der Redlichkeit (auch aus Gründen des Rowohlt Verlages), daß Du außerhalb des Textes auf «Tallhover» verweist. Du hast das in unserem Gespräch am 15. 2. abgelehnt. Wenn ich in meinem Brief vom 18. 2. darauf bestanden habe, so war das kein Ausdruck von Mißtrauen, sondern eine ganz normale Erwartung. Wie Du weißt, hat es danach sehr lange gedauert, bis Rowohlt mir mitteilen konnte, daß Steidl einen Hinweis auf «Tallhover» außerhalb des Textes bringen werde. (Übrigens habe ich den Eindruck, als sei dieser Hinweis verschämt versteckt worden – *nach* dem Inhaltsverzeichnis. Aber das ist ein anderes «weites Feld»). In Deinem Brief vom 13. Juni gehst Du mit keinem Wort auf dieses Gezerre um den Hinweis ein; statt dessen tust Du so, als hätte es damit gar kein Problem gegeben, und Du setzt mich obendrein – wider Dein besseres Wissen – noch ins Unrecht mit Deiner Bemerkung, ich könne nunmehr mein «Mißtrauen überprüfen». – Ich hatte es einfach für selbstverständlich gehalten, daß außerhalb Deines Textes auf «Tallhover» verwiesen wird, und ich kann Deine Haltung in dieser Sache (erstens: Weigerung; zweitens: Vorwürfe gegen mich – «befremdende Wirkung», «Belastung»; drittens: nachträgliche Bagatellisierung) nur als Deiner unwürdig, ja sogar als schwach empfinden.

In diese Zeit fiel die Debatte über die Vereinigung der deutschen P.E.N.-Zentren, die für mich eng mit Grass' Auffassung der Tallhover-Figur zusammenhing. Auf der Jahrestagung des P.E.N.-Zentrums der Bundesrepublik vom 18.–20. Mai in Mainz war ein Beschluß gegen die schnelle Vereinigung des West-P.E.N. mit dem Ost-P.E.N. gefaßt worden, dessen Kernsatz lautet:

Solange sich das Deutsche P.E.N.-Zentrum (Ost) nicht unzweideutig und konsequent von der Staatsverstrickung des DDR-Zentrums (die nach jüngsten Aktenfunden nicht nur Stasi-, sondern auch KGB-Kontakte einschloß) distanziert, kann es keine Gemeinsamkeit geben.[8]

Mit diesem Beschluß wollten sich die Befürworter einer schnellen Vereinigung nicht abfinden; sie richteten an den Ost-P.E.N. den Antrag, als Doppelmitglieder aufgenommen zu werden. Unter den Doppelmitgliedern befand sich Grass, der zwar nicht an der Mainzer Tagung teilgenommen hatte, aber in einem Interview mit der *Woche* vom 2. Juni verlautbarte, er empfinde den Mainzer Beschluß «als ein Verdikt von Selbstgerechten», als «eine Art Hallstein-Doktrin». Der Beschluß entspreche «einer Siegerattitüde, die ich ablehne und die mich, als ich davon hörte, spontan entscheiden ließ: Ich trete dem Ost-PEN bei.» Die Doppelmitgliedschaft solle «zur praktischen Vereinigung der beiden PEN-Zentren führen». Schriftsteller, die die DDR hatten verlassen müssen und die sich gegen die schnelle Vereinigung der deutschen P.E.N.-Zentren gewandt hatten, bezeichnete Grass als «Betonfraktion». Er äußerte, daß ihn der Ton einiger Offener Briefe abstoße, «gleich, ob von Sarah Kirsch oder Günter Kunert oder Hans Joachim Schädlich geschrieben». Dieser Ton habe etwas Inquisitorisches.

Grass' große Worte gegen die «Siegerattitüde», gegen das «Verdikt der Selbstgerechten» im Westen paßten so gar nicht zu seinem Satz vom 15. Februar 1995, ich sei noch immer derselbe blöde Ossi wie die anderen Ossis alle auch.

Zu Grass' P.E.N.-Politik, speziell zu seinem Übertritt (als Doppelmitglied) in den Ost-P.E.N., schrieb ich in meinem Brief vom 20. Juni 1995:

Unterdessen ist mir Dein Interview mit Manfred Bissinger in der *Woche* vom 2. Juni untergekommen. Dein Übertritt in den Ost-P.E.N. ist in meinen Augen ein erbärmliches Theater, das jedes politische Verständnis (von Solidarität, die Du so gerne beschwörst, ganz zu schweigen) für Günter Kunert, Sarah Kirsch, mich und andere vermissen läßt. Und Du redest davon, daß Du Dich mit uns befreundet glaubst! Hast Du die 70er Jahre in der DDR, während der Du ganz anderer Meinung warst, vollkommen vergessen? – Ich nehme an, daß Dein Übertritt in den Ost-P.E.N. Deinem Marketing-Konzept für «Ein weites Feld» günstig ist. Ich habe mich am 16. Juni anläßlich der Entgegennahme des Hans-Sahl-Preises zu diesem Übertritt geäußert und lege Dir meine Rede bei.

Die entsprechenden Stellen in meiner Sahl-Preis-Rede lauten:

Prediger gegen die Vereinigung Deutschlands oder – etwas später – gegen die schnelle Vereinigung Deutschlands sind plötzlich Fürsprecher einer schnellen Vereinigung des P.E.N.-Zentrums der Bundesrepublik mit dem Ost-P.E.N. Hurtig auf den letzten Wagen des Einheits-Schnellzuges gesprungen!, heißt jetzt die Devise. Es wird die Einheit der deutschen Schriftsteller beschworen, als habe es eine solche Einheit je gegeben. Die Einheit wird zu einer mystischen Größe stilisiert, als ginge es tatsächlich um die Einheit. Es geht aber um das Verhältnis zur Geschichte. Eine Erklärung des Verhältnisses zur Geschichte soll wohl vermieden werden. So wird der Einheits-Mantel übergeworfen, unter dem die Geschichte verborgen werden kann.
Einheits-P.E.N.-Verfechter haben sich nicht gescheut, die Gegner einer schnellen, verhüllenden Vereinigung mit dem Kalte-Kriegs-Vokabular unseliger Zeit zu überziehen. Da ist zum Beispiel bei Günter Grass, der es besser weiß, von selbstgerechter, inquisitorischer Siegerattitüde einer Betonfraktion und von Hallstein-Doktrin die Rede ...
Aber: Die Selbstgerechtigkeit derer, die die Erklärung der Geschichte vermeiden möchten, ist einem betonierten Denken verhaftet, das den Zusammenbruch der kommunistischen Diktatur nicht verwinden kann ...
Die Methoden der kommunistischen Diktatur und die Vorgänge im ehemals kommunistisch beherrschten Teil Deutschlands zur Diskussion zu stellen, und zwar auch im besonderen Fall des Ost-P.E.N. – das meint Erklärung der Geschichte. – Mit Siegerattitüde hat es nichts zu tun. Der Übertritt vieler Mitglieder des P.E.N.-Zentrums der Bundesrepublik in den Ost-P.E.N. aber trägt peinliche Züge, denn – so heißt es ja auch – man wolle nun im Ost-P.E.N. – allerdings ohne Stimmrecht – sorgen helfen, daß dort aufgeräumt werde. Als wäre die Auf-

räumungsarbeit nicht Sache des Ost-P.E.N. Nun ja: der Übertritt wurde von den Übertretern als symbolischer Akt bezeichnet. Symbolisch ist der Übertritt in der Tat. War es doch einer der Übertreter, der Adenauers Politik der Amnestierung von Nazis als förderlich für den Aufbau der Bundesrepublik beschrieben hat und als Vorbild für das Verhältnis zu den Stasis empfahl ...[9]

Am 10. Juli 1995, einige Zeit vor dem Erscheinen von *Ein weites Feld*, teilte ich Grass nach der Lektüre eines Leseexemplars u. a. folgendes mit:

Als ziemlich peinlich empfinde ich die Bewertung meines Buches (z. B. «ist schwierig, aber lesenswert ...» (S. 240)) und die häufige Korrektur meiner Tallhover-Figur (z. B. «Bedauerlich nur, daß mein Biograph, der ja sonst alles offengelegt hat, ne gewisse Hemmung hatte, meiner in Beichtstühlen erfahrenen Prägung Beachtung zu schenken» (S. 274); «Übrigens ist Hoftaller besser als Tallhover» (S. 544)). Meines Erachtens ist die betonte Korrektur des Schlusses von «Tallhover» überflüssig (in «Zunge zeigen» schreibst Du schon: «... nein, Tallhover kann nicht sterben»). Der Schluß von «Tallhover» legt zwar ein individuelles Ende der Person Tallhover nahe, vollzieht es aber nicht. So ist bereits im «Tallhover» ausgedrückt, daß der Typus weiterlebt.

Zu inhaltlichen Aussagen seines Buches schrieb ich:

Erstens: Deine Abneigung gegen die Einheit Deutschlands, die dem Publikum aus früheren Äußerungen von Dir bekannt ist. Du stellst Deine Abneigung unter dem Aspekt des Systemgegensatzes Kapitalismus vs. Sozialismus dar, aber ich erfahre aus Deinem Buch nicht, warum eigentlich die DDR zusammengebrochen ist. Das führt dazu, daß Du zum Beispiel die Treuhandgesellschaft als Vernichterin des sogenannten Volkseigentums darstellst (etwa auf S. 750 aus dem Munde Fontys: «All das soll ... auf Geheiß der Treuhand verscherbelt werden und darf nicht mehr des Volkes Eigentum sein ...»); aber wo erfährt man, daß es ein «Volkseigentum» im Staatssozialismus nie gegeben hat? Mit anderen Worten: Die Tatsache, daß der Untergang der DDR ein Untergang der kommunistischen Diktatur war und daß mit der Einheit Deutschlands die Entwicklung der parlamentarischen Demokratie auch im östlichen Landesteil möglich wurde, fällt unter Deinem Blickwinkel aus der Betrachtung heraus. – Du wirst sagen, Deine Ansicht sei unter sozialdemokratischem Aspekt legitim und stehe Dir subjektiv zu. Sicher, aber Dein Blick auf die Entwicklung nach 1989 leugnet historische Notwendigkeiten und die – ihrerseits legitimen – Ansprüche einer Mehrheit der ostdeutschen Bevölkerung. Vollends unakzeptabel ist es für mich, daß Du in Deinem Kapitalismus-Sozialismus-Schema sogar so weit zu gehen scheinst, das diktatorische System (das man bloß aus Gründen der Propaganda sozialistisch genannt hat) zu favorisieren. An diesem Punkt schlägt Dein Anti-Einheits-Ressentiment ungewollt in eine antidemokratische Position um. Da ist es kein Wunder mehr, daß Du das gesamte Stasi-System regelrecht verharmlost. S. 324–325 läßt Du Fonty sagen: «Was heißt hier Unrechtsstaat! Innerhalb dieser Welt der Mängel lebten wir in einer kommoden Diktatur.» – Kommod heißt für mich ‹bequem, angenehm›. Wie angenehm diese Diktatur war, hättest Du von Leuten wissen können, die Erfahrungen mit der Stasi gemacht haben. Nach meinem Eindruck beruht diese Verharmlosung auf einem Mangel an Kenntnis von System und Praxis des Stasi-Apparates. (Übrigens ist es nicht zu erklären, wieso es auf S. 275 über den Prenzlauer Berg heißt: «In einem Stadtteil wie diesem war jeder des anderen Informant ...» Das stimmt genau nicht. Dein Satz setzt die Stasi-Spitzel mit ihren Opfern gleich, obwohl Dir bekannt sein müßte, daß es – gerade am Prenzlauer Berg – eine Mehrheit von Leuten gab, die nicht mit der Stasi zusammengearbeitet hat).

Aus Deinem Anti-Einheits- oder Anti-Kapitalismus-Ressentiment, das sich für mich – wie gesagt – als antidemokratische Position darstellt, ergeben sich weitere fatale Schlüsse: Die quasi-Gleichsetzung des Treuhand-Chefs mit Hermann Göring (S. 566–567); die quasi-Legitimierung der Ermordung von Rohwedder (die auch gleich noch mit einer Diskriminierung ostdeutscher Bürgerrechtlerinnen verbunden wird: «... eine von diesen protestantischen Kirchenmäusen ...» (S. 635); die Charakterisierung von «Zensur nach westlicher Maßgabe» (S. 638); die (entschuldige mein hartes charakterisierendes Beiwort) aberwitzige Bemerkung (natürlich aus Figurenmund): «Für Juden ist hier kein Platz»; «Nicht nur für Juden ist hier kein Platz» (beides S. 662).

Zweitens: Du bist dem Irrtum erlegen, die Verwendung gleicher oder ähnlicher Mittel und Methoden durch die Geheimpolizeien verschiedener Gesellschaftssysteme lasse den Schluß zu, diese Geheimpolizeien seien gleichzusetzen. (Daß wir in diesem Punkt völlig unterschiedlicher Meinung sind, weißt Du aus meinen New Yorker Briefen. Du hast meinen ‹naiven Glauben an die Demokratie› belächelt). Ich will an dieser Stelle die politischen Unterschiede der Geheimpolizeien verschiedener Gesellschaftssysteme (Motive, Zielsetzungen) nicht wiederholen. Es gibt genügend wissenschaftliche, literarische und persönliche Zeugnisse dafür. Nur eines noch einmal: Die Geheimpolizeien diktatorischer Staaten dienen in der Regel der Machtsicherung alleinherrschender Parteien. Man kann wohl schwerlich behaupten, der Verfassungsschutz diene der Alleinherrschaft einer Partei.

Die Reaktion von Grass ließ bis zum 5. September auf sich warten. Er verband seine Replik mit der Gelegenheit, mir endlich auch auf meinen Brief vom 20. Juni 1995 zu antworten, in welchem ich seine (Doppel-)Mitgliedschaft im Ost-P.E.N. heftig kritisiert hatte. Grass schrieb, auf meine Beurteilung seines Buches wolle er nicht näher eingehen; offenbar beruhe sie auf flüchtiger Lektüre, denn sie stekke voller Fehler und sei vom Vorurteil geprägt. Mit meinem Schluß aber, sein Übertritt in den Ost-P.E.N. sei seinem Marketing-Konzept für *Ein weites Feld* günstig, sei das Maß der Zumutungen voll. Sich von mir in diesen Verdacht gesetzt zu sehen, sei ihm unerträglich und nehme ihm die Möglichkeit, unseren Briefwechsel fortzusetzen. Dieser Abschied beende zwar eine Freundschaft, hindere ihn aber nicht, den Autor der Bücher *Versuchte Nähe* und *Tallhover* weiterhin hochzuschätzen.

Nach der Lektüre von *Ein weites Feld* war es endgültig klar, daß Grass meine Tallhover-Figur populistisch verkehrt, also verfälscht hatte durch die Verharmlosung des Stasi-Systems und die Gleichsetzung des Spitzels mit dessen Objekt (der Spitzel ist bei Grass zugleich Freund und Gönner des Opfers).

Ich habe 1991 in Rom nicht wissen können, daß Grass die Tallhover-Figur solcherart mißbrauchen würde.

(März 1997)

1 Zunge zeigen, Darmstadt 1988, S. 26f. und S. 38. – Noch einmal in Günter Grass: Die Deutschen und ihre Dichter, hg. von Daniela Harms, München 1995, S. 239ff.: «Tallhofer kann nicht sterben».

2 Grass, Zunge zeigen (s. Anm. 1), S. 27.

3 Ebd., S. 38.

4 Polizeigeschichten, in: Über Dreck, Politik und Literatur, Berlin 1992, S. 41–47.

5 New York 1988. Deutsch unter dem Titel: Überwacht. Große Autoren in den Dossiers amerikanischer Geheimdienste, Düsseldorf 1992.

6 Ebd., S. 35.

7 Ebd., S. 42.

8 Der vollständige Beschlusstext bei J. P. Wallmann: Die geteilte Erinnerung.

Zur Jahrestagung des P.E.N.-Zentrums Bundesrepublik in Mainz, in: Deutschland Archiv, Jg. 28, H. 6 (Juni 1995), S. 566–568, speziell S. 567.

9 Hans Joachim Schädlich: Entscheidung für die demokratische Welt. Rede anlässlich der Entgegennahme des Hans-Sahl-Preises, in: europäische ideen, H. 95 (1995), S. 25–27.

«Unterst Stuf von menschliche Geschlecht»

Über Georg Büchners «Woyzeck»

Franz Woyzeck ist Soldat und Gelegenheitsarbeiter. Er tut seinen militärischen Dienst, er ist Bursche seines Hauptmanns, und er ist medizinisches Versuchs- und Demonstrationsobjekt des Doktors. Marie ist Woyzecks Geliebte; sie hat ein Kind von Woyzeck. Marie fängt ein Verhältnis mit dem Tambourmajor an. Woyzeck kauft sich ein Messer und ersticht Marie. Woyzeck wird vor Gericht gestellt.

Büchner hat 1836/37 an seinem «Woyzeck» gearbeitet. Was verbarg sich für mich Ende der fünfziger Jahre hinter der Geschichte von Franz Woyzeck?

Ich hätte mich auf der Suche nach Antwort verschiedener germanistischer Untersuchungen bedienen können. Aber ich wollte nur durch den Text unterrichtet werden.

Den nächsten Zugang bot der sprachliche Ausdruck auf der «unterst Stuf». Woyzeck, Marie, Andres (und der Marktschreier, die Handwerksburschen, der Kramhändler etc.) – sie sprechen anders als der Hauptmann und der Doktor. Fast erschien es mir, als äußerten die Unteren nur sprachliche Bruchstücke, geradezu adäquate Ausdrücke gebrochenen Lebens. Dagegen die Oberen: Sie herrschen auf ihre Weise im sprachlichen Ausdrucksgebiet und erweisen auch solcherart ihre Herrschaft über die Unteren.

Sprachlicher Ausdruck als Reflex der Lebensumstände, die eine unsagbare Kluft zwischen Woyzeck und seinen Oberen auftun. Woyzeck ist grausam arm; um seinen Sold aufzubessern, verdingt er sich als Versuchsobjekt des Doktors für zwei Groschen pro Tag. Er darf drei Monate lang nur Erbsen essen. Der Doktor untersucht Woyzecks Urin: «Harnstoff 0,10, salzsaures Ammonium, Hyperoxydul», und er macht Woyzeck Vorwürfe, weil der «auf die Straße gepißt» hat, «an die Wand gepißt wie ein Hund. Und doch zwei Groschen täglich.» Woyzeck am Rand der Psychose. In den Worten Maries: «Der Mann! So vergeistert.»

Ständig jagt Woyzeck zwischen seinen Beschäftigungen hin und her, kaum einmal findet er Ruhe. Schnelle, kräfteverzehrende Bewegungen im Kreis.

Dafür wird er vom Hauptmann noch verhöhnt: «Woyzeck Er sieht immer so verhetzt aus. Ein guter Mensch tut das nicht.»

Vor dem Doktor beruft Woyzeck sich auf die «Natur»: «Aber Herr Doktor, wenn einem die Natur kommt». Der Doktor verweist Woyzeck auf die «Freiheit»: «Den Harn nicht halten können!» «Woyzeck, der Mensch ist frei, in dem Menschen verklärt sich die Individualität zur Freiheit.»

Als Leipziger Student in den fünfziger Jahren war ich mit dem «marxistisch-leninistischen Freiheitsbegriff» traktiert worden, der Freiheit als Einsicht in die Notwendigkeit bestimmt. Angesichts der offiziell als notwendig erklärten Niederschlagung der Arbeiteraufstände am 17. Juni 1953 in der DDR und im Herbst 1956 in Ungarn wollte es mir naheliegen, eine Verbindung zu suchen zwischen der Verhöhnung Woyzecks durch den Doktor («... der Mensch ist frei ...») und der Verhöhnung der besiegten Aufständischen von 1953 und 1956, deren Freiheit darin bestehen sollte, Einsicht in die Notwendigkeit ihrer Unfreiheit zu zeigen.

Eine andere Verbindungslinie mochte gezogen werden zwischen dem Menschenversuch an Woyzeck in der Praxis des Doktors und dem Menschenversuch an ganzen Bevölkerungen in der Menschenversuchsanstalt «Sozialismus».

Was bleibt Woyzeck? Marie. Aber Marie kehrt sich von Woyzeck ab, der so «vergeistert» und «hirnwütig» ist, und wendet sich dem ansehnlichen Tambourmajor zu («Über die Brust wie ein Rind und ein Bart wie ein Löw»).

So ist Woyzeck das Einzige genommen, das ihm geblieben war, und er redet vor wütender Eifersucht in der Sprache seiner Oberen von der

«Sünde», ja von der «Todsünde» Maries. Mit Woyzecks Mord an Marie wird ein anderes Opfer elender Lebensumstände zum Opfer des Opfers Woyzeck.

Der Leipziger Student liebte die herzbewegende Radikalität Büchners. Der «Woyzeck» erweckte zugleich Mitleid und Widerstandsgeist. Mitleid mit jenen, die auf der «unterst Stuf von menschliche Geschlecht» stehen; Widerstandsgeist gegen die, denen der Mensch nur Arbeitsvieh und Versuchstier ist.

II. Reden

Polizeigeschichte als Universalgeschichte

(Marburger Literaturpreis)

Die Frage, warum einer «das große weite Feld»[1] der besonderen Geschichte deutscher politischer Polizei für seine Wanderungen wähle, mag auch beantwortet werden können mit dem Grund: weil dieses Feld «dem denkenden Betrachter so viele Gegenstände des Unterrichts», «dem Philosophen so wichtige Aufschlüsse» eröffne[2]. Weder der Verächter noch der Liebhaber politischer Polizei müßte sich ob dieser Antwort grämen. Die Geister des Liebhabers und des Verächters scheiden sich bei der Antwort: weil dieses Feld «dem tätigen Weltmann so herrliche Muster zur Nachahmung» und «jedem ohne Unterschied so reiche Quellen des edelsten Vergnügens» eröffne[3]. Es zeigt sich schnell: «das Gebiet» der politischen Polizei ist «umfassend»; «in ihrem Kreise liegt die» halbe «moralische Welt»[4].

Dem praktischen Kopf, dem Liebhaber, den es auf dieses Feld zieht, mag es zuweilen nur darum zu tun sein, «die Bedingungen zu erfüllen, unter denen er» selber «zu einem» politisch-polizeilichen «Amte fähig und der Vorteile desselben teilhaftig werden kann»[5]. Da er früh bemerken wird, daß seine Fertigkeit universal nutzbar ist, mag er sich der Prüfung entheben, welcher Herrschaft er sich andient. «Seinen Lohn erwartet er von Anerkennung» seiner Fertigkeit[6], nicht von Übereinstimmung zwischen einer eigenen Weltansicht und den Gründen seiner Herrschaft. Nicht, daß solcher politischer Polizist allein in der Welt stünde; es bestärken ihn manche Inhaber anderer universal nutzbarer Fertigkeiten: Politiker, Bosse, Generäle, Richter, Gelehrte, Mediziner, Journalisten, Künstler, Dichter und so weiter.

Mein politischer Polizist aber ist von allen der reinste.

Mag der Politiker nichts weiter sagen müssen, denn er ist ja gewählt; mag der Boss sich hinter dem Weltruf einer Firma einrichten; mag der General sich auf den Notstand eines Befehls berufen; mag der Richter noch sagen müssen, er habe treulich dem vormals gültigen Recht gedient; mag der Gelehrte sich der reinen Wissenschaft verschrieben haben wollen; mag der lebenswerte Mediziner vorzubringen haben, daß er gutgläubig und aus Liebe zum Menschen gehandelt habe, als er die Todesspritze ansetzte; mögen Journalisten, Künstler, Dichter erklären wollen, daß sie Kinder der Zeit gewesen und sensible Opfer von Fehldeutung – mein politischer Polizist ist ehestens über diese und jene Berücksichtigungen hinweggesetzt; denn er hat die Herrschaft an sich zum Herrn, die Herrschaft als solche. Er kann sie alle, die vormaligen Mitwirkenden, und vor allem alle anderen, im nachmaligen Ordnungsgefüge unter Kontrolle nehmen, wie er die Vorvormaligen, und vor allem alle anderen, im vormaligen Gefüge unter Kontrolle genommen hat. Die anderen aber besonders, und zu jeder Zeit – die nämlich, welche jeglicher Herrschaft je wie harte Kiesel unter den Füßen sind oder wie schwere Steine im Weg.

Mein politischer Polizist ist die makelloseste Verkörperung von Kontinuität: am vielseitigsten verwendbar, am vielseitigsten erwünscht, und also überlegen allen verwandten Mitwirkenden.

Ist aber damit schon etwas gesagt über den Charakter der Ordnungsgefüge und Herrschaften, denen politische Polizeiapparate zu dienen haben? Ist schon etwas gesagt über den Charakter der politischen Polizeiapparate, denen mein politischer Polizist zu dienen wünscht?

Noch nichts. Daß politische Polizei dem Schutz gegebener Ordnungsgefüge diene, ist das allgemeinste. In der Mitte des vorigen Jahrhunderts und weiter als Mittel der «Staatsbürokratie, die das fürstlich-monarchische Herrschaftsmonopol» gegen die Umsturzpartei, das sind: die Demokraten, später: die Sozialisten «verteidigen wollte»[7].

In der Weimarer Republik als «Staatsschutzorgan der liberalrechtsstaatlichen Ordnung»[8].

In der totalitären Nazidiktatur als ein Macht- und Unterdrückungsinstrument des herrschenden Regimes.

In einer anderen totalitären Diktatur – über die Arbeiter und

Bauern – als ein anderes Macht- und Unterdrückungsinstrument des herrschenden Regimes.

Mein politischer Polizist durchschreitet die Ordnungen in Deutschland von der Mitte des 19. bis zur Mitte des 20. Jahrhunderts und sieht sich unterschiedlich vergnügt. Am wenigsten vergnügt in der parlamentarischen Demokratie der Weimarer Republik, in welcher die «parteipolitische Neutralität, die Legalität und Integrität» der politischen Polizei von den führenden Vertretern der republikanischen Polizei betont wurde[9]. Es steht auf einem anderen Blatt, daß zum Exempel in der Weimarer Republik die überwältigende Zahl aller von rechtsradikaler Seite begangenen politischen Morde – und fast alle politischen Morde wurden von rechtsradikaler Seite begangen – unbestraft geblieben ist[10].

Ohne blind zu sein für die allfällige Neigung politischer Polizeiapparate, sich abzuschließen und sich zu verselbständigen, so daß gar in der parlamentarischen Demokratie, die doch die parlamentarische, das heißt ja: die öffentliche Kontrolle der politischen Polizei vorsieht, die furchteinflößende Kuriosität zu beobachten sein kann, wie diejenigen, die der Kontrolle zu unterliegen haben, danach trachten, jene zu kontrollieren, denen die Kontrolle obliegt – ohne also blind zu sein für solche Gefährdung der Demokratie, ist es doch geboten, den ganz anders gearteten Charakter der politischen Polizeiapparate in Diktaturen zu benennen: diese Apparate unterliegen gar keiner öffentlichen Kontrolle. Sie schalten und walten einzig im Interesse dieser Regime. Wo es keine Demokratie gibt, kann Demokratie nicht gefährdet werden.

Mein politischer Polizist schert sich gar nicht um den Charakter der Ordnungsgefüge und Herrschaften, um den Charakter der politischen Polizeiapparate. Er dient in reiner Form, jederzeit und jedem.

Der Geschichtenschreiber aber macht sich unbeliebt, denn er ist unzufrieden. Etwas will er doch erwarten, etwas Altmodisches – nämlich eine, zwar vielmals belächelte, verantwortete Verknüpfung von persönlicher Weltansicht und den Gründen der Herrschaft. Das «Zeitalter ... worin wir leben» – bietet es nicht jedem «das unschätzbare Recht, sich selbst seine Pflicht auszulesen»?[11] Der Geschichtenschreiber erwartet von seinem politischen Polizisten nicht, daß er kein politischer Polizist sei. Nur, daß er seine persönliche Weltansicht an eine Herrschaft, seine Herrschaft knüpfe. Und – dieses folgt sogleich – sich ganz und gar verantworte vor anderer Ansicht und anderer Ordnung.

Wie! Soll er nicht politischer Polizist bleiben dürfen sein Leben lang, bloß, weil die Zeiten, Ansichten, Ordnungen sich ändern? Soll er einen anderen Beruf ergreifen müssen im Fall von Veränderungen?

So erwartungsvoll ist der Geschichtenschreiber, der sich unbeliebt macht.

Mein politischer Polizist legt unvermittelt eine Frage nahe: könnte ich, könnten Sie so sein wie er? Was wäre mit mir, mit Ihnen gewesen, wenn etwas, das man Erziehung, Zeitumstand undsoweiter nennt, so und so gewesen wäre. Oder: was ist, wenn etwas so und so ist? Zu welchem Ende gelangt es? Was heißt Polizeigeschichte?

Der Polizeigeschichtenschreiber steht vor einer «langen Kette von Begebenheiten»[12]. «Ganz und vollzählig überschauen kann sie nur der unendliche Verstand»; dem Polizeigeschichtenschreiber «sind engere Grenzen gesetzt»[13]. «... viele dieser Ereignisse ... sind durch kein Zeichen festgehalten worden».[14] Wer führt denn auch, zum Exempel, Folterprotokolle?

«Die Schrift ... selbst ist nicht unvergänglich».[15] Wie anfällig ist sie für Feuer und Reißwolf?

«Unter den wenigen» «Denkmälern» «endlich, welche die Zeit verschonte» und welche uns zugänglich, «ist die größere Anzahl durch die Leidenschaft» «ihrer Beschreiber verunstaltet und unkennbar gemacht».[16] Herr Polizeirat Stieber hat sich seine eigene Geschichte zurechtgeschrieben.

«Die kleine Summe von Begebenheiten, die nach allen ... Abzügen zurückbleibt, ist der Stoff der» Polizeigeschichte.[17] «Was und wieviel von diesem ... Stoff gehört nun» dem Polizeigeschichtenschreiber?[18] Anders gefragt: zu welchem Ende studiert man Polizeigeschichte?

Der Polizeigeschichtenschreiber hebt diejenigen Begebenheiten heraus, «welche auf die heutige Gestaltung der Welt und den Zustand der jetzt lebenden Generation einen wesentlichen ... und leicht zu verfolgenden Einfluß gehabt haben. Das Verhältnis eines historischen Datums zu der heutigen Weltverfassung ist es also, worauf gesehen werden muß»[19].

Aber Bruchstücke der Polizeigeschichte vor Augen, würden doch einzelne Polizeigeschichten nie etwas anderes «als ein Aggregat von Bruchstücken werden»[20]. «Jetzt ... kommt» der Polizeigeschichtenschreiber mit einer poetischen Idee «zu Hilfe», «und indem er diese Bruchstücke»[21] unter seine poetische Idee stellt, und Wirkliches, das ihm noch fehlt, der vorgefundenen Wirklichkeit gemäß hinzudenkt, also erfindet, und erfundene Wirklichkeit mit wirklich Gefundenem derart verknüpft, daß selbst ein Gelehrter schwer zu unterscheiden vermag, wo die Grenze zwischen Erfindung und Wirklichkeit verläuft, weil solcherart Wirklichkeit, der allgemeinen Erfahrung gemäß, wie wirklich ist, nämlich denkbar – indem also der Polizeigeschichtenschreiber derart verfährt, «erhebt er das Aggregat zum» poetischen «System»[22]. «Seine Beglaubigung dazu liegt in der Gleichförmigkeit ... des menschlichen Gemüts».[23]

Vielleicht, daß ein Gedanke hervorgerufen wird über den bemerkenswerten Unterschied zwischen Diktatur und Demokratie, welcher mangels lebendiger Anschauung öfter übersehen oder aus mächtigen Gründen frech geleugnet wird; vielleicht, daß der denkbaren Ansicht weitergeholfen wird, es sei von besserem Nutzen, auf die bestallten Aufpasser aufzupassen anstatt das Kind Demokratie mit dem Bade auszuschütten, weil doch in letzterem Fall nur noch auf diejenigen aufgepaßt werden würde, die aufzupassen gehabt hätten.

Während der Polizeigeschichtenschreiber seine kleine Arbeit tut, geht «der Kampf der Diktatur, die sich auf die politische Polizei stützt ... wie seit Jahrzehnten gegen Millionen von Menschen in vielen Ländern der Erde ununterbrochen weiter»[24]. Zu welchem Ende führt er?

Sie und Friedrich Schiller werden es mir unterdessen nachgesehen haben, daß ich den Begriff der Polizeigeschichte für den der Universalgeschichte genommen habe; dies, um etwas allgemeiner zu benennen, erstlich, was Polizeigeschichte heißt, zwotens, zu welchem Ende sie der Geschichtenschreiber studiert.

(1986)

1 Friedrich Schiller: Was heißt und zu welchem Ende studiert man Universalgeschichte? in: Schillers sämtliche Werke in zehn Bänden. Neunter Band. Stuttgart und Tübingen 1844. S. 224.
2 Friedrich Schiller: a. a. O. S. 224.
3 Friedrich Schiller: a. a. O. S. 224.
4 Friedrich Schiller: a. a. O. S. 225.
5 Friedrich Schiller: a. a. O. S. 225.
6 Friedrich Schiller: a. a. O. S. 226.
7 Wolfram Siemann: Deutschlands Ruhe, Sicherheit und Ordnung. Die Anfänge der politischen Polizei 1806–1866. Tübingen 1985. S. 2.
8 Christoph Graf: Politische Polizei zwischen Demokratie und Diktatur. Berlin 1983. S. 90.
9 Christoph Graf: a. a. O. S. 4.
10 E. J. Gumbel zitiert nach: S. Reinhard: Lesebuch der Weimarer Republik. Berlin 1982, S. 124.
11 Friedrich Schiller: a. a. O. S. 231 f.
12 Friedrich Schiller: a. a. O. S. 236.
13 Friedrich Schiller: a. a. O. S. 236.
14 Friedrich Schiller: a. a. O. S. 236.
15 Friedrich Schiller: a. a. O. S. 237.
16 Friedrich Schiller: a. a. O. S. 237.
17 Friedrich Schiller: a. a. O. S. 237.
18 Friedrich Schiller: a. a. O. S. 237.
19 Friedrich Schiller: a. a. O. S. 238.
20 Friedrich Schiller: a. a. O. S. 239.
21 Friedrich Schiller: a. a. O. S. 239.
22 Friedrich Schiller: a. a. O. S. 239.
23 Friedrich Schiller: a. a. O. S. 239.
24 Béla Szász, Freiwillige für den Galgen. Die Geschichte eines Schauprozesses. Nördlingen 1986. S. 379.

Vom Erzählen erzählen

(Thomas-Dehler-Preis)

Worüber könnte ein deutscher Schriftsteller, dem im Herbst des Jahres 1989 Gelegenheit gegeben wird, öffentlich zu reden, öffentlich reden?

Über Literatur, die erfolgreich von Geld, Sexualität und Ernährung handelt? Oder über die deutschen Dinge? Oder über eine Ideologie, an die so mancher glauben wollte – oder mußte – und die nun selber dran glauben muß?

In den «Unterhaltungen deutscher Ausgewanderten» gibt Goethe der Erwartung des Fräuleins Luise in die Worte des Alten mit dem Satz Ausdruck: *«Ich bin höchst neugierig, was er vorbringen wird.»* Der Alte sagt: *«Das sollten Sie nicht sein, Fräulein: denn gespannte Erwartung wird selten befriedigt.»* Der israelische Schriftsteller Asher Reich hat auf einem Treffen im Frühling 1989 eine Geschichte erzählt: Ein Fischer kommt vom Fischen nach Haus. Hungrig warten zu Hause Frau und Kind. Der Fischer trägt in der rechten Hand einen kleinen Fisch, in der linken eine Blume. Die Frau sagt: *«Warum bringst du nur diesen kleinen Fisch. Wie sollen wir drei davon satt werden. Wozu bringst du eine Blume.»* Der Fischer sagt: *«Den Fisch essen wir. Die Blume zeigt uns, warum wir essen.»*

Da es kaum zu verhehlen sein wird, daß jemand wie ich, der vorgibt, über etwas zu reden, letzten Endes von sich selbst redet, sage ich es gleich: Ich will vom Erzählen erzählen.

Außer der Frage, die sich vorwiegend Schriftsteller stellen, was zu schreiben wäre und wie, ist manchmal die Frage zu beantworten, die Leser und Zuhörer an Schriftsteller stellen, nämlich, warum einer schreibt. Ja, warum eigentlich.

Vielleicht gibt es auf diese Frage so viele Antworten wie Schriftsteller. Vielleicht gibt es auch mehr Antworten als Schriftsteller, weil Schriftsteller nicht alle Antworten wissen. Vielleicht gibt es aber auch weniger Antworten als Schriftsteller.

Meine Antwort fällt sehr einfach aus: Es vergnügt mich, jemandem etwas zu erzählen. Das Wort «jemandem» ist bedacht. Ich rede nicht von vielen, sondern von «jemandem» im Sinne von «einem». Unversehens verknüpft sich die Frage nach dem Warum mit der Frage: Für wen. Das Vergnügen, «jemandem», also «einem», etwas zu erzählen, ist zuallererst das Vergnügen, sich selber etwas zu erzählen. Man spricht für sich, man spricht zu sich selbst. Das ist gewiß keine neue Antwort, und mancher hört sie ungläubig, aber sie ist wahr, für mich. Gewiß, die Freude, mehr als die eigenen Ohren, die hören, mehr als die eigenen Augen, die lesen, zu finden, ist unbestreitbar. Aber das ist keine Bedingung des Erzählens. Man erzählt – auch ohne Zuhörer, ohne Leser. Ob irgendwer zuhören will, das zeigt sich. Ob das Erzählte Leser findet, das findet sich.

Der Ausdruck, «Vergnügen, jemandem etwas zu erzählen», kann natürlich durch Ausdrücke allgemeinerer Art ersetzt werden. Es könnte von dem Bedürfnis nach Mitteilung geredet werden, von Mitteilungsbedürfnis. Aber sagt das Wort «Mitteilungsbedürfnis» alles, was ich meine? Die Befriedigung eines Mitteilungsbedürfnisses muß nicht vergnüglich sein.

Ich schreibe nicht, weil ich die Welt verbessern will, oder das Land, oder die Stadt, oder die Gesellschaft, oder die Nachbarn, oder die Familie, oder den Freund und die Freundin – oder den Feind und die Feindin. Ich schreibe auch nicht, weil ich die Welt anklagen will, oder dies und jenes System, oder diese und jene Person.

Am ehesten ist die Antwort auf die Frage nach dem Warum (nämlich: weil ich Vergnügen am Erzählen habe) mit einer anderen Antwort verknüpft: Weil ich etwas erkennen will – einen Zusammenhang, eine Sache, einen Menschen (oder mehrere), sogar: mich. Auch das keine Neuigkeit. Etwas im Schreiben erkennen, heißt andererseits: etwas erkennbar machen.

Freilich ist man selbst kein unbeschriebenes Blatt. Es gibt die Prägung durch Herkunft und Erziehung, durch die Auseinandersetzung mit Welt, Gesellschaft, mit Systemen und Menschen.

Bestimmt von Anschauungen und Überzeugungen, schreibt man.

Da ist es kein besonderes Wunder, daß man – von der Wahl der Gegenstände bis zur Wahl der Form – seine Prägung direkt oder indirekt zu erkennen gibt. Es ist fast unvermeidlich.

Aber Prägungen zu erkennen geben, ist auch nicht der Grund fürs Schreiben, es ist eine Folge.

Es kann geschehen, daß das Erzählte im Kopf des Zuhörers oder Lesers etwas auslöst – Gefühle und Gedanken, die der Zuhörer oder Leser verwirft oder gebraucht. Es ist nichts dagegen einzuwenden. Nur: Das muß nicht in der bewußten Absicht des Autors gelegen haben – ja, das muß überhaupt nicht in einer Absicht gelegen haben.

Welcher Verwunderung also mag ein Autor gewahr werden, der sich nicht als ein – im landläufigen Sinn so genannter – politischer Autor versteht, wenn er sich als ein politischer Autor betrachtet sieht. Ein Widerspruch braucht darin nicht gesehen zu werden.

Was heißt, jemandem – sich selbst oder einem anderen – etwas erzählen. Es ist die Rede von der Wahl des Gegenstandes und, dies vor allem, von der Form. Von der literarischen und von der sprachlichen Form. Das Vergnügen am Erzählen, an der Schreibarbeit ist – ich spreche von mir –, abgesehen von der Neigung zu diesem oder jenem Gegenstand, zur Hälfte oder mehr das Vergnügen an der Form, und das bedeutet: das Vergnügen an der Formung, vor allem der sprachlichen.

Mancher Autor hat entdeckt, daß die harte Arbeit des Vergnügens an der Formung recht eigentlich die Haupt-Sache werden kann.

Liegt in der Arbeit an der sprachlichen Form nicht vielleicht sogar die Quelle der Erkenntnis? Die Worte, je länger man sich mit ihnen abgibt, zwingen einen desto mehr, sich mit jemandem oder mit etwas zu beschäftigen.

Gegenstand und Form – das Was und das Wie. So plausibel es ist, daß Gegenstand und Form verknüpft sind, so plausibel ist es auch, daß der Ort, die Lebensbedingungen, die persönlichen Umstände eines Autors den Schreib-Gegenstand bestimmen können. Nicht müssen, wie man weiß, aber können.

Jemand wie ich, der zeit seines Lebens unter streng diktierten Verhältnissen gelebt hatte, ehe er, spät genug, in eine zwanglosere Gegend verschlagen wurde, muß sich nicht wundern, daß die Gegenstände seiner Schreib-Arbeit von eben jener diktierten Welt bestimmt waren – oder vielleicht noch sind. Es war eine geschlossene Welt – räumlich und geistig.

Die Erweiterung des Erfahrungsbereichs bis Prag, Warschau, Budapest und Moskau erweiterte die Welt nur räumlich, sonst nicht. Es war die immer gleiche Welt – die Welt des gleichen politischen Systems.

In jener besonderen Welt – der östlichen, wie man verkürzt zu sagen sich leicht gewöhnt, obwohl man sich da keines geographischen Begriffs bedient –, in jener Welt der «allseitigen» Lenkung und Kontrolle des Denkens, Sprechens und Schreibens jahrzehntelang zu leben – dies erfaßt manchen dort, so oder so, mehr oder weniger. Also auch manchen Autor.

Handle es sich um Anhänger oder um Gegner – irgendwie ist vielen ihr Gegenstand von dem alles beherrschenden System diktiert; den Anhängern in freiwilliger – bestenfalls kritischer – Zuordnung, den Gegnern oft in zwanghafter Kopplung an das Objekt Ihres Widerstandes – schlimmstenfalls in unfreiwilliger Unterordnung.

Wie aus dieser Kopplung sich lösen?

Der Wechsel aus der «östlichen» Welt in die «westliche» Welt ist ein Wechsel in die Fremde. Nicht nur die Lebensbedingungen der «westlichen» Welt sind fremd. Jedoch sich im Alltagsleben zurechtfinden – für einen Autor ist das nur die kleinste Voraussetzung. Ein Autor muß eine vielgestaltige und vieldeutige Welt-Landschaft deuten lernen, er muß seinen Ort bestimmen, er muß einen eigenen Blick gewinnen. Es muß eine besondere, eine distanziert reflektierende Beziehung zu den Dingen der Welt entstehen. Ein Autor muß herausfinden, was er zu sagen hätte, nachdem er erfahren hat, in welcher Welt er sich befindet.

Da kann es leicht geschehen, daß es einem für gewisse Zeit die Sprache verschlägt.

Ein Autor auf der Suche nach Worten für fremde Gegenstände, auf der Suche nach der Form. Ein Autor auf der Suche nach dem Was und dem Wie – eine Lernzeit, in der herausgefunden werden muß wie aus einem «Irgend etwas» das Etwas, wie aus einem «Irgendwie» das Wie wird.

Es ist gewagt, über eigene Gegenstände und über die eigene Form, die literarische und die sprachliche, zu reden. Allzu leicht gerät man in die Deutung der eigenen Texte. Deutung von Texten aber ist Sache des Lesers – nicht nur, weil anders der Raum für Deutung unziemlich ausgefüllt wird, sondern auch, weil Autoren öfter gar nicht wissen, wie ihre Texte zu verstehen sind, so daß sie den Raum des Lesers womöglich auch noch falsch ausfüllen.

Die Darstellung von Sachen und Figuren, die Darstellung von Beziehungen zwischen Sachen, zwischen Figuren, zwischen Sachen und Figuren – seien es historische, zeitgenössische oder fiktive Figuren und Sachen –, die Darstellung handele allemal von höchst Konkretem und bleibe doch eine bestimmte Konkretheit schuldig. Der offenbleibende Teil mache seinerseits das Abstrakte aus. Es wäre der freie Raum für die mitwirkende Phantasie des Lesers, die allerdings gefragt ist. (Andernfalls bleibt – in der Erwartung leicht verzehrbarer Texte – nur Enttäuschung über Schwer- oder Unverständlichkeit. Oft macht sich solche Enttäuschung ja Luft in der Frage nach der Aussage-Absicht des Autors.)

In dem freien Raum für die Mitwirkung des Lesers zeichnet sich womöglich die Kontur eines Grundmusters oder Modells ab. Eines Modells von Sachen, Figuren und Beziehungen. Das Modell läßt vielleicht eine Ableitung zu. Eine Ableitung auf das vom Autor Gemeinte oder auf etwas Vergleichbares. Also auch auf etwas, das der Autor nicht konkret wußte, das aber möglich ist. Ableitungen von einem Modell auf etwas Meinbares können so zahlreich sein wie die individuellen Erfahrungen mit Vergleichbarem. Ein Autor kann sie gar nicht alle kennen; niemand kann sie alle kennen. Das heißt aber: Der Leser kann keine Erkenntnis schwarz auf weiß nach Hause tragen; er ist an der Gewinnung von Erkenntnis gemäß eigener Erfahrung beteiligt, oder er bleibt ohne Erkenntnis vor dem Text zurück.

Ich versuche davon zu sprechen, daß etwas zu sagen ist, ohne es zu sagen. Es ist die Rede vom Wie, von der Form. (Beiläufig gesagt: Die Form macht den spezifischen Unterschied des literarischen Textes gegenüber aller anderen Art von sprachlichem Ausdruck aus.)

Mein Interesse an dem Verhältnis des einzelnen zur Geschichte, genauer gesagt: des einzelnen als eines Unmächtigen zu übergeordneten Mächten, in der Vergangenheit und in der Gegenwart, dieses Interesse ist alt. Es ist genährt aus der Erfahrung selbsternannter und selbstgewisser Autoritäten und wohl: aus der Abneigung gegen das Autoritäre, das vom berechtigten Anderen so gerne absieht, weil es nur das Eigene für das Berechtigte nimmt.

Der englische Soziologe Geoffrey Gorer sagt: *«Autorität ist von Natur böse und gefährlich; der Fortbestand und das Gedeihen des Staates machten es unumgänglich, daß einer gewissen Anzahl von Individuen Autorität übertragen wird; aber diese Autorität muß so genau umschrieben und begrenzt werden, wie es sich durch scharfsinnigste rechtliche Formulierung nur erdenken läßt; und die Inhaber dieser Positionen müssen unter ständiger Beobachtung gehalten, als mögliche Feinde betrachtet und entsprechend überwacht werden.»*

Wohlgemerkt: Gorer spricht von demokratisch legitimierter Autorität.

Was hat es mit Individuen auf sich, denen Autorität nicht übertragen ist, sondern die sich Autorität gewaltsam anmaßen? Was hat es mit Autorität auf sich, die nicht durch rechtliche Formulierung begrenzt ist? Mit anderen Worten: Was hat es mit Autorität auf sich, die nicht demokratisch legitimiert ist? Die wirklichen Feinde der meisten Schriftsteller sind jene Inhaber von Autoritätspositionen, welche nicht demokratisch legitimiert sind – gleichgültig, in welcher Weltgegend sie herrschen. Das eine Instrument dieser Herrscher ist die Zensur, diese Köpfmaschine im Reiche des Geistes. Das andere Instrument – Geschichte und Gegenwart belegen es – ist die Verfolgung und Einsperrung, die Verjagung und – schlimmstenfalls – die Tötung von Schriftstellern. Beides aber – die Zensur und die Abschaffung von Schriftstellern – folgt aus ein und derselben Politik. Es ist die Politik derer, die – solange es eben geht – auf einem unumschränkten Machtmonopol beharren.

Das Bedürfnis, jedem Machtmonopol Widerstand entgegenzusetzen – dieses Bedürfnis scheint glücklicherweise immer wieder zu entstehen.

Die schwärmerischen Anbeter der Gewaltherrschaft, die – weitab – bequem und gelangweilt auf dem Sofa sitzen und auf Abenteuer aus sind, mögen an Herrn Schi Dsi-gao erinnern, der alle Zimmer seines Hauses mit Drachenbildern schmückte. Als der Himmelsdrache davon hörte und seinen Kopf durch das Fenster steckte, erstarrte Herr Schi.

Wie aber ist es um Schriftstellertalente bestellt, die sich den Gewaltherrschern verschrieben haben? Um Carl Gustav Jochmann das Wort zu geben: *«Dem Aberglauben haben sie ihre Tempel gebaut und ausgeschmückt ... Dem Eigennutz ... haben sie ihre Schätze gesammelt ...»* So *«gibt es vielleicht kaum zwei oder drei der gepriesenen Blüten ... die nicht ... als ekelhaftes Gemische von Selbsttäuschung und Schmeichelei, als Vergötterung eigner und fremder Nichtswürdigkeiten vor uns daliegen würden.»* Die *«Mietlingsschriftsteller»* und ihre Bücher werden *«zur toten Sache, die niemand achten kann, und der Gewalthaber selbst nicht»*.

Die Bücher der Liebediener türmen sich zu Bergen von Makulatur. Von den Höhen kommt der Widerschein eines trüben Lichts, dessen Stern schon erloschen ist.

«Die Geschichte ist ein öffentliches Bewußtsein, das die Sünden, die sie (die politischen Sünder) *nicht einmal sich selbst gestehen wollten, vor aller Welt bekennt»*, sagt Jochmann.

Wo man auch ist, stets erhebt sich die Frage, ob man sich dem Vorgefundenen bloß anschließt oder ob man manchem, das sich vorfindet, widersteht. Das aber ist alter und neuer Gegenstand, das ist das Was, sei es einem bewußt oder nicht.

Unmächtige sind die Schriftsteller selber. Ob ihre Sätze wahrgenommen werden oder nicht, ob ihre Sätze gar als wichtig gelten oder als beliebig – es liegt kaum bei ihnen. Soll ein Autor etwa, um größerer Wichtigkeit willen, Verhältnisse für wünschenswert halten, unter denen ein Denk- und Sprachmonopol herrscht, so daß jede Abweichung, und sei sie noch so marginal, jedes nichtmonopolisierte Komma, zu Bedeutung gelangt? Eher, natürlich, ist es doch erwünscht, daß Verhältnisse bewahrt oder geschaffen werden, unter denen ein jeder seine Sätze ungehindert sagen und schreiben kann. Wie nun weiter? Verhältnisse, unter denen ein jeder seine Sätze sagen und schreiben kann, verlangen glücklicherweise keine einseitige Antwort auf die Frage, was denn am Anfang stehe: eine irgendwie bestimmende Idee oder irgendein Wort.

Es ist Gelegenheit gegeben, sich die Freiheit zu nehmen.

Der erschreckten Frage: Geht denn das? Am Anfang bloß ein Wort?

mag ein Satz Heinrich von Kleists antworten: *«Der Franzose sagt: l'appetit vient en mangeant, und dieser Erfahrungssatz bleibt wahr, wenn man ihn parodiert und sagt: l'idée vient en parlant.»*

Man könnte versucht sein, Mephistos ironische Antwort auf den Einwand des Schülers *«Doch ein Begriff muß bei dem Worte sein»* spaßeshalber ernstzunehmen: *«Schon gut! Nur muß man sich nicht allzu ängstlich quälen ...»*

Kleist soll weiterreden: *«... weil ich doch irgendeine dunkle Vorstellung habe, die mit dem, was ich suche, von fernher in einiger Verbindung steht, so prägt, wenn ich nur dreist damit den Anfang mache, das Gemüt, während die Rede fortschreitet ... jene verworrene Vorstellung zur völligen Deutlichkeit aus, dergestalt, daß die Erkenntnis, zu meinem Erstaunen, mit der Periode fertig ist.»*

Kleist redet vom Reden. *«Ein solches Reden»*, sagt er, *«ist ein wahrhaftes lautes Denken.»* Ich zögere nicht, Kleists Worte auf das Schreiben zu übertragen:

Ein solches Schreiben ist ein wahrhaftes stilles Denken.

Wie sollte das, was Kleist folgen läßt, nicht auf das Schreiben übertragen werden können. Kleist: *«Die Reihen der Vorstellungen und ihrer Bezeichnungen gehen nebeneinander fort und die Gemütsakten für eins und das andere kongruieren. Die Sprache ist alsdann keine Fessel, etwa wie ein Hemmschuh an dem Rade des Geistes, sondern wie ein zweites, mit ihm parallel fortlaufendes Rad an seiner Achse.»*

Kleist redet «Über die allmähliche Verfertigung der Gedanken beim Reden.» In der Übertragung der Kleistschen Sätze wäre geredet über die «Verfertigung» «der Vorstellungen und ihrer Bezeichnungen» beim Schreiben.

Schreiben als Schürfarbeit, bei welcher sogar etwas gefunden werden kann, von dem niemand wußte, daß es es gibt.

(1989)

Von der heillosen Liebe zur Unwirklichkeit

(Heinrich-Böll-Preis)

Lieber vermeide ich es, öffentlich meine Gefühle zum Ausdruck zu bringen. Aber hier gestehe ich: Daß mir der Literaturpreis der Stadt Köln verliehen wurde, berührt mich sehr. Dies nicht nur, weil der Preis den Namen von Heinrich Böll trägt, sondern auch, weil ich mich in vielem mit Heinrich Böll verbunden fühle. In Heinrich Böll habe ich jemanden gefunden, der mit beiden Augen zu sehen wußte.

Ein beträchtlicher Teil der westlichen Intellektuellen hatte die kommunistisch-diktatorischen Ordnungen – und speziell die kommunistische Diktatur in der DDR – irgendwie als Keimform der so ganz anders begründeten sozialen Demokratie vor Augen. Ein bitterer Irrtum. Oder mit Heinrich Böll zu sprechen: «Lauter Klischees der Selbsttäuschungen wie jene uralte (Selbsttäuschung), Geist und Fortschritt wären von der Linken gepachtet.» Denkt man weiter zurück und erinnert sich der vielbesprochenen Einäugigkeit von Lion Feuchtwanger und seines Verständnisses für Stalin, so darf sogar von einem schrecklichen Irrtum westlicher Intellektueller gesprochen werden.

Damals und auch später noch mochte der antifaschistische Kampf des Kommunismus als Begründung für die kommunistische Diktatur dienen. Auch die DDR-Diener beriefen sich auf den Antifaschismus. Den antifaschistischen Kommunisten Honecker hat der Antifaschismus nicht gehindert, selber ein kleiner Diktator zu werden – ein kommunistischer eben. Zuletzt war der Antifaschismus der Kommunisten, der sich gegen die Nazi-Diktatur gerichtet hatte, nur noch eine peinliche Bemäntelung der kommunistischen Diktatur. So unangenehm es klingen mag: Der proklamierte Antifaschismus der Kommunisten diente der Rechtfertigung des kommunistischen Terrors. Die Nazi-Diktatur und die kommunistische Diktatur vor Augen, ist man an einen Satz von Karl Kraus erinnert: «Wenn ich zwischen zwei Übeln wählen soll, so wähle ich keines.»

Schriftsteller, die die Wirklichkeit der kommunistisch-diktatorischen Ordnung gesehen oder gelebt und diese Ordnung geistig oder räumlich hinter sich gelassen hatten, trafen natürlich bei einem beträchtlichen Teil westlicher Intellektueller auf – oft feindselige – Ablehnung. Verräter, Überläufer, Störer, Entspannungsfeinde, Kalte Krieger – die Schimpfworte variierten im Laufe der Jahrzehnte ein wenig und sollten Arthur Koestler, Ignazio Silone, Manès Sperber, Albert Camus und Cseslav Milosz ebenso treffen wie Alexander Solschenizyn. «Aus heutiger Sicht» – wie eine beliebte Wendung der Gegenwart lautet – kann man die kommunistische Diktatur glücklicherweise nicht mehr mit dem demokratischen Sozialismus verwechseln, obschon es manchem noch immer schwerfällt, aus seinen wohlbestallten Träumen aufzuwachen. Der Mißbrauch, den die kommunistischen Diktaturen mit dem Wort «Sozialismus» getrieben haben, wird vollends deutlich, wenn man in das Wortpaar «demokratischer Sozialismus» das Wort «Kommunismus» einsetzt: «demokratischer Kommunismus». Gibt es das? Selbst die Kenner der marxistisch-leninistischen Theorie, die genau wissen, daß die Diktatur des Proletariats – oder genauer gesagt: die Diktatur einer Politbürokratie – ein wesentlicher Bestandteil dieser Theorie ist, müssen zugeben: Einen demokratischen Kommunismus konnte und kann es nicht geben.

Wie soll man den Jahrhundert-Irrtum vieler westlicher Intellektueller erklären? Sind Intellektuelle oft allzusehr geneigt, die Unwirklichkeit zu lieben? Wird Solschenizyns «Archipel GULag» nicht heute nur noch ungern zur Kenntnis genommen? Heinrich Böll aber hat Alexander Solschenizyn bei sich aufgenommen, und Heinrich Böll war der Freund Lew Kopelews. Wie soll man es erklären, daß manche westliche Intellektuelle heute noch den kommunistischen Diktaturen nachweinen? Hat man sich in der Unwirklichkeit erst einmal gemütlich eingerichtet, dann ist es vielleicht einfach zu anstrengend, die Filzpantoffeln auszuziehen und die Schlafmützen abzulegen.

Vielleicht fragt sich die eine oder der andere, wieso ich als ein Schriftsteller es mir herausnehme, womöglich anmaßend über Politik und Geschichte zu reden anstatt über Literatur. Heinrich Böll kann – gegen die eigene Neigung, über Romanfiguren Auskunft zu geben – nachhaltig warnen: «... es ist schließlich vollkommen gleichgültig, wissen zu wollen, woran ein Schriftsteller arbeitet, wie er arbeitet. Wichtig an der Werkstatt ist nur, was aus ihr herauskommt.» Wäre ich kein Schriftsteller, so stünde ich natürlich jetzt nicht vor Ihnen. Aber ich erlaube es mir, den Slogan vom «Schriftsteller und Bürger» umzukehren. Ich rede einfach als Bürger, der den Schriftstellerberuf ausübt. Der Schriftstellerberuf verschafft mir die Gelegenheit, als Bürger Gehör zu finden.

Ein überwiegender Teil der ostdeutschen oder DDR-Intellektuellen war allzusehr geneigt, die wirkliche Unwirklichkeit zu lieben. Wolf Lepenies, dem ich wörtlich folge, hat es so gesagt: «Die Intellektuellen in der DDR haben, mit Ausnahmen, das staatssozialistische Regime nicht bekämpft: sie haben es geflohen oder, in beflissener Kollaboration oder mürrischer Anpassung, seine Subventionen geduldet. Und wenn sie in den Jahrzehnten, die die DDR existierte, etwas lernten, so war es die Kunst, beherrscht zu werden ... Nein, diese Intellektuellen – von Stephan Hermlin bis Heiner Müller – waren keine Dissidenten, und wir Westdeutschen, die wir nicht in Versuchung geführt wurden, sollten ihnen Feigheit nicht vorwerfen. Aber wenn sich, bis hin zu den Funktionären ..., Gruppierungen der Intelligenz, die sich gestern noch ihrer Nähe zur Nomenklatura rühmten, auf einmal geschlossen als innere Emigranten und als Mitglieder der DDR-Résistance zu erkennen geben, muß ihnen kühl entgegnet werden: Mit euch war Staat zu machen!»

Die «Nähe zur Nomenklatura» reichte weit – bis in die Germanistik. Vertreter der DDR-Germanistik liehen dem Staatssicherheitsdienst als «Sachverständigen-IM» ihre Dienste. In den Akten, die der Staatssicherheitsdienst über mich geführt hat, fand ich ein sogenannntes literarisches Gutachten aus dem Sommer 1977 – damals lebte ich noch in der DDR –, das von der Hand eines solchen Komplizen-Wissenschaftlers und Schreibtischtäters stammt. Das Fazit dieses Gutachtens bestand einfach darin, mich der Untersuchungsabteilung des Ministeriums für Staatssicherheit und der politischen Strafjustiz der DDR knapp zu empfehlen. Ich verdanke es auch der Solidarität von Schriftstellern aus der Bundesrepublik, vor allem Günter Grass, daß es nicht zu einem politischen Strafprozeß gegen mich kam und daß ich die DDR drei Monate nach der Handreichung des germanistischen Sachverständigen-IM verlassen konnte.

Nach dem Wegfall der Zwangsstrukturen der SED-Diktatur verfallen vorwiegend junge Leute im Osten in neue krankhafte Zwänge und verbünden sich mit ihren Gesinnungskumpanen im Westen. Der Ausdruck «Neo-Nazis» hat etwas Beschönigendes an sich. Er klingt, als handle es sich um Leute, die nicht ganz so schlimm seien wie die Nazis der Hitlerzeit. Man kann das Wörtchen «Neo-» beiseite lassen. Es sind Nazis. Sie predigen die Überlegenheit des Deutschen, sie predigen Rassenhaß. Die Nazis der Hitlerzeit haben die Juden vernichtet. Die Nazis der Bundesrepublik vernichten noch die Gräber der Juden. Die Nazis hassen die Demokratie.

Wird bei der Suche nach den Gründen für Ausländerfeindlichkeit in Deutschland nicht gerne vergessen, daß die demokratischen Parteien selber große Schuld tragen? Anstatt allseits über die Möglichkeiten zur Einschränkung des Asylrechts zu reden, hätte vielleicht der Mut zu der unpopulären Aussage aufgebracht werden müssen, daß Deutschland längst ein Einwandererland ist und demzufolge eine Einwanderungsgesetzgebung braucht, damit Einwanderungswillige nicht den schmalen Weg über das Asylrecht gehen müssen und als sogenannte Wirtschaftsflüchtlinge diffamiert werden dürfen, die das Asylrecht mißbrauchten. Statt dessen geben populistische wahltaktische Erwägungen den Ausschlag.

Die Nazis der Bundesrepublik sind für manche Leute immer noch bloß Figuren, die gelegentlich in den Fernsehnachrichten auftauchen. Man tröste sich nicht mit dem Gedanken, daß man selber ja kein Ausländer ist. Die deutschen Nazis bedrohen auch Deutsche. Es hilft wenig, sich von einem Menschenbild leiten zu lassen, das in den Zeiten der Prosperität leicht zu päppeln ist, das aber in schwankenden Zeiten schnell in Scherben geht. Dann steht so mancher hilflos vor den Ausbrüchen von Haß und Gewalt.

Hat zu dieser Hilflosigkeit nicht beigetragen, daß in der altbundesdeutschen Gesellschaft – natürlich aus redlichen Erwägungen – keine deutliche Unterscheidung zwischen politischer Gegnerschaft und politischer Feindschaft getroffen wird? Hat man nicht gelernt, daß politische Gegnerschaft die Anerkennung der demokratischen Grundlagen des Gemeinwesens voraussetzt? Was aber, wenn jemand die demokratischen Grundlagen des Gemeinwesens zerstören will? Hat dieser Jemand dann nicht die Grenzen überschritten und ist das, was ich einen politischen Feind nenne? Nämlich – einen Feind der Demokratie. Es ist viel geredet worden über die Notwendigkeit, die sogenannten Feindbilder aufzugeben. Gewiß, es gibt falsche Feindbilder. Es gibt auch richtige Feindbilder. Von den politischen Feinden der Demokratie darf ich ruhig ein deutliches Feindbild besitzen. Die Feinde der Demokratie sind bereit, die demokratischen Grundlagen des Gemeinwesens zu vernichten. Die Feinde der Demokratie sind bereit, die physische Existenz von Demokratie zu vernichten.

Der erste Satz von Artikel 1 des Grundgesetzes, «die Würde des Menschen ist unantastbar», wird von einem Satz gefolgt, der unmittelbar Bezug nimmt auf die «Würde des Menschen»: «Sie zu achten und zu schützen ist Verpflichtung aller staatlichen Gewalt.» Es ist dem Namem nach eine durch «Recht, Gesetz, Verfassung und öffentliche Kontrolle institutionalisierte und damit anerkannte und kalkulierbare» Macht. Das «Monopol physischer Gewalt» – wie es Max Weber genannt hat – steht dem demokratischen Staat zu, um «einen politisch ermittelten ‹Allgemeinwillen› oder die Rechte von Bürgern gegen andere Bürger durchzusetzen». Erfüllt die «staatliche Gewalt» immer ihre Verpflichtung? Gibt es staatliche Kräfte, die mit Rechtsextremisten nachsichtiger zu verfahren geneigt sind als mit Linksextremisten? Sollte es sie geben, so müßte man vermuten, daß ihnen die Rechtsextremisten irgendwie lieber sind als die Linksextremisten. Man könnte vermuten, daß sie in den Rechtsextremisten eher etwas «Bewahrendes», in den Linksextremisten eher etwas «Zerstörerisches» sehen. Zerstörerisches steckt in jeder Art von Extremismus.

Die Gewalt gegen Ausländer in Deutschland wird von den deutschen Politikern gerne mißbilligt, weil diese Gewalt – wie es heißt – dem «Bilde von Deutschland schade». Ich glaube, die Gewalt gegen Ausländer in Deutschland schadet den Ausländern in Deutschland.

Dem «Bild von Deutschland» kann die Politik am besten aufhelfen, wenn gegen die Gewalt gehandelt wird.

Der israelische Dichter Asher Reich sagte kürzlich: «Wer Ausländer verbrennt, der verbrennt auch Deutsche.» Und er sagte: «Tausend Schafe können einen Wolf nicht schrecken, aber ein Wolf herrscht über tausend Schafe.» Heinrich Böll hat in einer «Antwort auf eine Umfrage zu antisemitischen Ausschreitungen» im Jahre 1960 gesagt: «Ich fürchte nicht die Gefahr krimineller Aktionen von antisemitischen und neonazistischen Gruppen, sondern die gewaltige Masse vollkommen indifferenter Demokraten.» Heinrich Böll sagte weiter: «Die einzige Möglichkeit, Unheil zu verhindern, sehe ich in der Notwendigkeit, die Jugend mit der Geschichte zu konfrontieren ...»

Dieser Satz gilt noch heute, und er gilt nicht nur für die Jungen. Heute hört man in Ostdeutschland oft sagen: Was soll uns die Geschichte, wir haben jetzt andere Probleme, nämlich den Rechtsextremismus und die wirtschaftliche Lage. – Sogar gibt es Leute, die – naiv oder wohlkalkuliert – behaupten, die Situation in Ostdeutschland sei eine direkte Folge der Vereinigung Deutschlands. Aber: die DDR war wirtschaftlich am Ende. Die Vereinigung hat die wirtschaftliche Lage und die Wurzeln von Intoleranz und Gewalttätigkeit bloß sichtbar gemacht.

Wer den Blick von der Geschichte abwendet, der tut so, als ginge immer alles nur vorwärts. Aber wie man sieht, bleibt manches einfach beim alten. Man sieht es auch an der Art, wie manche mit den Ungeheuerlichkeiten der Stasi und ihren mutmaßlichen und nachweislichen Kollaborateuren zu verfahren geneigt sind. Amtsträger, die wegen ihrer Geschichte in einem unerträglichen Zwielicht stehen, machen die Stasi nachträglich salonfähig. Der Schaden, der auf diese Weise dem Amt und der Demokratie zugefügt wird, darf kühl ignoriert werden, und wer sonst noch in die Stasi-Sachen verwickelt war, sieht sich vor der Geschichte entschuldigt.

Man sollte sich der Geschehnisse von gestern und der Geschehnisse von heute vergewissern. Es ist besser, nicht allein aus den Akten der Vergangenheit, sondern aus dem Alltag der Gegenwart Einsicht zu gewinnen. Vielleicht bleibt es uns dann erspart, in der Zukunft Akten lesen zu müssen über die Vergangenheit, die heute Gegenwart heißt.

(1992)

Vertrauen und Verrat

(Kleist-Preis)

Der allgemeinen Verehrung, die sich Theseus, Sohn des attischen Königs Ägeus, erwarb durch den Sieg über Minotaurus im kretischen Labyrinth, durch die Befreiung Athens also von dem regelmäßigen Tribut an König Minos von Kreta – einem Tribut, der regelmäßig aus nichts weniger als sieben Jungfrauen und Jünglingen bestand –, dieser allgemeinen Verehrung durfte sich auch Ariadne, Tochter des Königs Minos von Kreta und der Pasiphaë, erfreuen, die der Stärke und Tapferkeit des Theseus durch ihre List aufgeholfen hatte.

Half Ariadne dem Theseus etwa deshalb, das Ungetüm Minotaurus zu besiegen, weil sie Mitleid mit den Jünglingen und Jungfrauen hatte, «die ... von Athen dem Könige Kretas zugesandt werden mußten» und des Minotaurus «Speise waren»?[1] Nicht gar, «denn» – ich folge den Worten Gustav Schwabs – «als Theseus auf Kreta gelandet und vor König Minos erschienen war, zog seine Schönheit und Heldenjugend die Augen der reizenden Königstochter auf sich. Sie gestand ihm ihre Zuneigung.»[2]

Aber Ariadne war dem Gott Dionysos zur Braut bestimmt. Ariadne «händigte» Theseus «ein Knäuel Faden ein, dessen Ende er am Eingang des Labyrinths» festknüpfte «und den er während des Hinschreitens durch die verwirrenden Irrgänge in der Hand ablaufen» ließ.[3] «Zugleich übergab sie» Theseus «ein gefeites Schwert, womit er dieses Ungeheuer» Minotaurus «töten» konnte.[4] Aber Minotaurus, von Pasiphaë, der Gemahlin des Minos und Mutter Ariadnes, aus sündigem Umgang mit einem Stier geboren, war Ariadnes Halbbruder. Ariadne gab Theseus den Rat, «den Boden der kretischen Schiffe» zu «zerhauen», um Minos «das Nachsetzen unmöglich» zu machen.[5]

Aber Minos war der König, und er war Ariadnes Vater.[6] Theseus «entfloh» «in Begleitung Ariadnes» «und kehrte mit» ihr «sorglos auf der Insel Dia ein, die später Naxos genannt wurde. Da erschien ihm der Gott» Dionysos «im Traum ... und erklärte ihm alles Unheil, wenn Theseus die Geliebte nicht ihm überlassen würde.»[7]

Diese schöne Geschichte von verschiedener Verräterei erlegt dem wertungsfreudigen Verstand der Neuzeit, der Namen zu finden weiß wie: Liebesverrat, Familienverrat, Staatsverrat, allerlei Fragen auf.

Der Verrat Ariadnes aus Liebe zu Theseus wäre also: Verrat an Dionysos, dem vorbestimmten Bräutigam; Verrat an Minotaurus, dem ungeheuerlichen Halbbruder; Verrat an Minos, dem Vater *und* König. «Man kann heiklen, verwirrenden Zusammenhang auf einen einfachen Kern hin durchsichtig machen», sagt Peter von Matt. «Dieser Kern besteht in einem Grundsatz, der ebenso spontan für wahr genommen wird, wie er außerhalb des spontanen Urteilens, beim langsamen, folgerichtigen Nachdenken, zweifelhaft erscheinen muß: Der Grundsatz lautet: *Wer liebt, hat recht.*»[8]

Wenn selbst es gelänge, zwischen Verrat aus Liebe, begangen am *Vater* Ariadnes, Minos, und Verrat am *König* Minos zu unterscheiden, der Verrat am Staate war – sollte man den Verrat am Staate etwa auch als Verrat aus Liebe verstehen? Wäre aber der Staatsverrat säuberlich abzutrennen und würde zur Verworfenheit erklärt – nach welchem Maß? Gebührte Kreta und König Minos ein höherer Wert als Athen und König Ägeus?

Und Theseus, der Ariadne aus Angst verriet auf der Insel Naxos. «Theseus war ... in Götterfurcht erzogen worden; er scheute den Zorn des Gottes» Dionysos und «ließ die wehklagende Königstochter» *deshalb* «auf einer einsamen Insel zurück ...»[9]

Die Wertung dessen, was gemeinhin Verrat genannt wird, bedarf eines übergeordneten Maßes.

Auf dem «langen Weg zum 20. Juli»[10] trugen die Männer, die danach trachteten, den «infernalischen Schubiack»[11] namens Hitler beiseite zu räumen, einen tiefen inneren Konflikt aus zwischen Gehorsam und Gewissen. Thomas Mann hat über die «blutigen Halunken»[12] des Naziregimes den Satz gesagt: «Gemeinere Hochverräter an ihrem Lande gab es nie ...»[13] Von Claus Schenk Graf von Stauffenberg ist ein Satz überliefert aus der Zeit kurz vor dem 20. Juli 1944: «Es ist Zeit, daß jetzt etwas getan wird. Derjenige allerdings, der etwas zu tun wagt, muß sich bewußt sein, daß er wohl als Verräter in die deutsche Geschichte eingehen wird. Unterläßt er jedoch die Tat, dann wäre er ein Verräter vor seinem eigenen Gewissen.»[14] Roland Freisler, der Präsident des nazistischen Volksgerichtshofes, nannte die Männer des 20. Juli Verräter.

Der Gleichklang des Wortes in Stauffenbergs Satz, «daß er wohl als Verräter in die deutsche Geschichte eingehen» werde, und in den Ausbrüchen Freislers, die Beschuldigten seien Verräter, legt deutlicher das Bedürfnis nahe nach einem übergeordneten Maß, dem das Wort Verrat unterworfen werden kann. Das Regime der «gemeinsten Hochverräter an ihrem Lande», das Naziregime, verschrie die Aufständischen als Verräter. Noch nach dem Ende der Nazidiktatur wurden die Männer des 20. Juli nicht selten Verräter, ihre Kinder Verräterkinder tituliert.

Stauffenberg selbst hatte sich *zunächst* in diesem Wertungssystem bewegt. Zunächst! Schon im nächsten Satz sagte er: Die Unterlassung der Tat wäre Verrat am eigenen *Gewissen.* «Aufstand des Gewissens» hat die Geschichtsschreibung nach dem Krieg die Tat genannt.[15]

Das Gewissen war bestimmt von der Würde des Menschen, von der Gerechtigkeit. So mag das Maß heißen, an dem zu messen war – und ist. Das Wertungssystem der Nazidiktatur war verlassen, den – mit Thomas Mann zu reden – nazistischen «Staatsschurken, die nichts als Lüge, Gewalt und Verbrechen kannten»[16], war das Wort genommen, mit dem sie die Aufständischen belegten.

Jener Freisler war im I. Weltkrieg, 1915, in russische Kriegsgefangenschaft geraten und mehrere Jahre in Sibirien festgehalten worden. Nach dem Putsch der Bolschewiki wurde er bolschewistischer Kommissar und kehrte als überzeugter Kommunist 1920 nach Deutschland zurück. 1925 trat er der NSDAP bei, und im März 1933 begann seine Karriere als sogenannter «Rechtswahrer» im preußischen Innenministerium. Von Hitler ist eine Äußerung auf einer Lagebesprechung nach dem 20. Juli überliefert, in der es von den Verhafteten heißt: «... diese Kreaturen, ... dieses Gesindel ...» «Die müssen sofort hängen ohne jedes Erbarmen ... Aber der Freisler wird das schon machen. Das ist unser Wyschinskij.»[17] Andrej Wyschinskij war Stalins

Generalstaatsanwalt seit 1933 und Ankläger bei den Moskauer Schauprozessen. Während des Prozesses gegen Nikolaj Bucharin und andere hatte Wyschinskij am 11. März 1938 gesagt: «Unser ganzes Land, jung und alt, erwartet und fordert das eine: die Verräter und Spione, die unsere Heimat dem Feinde verschachern wollten, müssen wie räudige Hunde erschossen werden! Unser Volk fordert das eine: Zertretet das verfluchte Otterngezücht!»[18] Freisler, der sich zuerst der kommunistischen Diktatur der Bolschewiki, dann der nazistischen Diktatur Hitlers verschrieben hatte, titulierte die Angeklagten vor dem Nazi-Volksgerichtshof als «Schweine».

Die Koinzidenz in der Diktion Wyschinskijs, Hitlers und Freislers!

Die Wesensmerkmale der Demokratie – bürgerliche Grundrechte, Gewaltenteilung, strenge Bindung exekutiver Handlungen an Gesetze – waren der kommunistischen und der nazistischen Diktatur Objekt des Hasses und des Hohns. Die Bolschewiki und die Nazis errichteten die antidemokratische Einparteienherrschaft. Am Anfang der bolschewistischen Diktatur stand Lenin, und Stalin vollendete sie.

«Stalin liebte nichts so wie die Macht – die volle, uneingeschränkte, die durch die Liebe von Millionen geheiligte Macht. Wem ist das Unmögliche sonst gelungen: Millionen von Mitbürgern ermorden und verschleppen zu lassen und dafür die blinde Liebe von Millionen von Mitbürgern zu empfangen? ... das war in Stalins Verständnis die ... Wechselbeziehung zwischen Diktatur und Demokratie.»[19] Freilich, wenn Wyschinskij von den Angeklagten der Moskauer Schauprozesse verlangte, sie sollten sich, wie es ihnen unter der Folter eingebleut worden war, öffentlich zu ihrem «Treubruch und Verrat» bekennen,[20] so begehrte er dieses Bekenntnis von Lenins und Stalins treuesten kommunistischen Mitstreitern, die dem pathologischen Mißtrauen des Diktators Stalin zum Opfer gefallen, die der Diktator zum Exempel für Gefolgsleute seines Widersachers Trotzki ausgegeben hatte und die in ihrem kommunistischen Selbstverständnis niemals Verräter an Stalin waren. Die Angeklagten waren selber demokratiefeindliche Bolschewiki. Stalin räumte unter *seinesgleichen* auf. Auch unter Kriminellen hat das Wort Verrat seine schwerwiegende Wichtigkeit und wird als Waffe gegen eingebildete oder wirkliche Konkurrenten der Macht benutzt.

Hat nicht auch Hitler im Jahre 1934 seinen ältesten und engsten Freund, den Chef einer Armee von «Straßenkämpfern, Schlägern und Raufbolden»[21], Ernst Röhm, und dessen nächste Kumpane unter dem Vorwurf des Verrats ermorden lassen, weil diese SA-Führer mit ihrem Plan, die SA zu einem selbständigen Heer der «permanenten Revolution» auszubauen, zu einer Gefahr für Hitlers persönliches Regime geworden waren?

Gemessen an dem Maß, das uns die Demokratie liefert, waren dies alles bloß Bandenkämpfe unter Feinden der Demokratie. Selbst die Konkurrenz zwischen Stalin und Hitler mag unter diesem Aspekt als ein Kampf zwischen zwei Bandenführern gelten, deren Krieg Millionen vollkommen Unbeteiligter (und Millionen jeweiliger Anhänger) schauerlich zum Opfer fielen. Die Schuld des Verrats trifft diejenigen, die die Demokratie zerstören oder unterdrücken.

Die Namen der fatalen westlichen Darsteller intellektueller Helfer-Rollen in den großen Diktatur-Tragödien des 20. Jahrhunderts, die ihre prokommunistischen oder pronazistischen Texte aus Dummheit oder Feigheit gesprochen haben, liest man in den Programmzetteln der blutigen Stücke mit Schaudern. Ihnen, den intellektuellen Parteigängern dieser oder jener Diktatur, die aus blindem Haß auf die Demokratie oder aus dem Unwillen des Herzens in äffischer Anmaßung ihren Part gespielt haben, «... als sei es das Natürlichste von der Welt, sich in katastrophalen Situationen unwürdig zu benehmen ...»,[22] ihnen kann «Verblendung, Unterwerfungssucht oder nihilistische Bewunderung der Gewalt»[23] nicht so leicht nachgesehen werden.

Ich erinnere an die Worte von Albert Camus: «Die totalitäre Gesellschaft – ob links oder rechts – wird durch die Einheitspartei gekennzeichnet ... Deshalb ist die Gesellschaft, zu deren Institutionen die Vielheit der Parteien gehört, die einzige der Entwicklung ... fähige Gesellschaft und damit die einzige, der unsere zugleich kritische und tätige Anteilnahme gelten muß.»[24]

Es nimmt nicht wunder, daß die reaktionären kommunistischen Regimes größtenteils zusammengebrochen sind. Lüge und Verrat gehören zum Wesen totalitärer Staaten. Wie soll eine Ordnung Bestand haben, in der es zur Tugend erklärt wird, daß der Vater den Sohn, der Bruder den Bruder und der Mann die Frau an die Diktatur verrät?[25]

Eine Ordnung, in der eine Bedingung menschlicher Gemeinschaft, das *Vertrauen*, zur lächerlichen Schimäre degradiert wird?

Der DDR-Staatssicherheitsdienst war als «Schild und Schwert der Partei», der SED, definiert und stellte *das* Machtinstrument dar, das die Herrschaft der Einheitspartei zu bewahren und Andersdenkende zu unterdrücken hatte. Diese Vereinigung befand, die geeignetsten Zuträger seien Berufskollegen, Freunde und Verwandte eines Verdächtigen. Die berufsmäßigen Büttel der Diktatur und ihre Hobby-Schnüffler, die Spitzel, haben mehrfachen Verrat begangen: Verrat an der Idee einer freien, friedlichen Gesellschaft, Verrat an der Freiheit der Andersdenkenden und Verrat an ihren Nächsten.

Spinoza hat gesagt: «Friede ist nicht Abwesenheit von Krieg. Friede ist eine Tugend, eine Geisteshaltung, eine Neigung zu Güte, Vertrauen, Gerechtigkeit.»

Die Suche nach einem Maß, das zu bewerten gestattet, was Verrat genannt wird, mag den einen zur Berufung auf religiöse Gebote, den anderen zur Berufung auf überstaatliche, unveräußerliche Freiheitsrechte führen – das Recht auf Gleichheit, Unversehrtheit, Eigentum, Meinungs- und Glaubensfreiheit, Widerstand gegen Unterdrückung. Eines scheint mir immerhin gewiß zu sein: daß es ein Maß gibt und daß ihm der Vorrang einzuräumen ist vor den Beliebigkeiten politischer Opportunität.

(1997)

1 Gustav Schwab, Die schönsten Sagen des klassischen Altertums, Stuttgart 1986, S. 82.

2 Ebd., S. 236.

3 Ebd.

4 Ebd., S. 237.

5 Ebd.

6 Auf Ariadnes «vielfachen Verrat» hat mich Joachim Köhler: Friedrich Nietzsche und Cosima Wagner. Die Schule der Unterwerfung, Berlin 1996, S. 7–8, aufmerksam gemacht.

7 Schwab, Die schönsten Sagen (wie Anm. 1), S. 237.

8 Peter von Matt, Liebesverrat. Die Treulosen in der Literatur, München 1994, S. 21.

9 Schwab, Die schönsten Sagen (wie Anm. 1), S. 237.
10 Joachim Fest, Staatsstreich. Der lange Weg zum 20. Juli, Berlin 1994.
11 Thomas Mann, Deutsche Hörer! Radiosendungen nach Deutschland aus den Jahren 1940–1945, Frankfurt / M. 1987, S. 21.
12 Ebd., S. 153.
13 Ebd., S. 140.
14 Zitiert nach Harald Steffahn, Claus Schenk Graf von Stauffenberg, Reinbek 1994, S. 106.
15 Zitiert nach Fest, Staatsstreich (wie Anm. 10), S. 340.
16 Thomas Mann, Deutsche Hörer! (wie Anm. 11), S. 103.
17 Helmut Heiber (Hg.), Hitlers Lagebesprechungen. Die Protokollfragmente seiner militärischen Konferenzen 1942–1945, Stuttgart 1962, S. 588.
18 Zitiert nach Dimitri Wolkogonow, Stalin. Triumph und Tragödie. Ein politisches Porträt, Düsseldorf 1989, S.390.
19 Ebd., S. 281.
20 Ebd., S. 391.
21 Robert Wistrich, Wer war wer im Dritten Reich, München 1983, S. 224.
22 Hannah Arendt, Eichmann in Jerusalem. Ein Bericht von der Banalität des Bösen, Reinbek 1983, S. 169.
23 Albert Camus, Verteidigung der Freiheit. Politische Essays, Reinbek 1993, S. 116.
24 Ebd., S. 110.
25 Ebd., S. 108.

Leipzig, «Auerbachs Keller»: «90 Jahre Rowohlt, 90. Geburtstag von HMLR»

Ich hüte einen Schatz. Es ist ein Buch mit einer Widmung von Heinrich-Maria Ledig-Rowohlt. Als ich im September 1990 für einige Tage Gast von Ledig und Jane in ihrem Chateau in Lavigny sein durfte, hat Ledig mir das Buch geschenkt. Es war gerade erschienen, und Ledig schrieb: «Für den lieben Freund Für Jochen von seinem Exverleger und Landsmann, HMLR Lavigny, September 1990.» (Ledig schrieb «Exverleger», weil er sich 1983 von der aktiven Verlagsarbeit verabschiedet hatte). Das Buch mit Ledigs Widmung heißt «Reimtopf», von Roald Dahl, «Mit vielen Bildern von Quentin Blake», «Deutsch nachgereimt von H. M. Ledig-Rowohlt.»

Es gibt manchen, der den Rowohlt Verlag und Ledig besser kennt als ich, und der sich rühmen darf, von Ledig als Freund angesehen worden zu sein.

Wieso also habe ich es mir erlaubt, der Einladung von Nikolaus Hansen zu folgen und an diesem Doppelgeburtstag «90 Jahre Rowohlt, 90. Geburtstag von HMLR» vom Verlag und von Ledig zu reden? Ermutigt hat mich Ledigs Widmungswort vom «Landsmann». «Landsmann»? Der geborene Leipziger Sachse Ledig wußte, daß ich im Sächsischen geboren bin, im Vogtland nämlich, in dem zwar von alters her nicht Sächsisch, sondern Ostfränkisch gesprochen, das aber im 16. Jahrhundert zum größten Teil in den sächsischen Kurstaat eingegliedert wurde. Und im sächsischen Vogtland spricht man demzufolge außer Ostfränkisch die sächsische Umgangssprache, die so unverkennbar ist, daß ein Leipziger einen sächsischen Vogtländer und eingegliederten Kursachsen ohne weiteres als «Landsmann» anerkennen kann.

Es kommt aber noch etwas Ermutigendes hinzu: Ich bin nämlich auch ein kleiner Leipziger. In Ledigs Worten könnten Sie jetzt fragen: «Wie das?!» – Ich habe in Leipzig studiert. In Leipzig habe ich meine passive und aktive Kenntnis der sächsischen Umgangssprache vervollkommnet. Und vielleicht waren es eben die zwar verborgenen, aber untrüglichen Reste dieser Sprache, an denen Ledig mich als Landsmann ausmachen konnte. Soll ich sagen, daß ich auch etwas zart Sächsisches in der Aussprache von Ledig wahrgenommen habe? Ein Sachse kann im Laufe seines Lebens sonstwo heimisch werden, in Berlin oder in Stuttgart oder in Hamburg oder im Englischen und im Amerikanischen – eine kaum wägbare Schattierung des «a» und des «o», eine geheimnisvolle Bewegung der Sprechmelodie nageln den Sachsen fest. Die Prägung geschieht im frühesten Alter und haftet bis ans Ende.

Es gibt ein Wort, das nur noch historischen Sinn zu besitzen scheint, das Wort «Universalgelehrter». Es meint einen vielumfassenden Geist – einen, der auf vielen Gebieten zu höchsten Leistungen befähigt ist. Universalgelehrte kommen angesichts des neuzeitlichen Zwanges zur Spezialisierung nur noch selten vor. Warum soll ich mir das Wort «Universalgelehrter» nicht aneignen und es nach meinem Wunsch verändern? Das neue Wort hieße dann «Universalverleger». Universalverleger kommen nur selten vor. Einer von ihnen war Ledig.

«Die Pike ist der Spieß, mit dem der Soldat früher als erstes umzugehen lernte.»[1] Von der Pike auf dienen, lernen, sich hocharbeiten – das hat Ledig getan. Es fing mit dem Buchhandel an. «Was es mit den Büchern und ihren Lesern auf sich hat», sagte Ledig, «erfuhr ich während meiner Lehrjahre in Berliner, Kölner und Londoner Buchhandlungen.»[2] Wer wüßte nicht, daß Ledig ein enger Freund bekannter und weniger bekannter Buchhändler war? Wer erinnert sich nicht, daß Buchhändler stets zu den Gästen von Rowohlt-Festen gehörten – und gehören?

Es muß gleich jetzt im selben Sinn auch von den Verlagsvertretern die Rede sein. Das exemplarische Beispiel für die jahrzehntelange Freundschaft zwischen Verleger und Verlagsvertreter beschreibt Hans Jordan in seiner Schrift «Meine Erinnerungen an Heinz-Maria Ledig-

Rowohlt 1938–1992».[3] Zu Jordans 50. Geburtstag schrieb Ledig: «Stets war er rührig, rastlos tätig, / – wenn nicht grad Frontschwein – für den Ledig. / Auf Kohlenzügen reiste Jordan / Und kam doch stets am rechten Ort an, / Verkloppte munter Holzpapiernes, / Was nur sehr schwer noch zu kapiern is.»[4]

1931, in Berlin, als Ledig mit 23 Jahren Angestellter des Rowohlt Verlages wurde, gab ihm Ernst Rowohlt «zunächst die Absatzstatistik und dann die Rezensionsabteilung, die ursprünglich Fallada geleitet hatte»[5]. «Fünf Mark täglich waren» Ledigs «Lohn (Sonn- und Feiertage zählten nicht)».[6]

Sie kennen die Geschichte: Nach dem Berufsverbot für Ernst Rowohlt 1938, nach der Auswanderung der Lektoren Paul Mayer und Franz Hessel, nach dem Verbot eines großen Teils der Rowohlt-Autoren und nachdem Ernst Rowohlt 1939 nach Brasilien verschwunden war, «brachte» Ledig 1940 «den Verlag als Tochtergesellschaft der Deutschen Verlags-Anstalt [Stuttgart] in Sicherheit»[7] und übernahm die Leitung. Ende 1940 war Ernst Rowohlt aus Brasilien zurückgekehrt und sofort zum Militärdienst eingezogen worden. Auch Ledig mußte «den Stahlhelm aufsetzen und kehrte ... als Schwerverwundeter [1940] von der Ostfront zurück»[8]. 1943 wurde der Verlag in Stuttgart von dem Hitler-Intimus und Reichsleiter der NSDAP, Max Amann, kurzerhand verboten. Amann, schon seit 1922 Direktor des Zentralverlages der NSDAP (des Franz-Eher-Verlages), Vorstandsvorsitzender des Deutschen Zeitungs-Verlages seit 1933, Präsident der Reichspressekammer, wurde nach dem Krieg als «Hauptschuldiger» eingestuft und zu 10 Jahren Arbeitslager verurteilt. 1945 erhielt Ledig von den Amerikanern die Lizenz, den Rowohlt Verlag in Stuttgart wiederzueröffnen. 1946 erhielt Ernst Rowohlt in Hamburg die englische Verlagslizenz. Beide Unternehmen wurden nach der Übersiedlung des Stuttgarter Hauses nach Hamburg zusammengelegt. Welch eine sympathische Ironie der Geschichte, daß der neuerstandene Rowohlt Verlag 15 Jahre nach der Schließung durch Amann und just ein Jahr nach dem Tod dieses Reichsleiters, nämlich 1958, das 50-jährige Verlagsjubiläum feiern konnte.

Der Universalverleger Ledig! Ledig, der von der Pike auf alles gelernt, der lange «im Schatten seines übermächtigen ... Vaters» gestanden hatte, war es nach dem Krieg gelungen, «den von den Nazis zerstörten Verlag ... mit grenzenloser Energie und der Hilfe eines eingeschworenen Teams von Lektoren, Herstellern, von Vertriebsfachleuten und engagierten Vertretern» wieder aufzubauen. So sagt es Michael Naumann. Und weiter: Ledigs Idee, «dem ... Land ... so schnell und so billig wie möglich Trost und Glück der modernen westlichen Dichtung anzubieten, nahm [1946] erste Gestalt an im Zeitungsrotationsdruck»; Rowohlt-Rotations-Romane (RO-RO-RO) waren geboren, und dies war das Vorspiel für Ledigs «geniale Idee, in Deutschland das Taschenbuch einzuführen»[9]. 1953 wurde der Rowohlt Taschenbuch Verlag gegründet.

Unbedingt muß schon hier gesagt werden, daß unter Ledigs Ägide die von Ernst Rowohlt in den zwanziger Jahren begründete «amerikanische Tradition» des Verlages zur Blüte gelangt ist und «die bedeutenden Texte Frankreichs in deutscher Übersetzung nach 1945 bei Rowohlt erschienen sind»[10].

Wie war denn Leipzig, als Ernst Rowohlt hier seinen ersten Verlag gegründet und Ledig das Licht Sachsens erblickt hatte? Walter Hasenclever beschrieb den Eindruck, den die Stadt 1910 auf ihn machte, in seinem Roman «Irrtum und Leidenschaft. Erziehung durch Frauen» so: «Ich werde nie den Geruch von Leipzig vergessen. Dies Gemisch von chemischen Produkten, Schornsteinen und feuchter Luft. Die Metropole des deutschen Buchhandels war eine trübe, spießbürgerliche Stadt mit finstern Bierlokalen, wo Skat gespielt und an Stammtischen debattiert wurde. In endloser Reihenfolge erstreckten sich einförmige Straßen bis in die Vororte hinaus. Im Gewandhaus hob der große Nikisch seinen Stab. Das Völkerschlachtdenkmal lag wie ein dumpfer Alpdruck auf diesem Steinbaukasten, den die Melancholie des sächsischen Humors umwölkte.[11] Aber es war auch die Stadt – so Hasenclever –, «wo Gedichte entstanden, Metaphysik die Köpfe erhitzte; wo junge Pathetiker [die Expressionisten] den Flügelschlag der Muse verspürten, während im Nebenzimmer der Messebesucher sich am Busen der Venus schadlos hielt»[12]. Vor allem aber war es die Stadt der Universität, einer der ältesten in Deutschland, wo zum Beispiel Kurt Wolff, Walter Hasenclever und Kurt Pinthus einander begegneten. Und Ernst Rowohlt traf in Leipzig alle drei.

Und 1956, als ich zur Fortsetzung meiner germanistischen Studien nach Leipzig kam, wie war die Stadt da? Der Geruch von «chemischen Produkten, Schornsteinen und feuchter Luft» war womöglich noch ätzender geworden, besonders wohl deshalb, weil die Leipziger ihre Kachelöfen mit Briketts aus Braunkohle befeuern mußten. Trübe war die Stadt allemal, denn die ein- oder vielförmigen Straßen wiesen unzählige Trümmergrundstücke auf. Das Gewandhausorchester gehorchte nunmehr in der Kongreßhalle Franz Konwitschny, und der Thomanerchor hatte seinen Kantor Günther Ramin seit 1939. Aber war Leipzig auch die Stadt, «wo junge Pathetiker den Flügelschlag der Muse verspürten»? Zumindest gab es das Literaturinstitut «Johannes R. Becher», benannt nach jenem – wie Walther Kiaulehn Becher genannt hat – «Kulturpapst der Kommunisten»[13], der einst als Expressionist zu den Autoren des Leipziger Rowohlt Verlages gehört hatte. An diesem Literaturinstitut lehrte seit 1955 Georg Maurer, dem Meyers Neues DDR-Lexikon aus dem «VEB Bibliographisches Institut Leipzig» bescheinigte, er habe «wesentlich zur Formung zahlreicher junger sozialistischer Lyriker beigetragen». Sarah Kirsch, die sich von 1963–1965 am Institut aufgehalten hat, beschreibt diese Zeit in biographischen Angaben mit der Formel: «Studium des Literaturinstituts Leipzig»[14], womit aber nichts gegen Maurer gesagt sein soll. Wie damals zu hören war, hielten sich Messebesucher wieder am Busen der Venus schadlos. Venus stand gelegentlich – und in späteren Jahren immer öfter – in doppeltem Sold. Ihr eigentlicher Freier war der ostdeutsche Staatssicherheitsdienst, dem sie Namen und Geflüster vornehmlich ihrer westlichen Kunden zutrug.

Leipzig war jetzt die Metropole des DDR-Buchhandels. Vor allem aber war Leipzig auch 1956 die Stadt der Universität, die seit 1952 den Namen von Karl Marx trug. Neben der Alten Universität stand noch die Universitätskirche, die eigentlich Paulinerkirche hieß und 1545 von Martin Luther geweiht worden war. 1968 wurde sie auf Geheiß des gebürtigen Leipzigers Walter Ulbricht gesprengt. Sieben Jahre vorher war WU, wie wir ihn nannten, als Mauer-Bauer hervorgetreten und hieß fortan der Erfinder des Arbeiter- und Mauernstaates. Jener Ulbricht war es auch, der das Sächsische in Berlin und anderswo in Verruf gebracht hatte, weil der Stalinismus auf deutschem

Boden durch seinen Mund sächsisch sprach. Ganz abgesehen von Ulbrichts ständigem Kampf mit Fremdwörtern – er wetterte schrill gegen «Gabda-lismus» und «Imbra-lismus». Zwar war das Gebäude der Alten Universität am Karl-Marx-Platz (früher Augustus-Platz, später Augustus-Platz) zu großen Teilen eine Ruine, aber manche Räume hielten noch zusammen. Zu legendärem Ruf hat es der Hörsaal 40 gebracht. Theodor Frings öffnete uns dort den Blick auf «Antike und Christentum an der Wiege der deutschen Sprache», Hermann August Korff klammerte sich an den «Geist der Goethezeit», Ernst Bloch beschwor den «Geist der Utopie» und Hans Mayer schritt die Horizonte der «‹Weltliteratur› als Geschichte der Nationalliteraturen»[15] ab. Gelegentlich lud Mayer westliche Autoren zu Lesungen in den Hörsaal 40. Anfang Herbst 1956 wurde an der Universität manchmal noch ein hagerer blonder Mann gesehen, der Uwe Johnson hieß.

Es mag sonderbar anmuten, daß Ernst Rowohlt 1957 (oder 1959, wie Walther Kiaulehn sagt), wenige Jahre nach der Niederschlagung des Arbeiteraufstandes vom 17. Juni 1953 in Berlin, nur kurz nach der Niederschlagung des ungarischen Aufstandes im Herbst 1956, das Ehrendoktorat der Philosophischen Fakultät der Karl-Marx-Universität Leipzig angenommen hat. Ich erinnere mich gut an die Bestürzung im Leipziger Freundeskreis über den Einmarsch der sowjetischen Panzertruppen in Budapest. Paul Mayer hat gesagt: «Zu seinem [Ernst Rowohlts] unpolitischen Wesen gehörte es, daß er Auszeichnungen entgegennahm, woher immer sie kamen: das Ehrendoktorat der Universität Leipzig und das Große Bundesverdienstkreuz der Bundesrepublik.» Er glaubte, «die Menschen könnten einander nicht mehr hassen, wenn sie sich kennengelernt und ausgesprochen hätten».[16] Und weiter Paul Mayer: «Mag [Ernst] Rowohlt auch gegenüber dem Osten Sympathien gezeigt haben, die vielen seiner Landsleute und Zeitgenossen als zu weitgehend erschienen: in seiner Ablehnung der ‹gelenkten Literatur› fand er auch gegenüber seinen Freunden in der DDR entschiedene und überzeugende Worte der Kritik».[17] Diese Kritik erfüllte das Wort von Paul Hasenclever, dem Bruder Walter Hasenclevers, der den Rowohlt Verlag in den zwanziger Jahren «das Gesicht mit den hundert Augen» genannt hatte.[18]

Es fällt allerdings schwer, sich Ledig mit dem Ehrendoktorhut einer

Marx-Universität vorzustellen. Eher ist Ledig mit dem Federschmuck eines Indianerhäuptlings im Blick, angetan mit einem violetten Smoking, und – Zigarre im Mund – einen Purzelbaum schlagend.

Und doch: Auch Ledig wurde schließlich Besitzer eines Ehrenhutes. Eine ganz andere Universität, die Washington University in St. Louis, verlieh ihm 1975 den Degree of Doctor of Human Letters für seine Verdienste um die amerikanische Literatur.

Es ist gerade etwas mehr als 20 Jahre her, daß ich Ledig Mitte Dezember 1977 in Reinbek kennenlernte. Da war er beinahe 70, und ich war 42. In seinem Vorzimmer die getreue BB, Ledig in seinem – für mich – riesigen Verlagsbüro, ich in großer Unsicherheit. Ich fand mich vor einem legendären Mann und wußte nicht, wie ich ihm begegnen sollte. Ledig, der Zigarrenraucher, hatte längst gewußt, daß ich es liebte, die Tabakspfeife zu rauchen. Ich dankte ihm für eine kostbare Dunhill-Pfeife, die er mir durch Matthias Wegner hatte überreichen lassen. Unser erstes Gespräch. Ist es so gewesen oder bilde ich es mir nur ein, daß Ledig mich nach meinem Vater fragte, den ich verlor, als ich 7 Jahre alt war? Bilde ich es mir nur ein oder ist es so gewesen, daß mich seine Worte auf der Stelle eine Geste freundschaftlicher Zuneigung wahrnehmen ließen?

8 Monate vorher, im Frühjahr 1977, als ich noch in Ostberlin wohnte, hatte es geheißen, Ledig werde mich besuchen. Diese Reise mochte er sich dann doch nicht zumuten. Es kam Matthias Wegner, damals Geschäftsführer seit 1969 und Leiter des Taschenbuchverlages seit 1971, der mir die Grüße Ledigs überbrachte und – meinen ersten Vertrag mit Rowohlt; dazu – nicht zu vergessen – einen DM-Vorschuß, der, in Ostmark umgerubelt, für Monate meine arbeitslose Existenz sicherte.

Natürlich wußte ich Ende 1977, was der Rowohlt Verlag bedeutet. Um nur einiges zu nennen: Frühe rororo-Bände, später Taschenbücher von Rowohlt, «rowohlts deutsche enzyklopädie», «rowohlts monographien», «rororo aktuell», «das neue buch», «rororo rotfuchs», das «Literatur Magazin» – und selbstredend die Titel des Buchverlags. Von Rowohlt-Büchern war auf diesem oder jenem Weg die Kunde nach Ostberlin gedrungen, auch von Clausen & Bosse. 1975 kam ich zum ersten Mal in direkte Berührung mit Rowohlt. Nicolas Born, den ich 1974 in Ostberlin kennengelernt hatte und der seinerzeit Mitherausgeber des «Literatur-Magazin» war, verhalf 1975 meinem ersten Text in der Bundesrepublik ans Licht – im «Literatur-Magazin» 3. Der Text hieß ausgerechnet «Lebenszeichen», und ich war 40.

1977 lernte ich auch Hans Georg Heepe kennen, der ab 1961 im Theater Verlag arbeitete und seit 1969 stellvertretender Verlagsleiter des Buchverlags ist. Heepe – jahrzehntelang der vertrauteste Mitarbeiter von Ledig. Was ich Heepe als einem Lektor verdanke, steht auf einem Extrablatt, das ich in die Geburtstagsmappe zu seinem 60. Geburtstag 1996 gelegt habe.

Ledig, der doch beileibe kein ruhiger Mann war, hat mir ein Gefühl tiefer, weiträumiger Ruhe gegeben. Es kam aus seinem lebenserfahrenen Verständnis für jegliches Befinden, aus seiner Geduld, die in seinem eigenen Leben oft auf die härteste Probe gestellt wurde, aus seinem Vertrauen in meine Schreibarbeit, aus seiner – zwar melancholischen – Zuversicht. Ledig, der selber oft unsicher war, hat mir Sicherheit gegeben. Er war den Dingen des Tages und des Verlages ganz nahe – und ihnen manchmal zugleich enthoben – heiter oder nachdenklich.

Ledig liebte keine Konventionen, aber natürlich beherrschte er sie, und er liebte es, Konventionen zu sprengen. So daß die Sprengung der Konvention vielleicht selbst schon zu einer allerdings beliebten – rein Ledigschen! – Konvention sich entwickelte. Und das aus Liebe zur Freiheit des Verhaltens, des eigenen und des Verhaltens anderer. Unvergeßlich, wie er formal-korrekte Rahmen des Gesellschaftlichen gelegentlich – wenn es ihm zuviel geworden war – durchbrach mit raumgreifender Stimme und wahrhaft saturnischem Gelächter, ungezügelt – befreiend eben. Das Anarchische, das Riskante – war es nicht auch ein Geheimnis seines verlegerischen Erfolges? Es öffnete ihm zum Exempel die Herzen der – doch zumeist anarchisch gestimmten – Autoren.

Darf ich wiederholen, was ich vor fast genau 6 Jahren auf der Gedenkfeier zu Ehren Ledigs im Reinbeker Schloß gesagt habe? «Meine Erinnerungen an Ledig führen mich zur ursprünglichen Bedeutung des Wortes ‹Tugend›. Sie meint: Vortrefflichkeit, und sie ist nicht nur eine Disposition des Willens, sondern sie ist der Person und ihrem Sein eigen. Diese Vortrefflichkeit bedeutet das Vermögen, etwas zu leisten, und den Wert, der einen Menschen zu dem macht, was er sein soll (dies letztere also als das Gegenteil zum bloß Herkömmlichen.»)[19]

Zum 12. März 1978, dem 70. Geburtstag von Ledig, schrieb Siegfried Unseld: «Mein lieber Heinz, meine Zuneigung gehört Dir, weil Du als Verleger das Höchste geschaffen hast: nicht nur bewundert sondern auch geliebt zu werden.»

1983, als Ledig und Harry Rowohlt den Rowohlt Verlag dem Hause Holtzbrinck anvertraut hatten, schied Ledig aus der aktiven Verlagsarbeit aus, und Matthias Wegner übernahm die verlegerische Leitung auch des Buchverlags.[20] Aber Ledig setzte sich mit seinen 75 Jahren keineswegs zur Ruhe. Er selbst hat es 1983 so ausgedrückt: «Daß ich mich bis zuletzt mit an Bord fühlen werde, hängt mit der Magie des Buches zusammen. Über alle neuen Medien hinweg wird es diese seine Magie ewig ausstrahlen. So beklage ich nur mit Vladimir Nabokov, ‹that there are no readers in paradise.›[21] Als Mitglied des Beirats begleitete er unermüdlich die Verlagsarbeit, die ab 1985 unter der verlegerischen Leitung von Michael Naumann stand. In Michael Naumann sah Ledig seinen verlegerischen Erben.[22] «Mit Monika Schoeller und Dieter von Holtzbrinck, den neuen Eignern ... war» Ledig «eng befreundet, und mit ihrem major domus, Werner Schoenicke, verband ihn eine lange, gerne erinnerte gemeinsame Geschichte».[23] Bis zu seinem Tod im Februar 1992 in Neu Delhi blieb Ledig – in der Rolle des elder statesman – von Herzen Verleger; der Aufenthalt in Neu Delhi galt der Teilnahme an einem Internationalen Verlegerkongreß.

Ledig sprach vom Rowohlt Verlag gerne als von einem Schiff. Das große Verlags-Schiff ins 10. Verlags-Jahrzehnt zu führen, steht Nikolaus Hansen auf der Brücke. An seiner Seite sehen wir Helmut Dähne, den kaufmännischen Schiffsführer, der seit 1984 die pekuniäre Übersicht behält; er behielt sie zuerst mit Matthias Wegner, dann mit Michael Naumann.

Man möge mir verzeihen, daß ich angesichts der kurz bemessenen Redezeit nicht von allen «Rowohltianern», früheren und gegenwärtigen, sprechen konnte: von Lektoren, Buchgestaltern, Herstellern, Verlagskaufleuten, Vertriebsfachleuten, Werbegestaltern, Presseleuten, Vertretern und eigenen literarischen Scouts.[24]

Die Feier des 50-jährigen Verlagsjubiläums wurde 1958 in Verbindung mit der Frankfurter Buchmesse zelebriert. «Den Höhepunkt des Festes bildete eine Nachtfahrt auf dem Main, für die die Gastgeber [–] Vater Rowohlt und Sohn [Ledig –] das Motorschiff ‹Frankfurt› gechartert hatten.»[25] Daß heute das 90-jährige Verlagsjubiläum in Leipzig, in Verbindung mit der Leipziger Buchmesse, zelebriert werden kann, dankt sich gewiß auch den Leipzigern, die 1989 unter Gefahr ihren eigenen Willen demonstriert haben. Eine Nachtfahrt mit einem Motorschiff, das zum Beispiel ‹Leipzig› heißen könnte, wird es heute zwar nicht geben, weil die Pleiße für das große Rowohlt-Schiff nicht tief und breit genug ist. Aber wie wäre es, das 100-jährige Verlagsjubiläum im Jahr 2008 in Berlin zu feiern? Dort gab es 1919 den zweiten Rowohlt Verlag, dort ist Ledig 1931 in den Rowohlt Verlag eingetreten, dort gibt es seit 1991 den Rowohlt Berlin Verlag, dort fließt die tiefe und breite Spree, die auch große Verlags-Schiffe befahren können, und dort steht seit 1997 das neue ADLON. Im alten ADLON aber war Ernst Rowohlt Stammgast.[26]

Von Hans Heorg Heepe weiß ich, daß Ledig in den 60er Jahren ein heftiger Zigarettenraucher war. Seine Marke: Players Navy Cut. Später – und bis zuletzt – rauchte Ledig Zigarren: Montecristo. Auf der Feier zu Ledigs 80. Geburtstag habe ich als Zigarettenraucher zu Ledig gesagt: «Ich möchte so alt werden wie du; da muß ich wohl bald ein bißchen gesund leben.» Ledig sah mich an und sagte: «Du mußt nicht gesund leben – du mußt leben.» – Könnte Ledig heute zugegen sein, dann wäre er es wohl zufrieden, wenn ich eine Zigarre rauchte. So schließe ich mit dem Satz: Ledig an seinem 90. Geburtstag zu ehren, rauche ich jetzt eine schöne Zigarre.

(März 1998)

1 Heinz Küpper, Illustriertes Lexikon der deutschen Umgangssprache. Band 5. Stuttgart 1984.

2 Rowohlt Almanach 2, 1983, S. 7.

3 Hans Jordan, Meine Erinnerungen an Heinz-Maria Ledig-Rowohlt 1938–1992. Stuttgart (Privatdruck) 1992.

4 Dass., S. 8.

5 Walther Kiaulehn, Mein Freund, der Verleger. Reinbek 1967, S. 162.

6 H.-M. Ledig-Rowohlt, in: Rowohlt Almanach 2, 1983, S. 7.

7 Dass.

8 Dass.

9 Michael Naumann, in: Rowohlt Almanach 3, 1993, S. 9.

10 Dass., S. 18–20.

11 Zitiert nach: Thomas Rietzschel, «‹... unser kleiner Kreis ...› in Wilhelms Weinstuben.» In: Sinn und Form 4/1985 [oder 1986?] S. 874.

12 Dass.

13 (5), S. 216.

14 PEN-Autorenlexikon 1993.

15 Bernd Neumann, Uwe Johnson. Hamburg 1996, S. 191.

16 Paul Mayer, Ernst Rowohlt. Reinbek 1968, S. 174.

17 Dass., S. 183.

18 (5), S. 241.

19 Hans Joachim Schädlich, in: Heinrich Maria Ledig-Rowohlt zu Ehren. Reden bei der Gedenkfeier in Reinbek am 17. März 1992. Reinbek 1992, S. 27.

20 Dieter von Holtzbrinck, in: Dass., S. 9.

21 Heinrich Maria Ledig-Rowohlt, in: (2), S. 8.

22 (20).

23 (9), S. 10.

24 Michael Naumann, in: Heinrich Maria Ledig-Rowohlt zu Ehren. Reden bei der Gedenkfeier in Reinbek am 17. März 1992, Reinbek 1992, S. 32.

25 (16), S. 183.

26 Hedda Adlon, Hotel Adlon. Hier war die große Welt zu Gast. München o. J., S. 207.

«Ich kann euch nicht sagen, was ich denke. Aber ich erzähle euch eine Geschichte»

(Lessing-Preis)

Bessere Lessing-Kenner und eine reiche Lessing-Literatur vor Augen, muss es mir gewagt vorkommen, über Lessing zu reden. Lessing und die Gegenwart? Ich will von Lessing reden! Gerade dadurch rede ich auch von Gegenwart.

1757 waren «Äsopische Fabeln mit moralischen Lehren und Betrachtungen. Aus dem Englischen übertragen [...] von Gotthold Ephraim Lessing nach der Ausgabe vom Samuel Richardson» erschienen. In der lessingschen Übersetzung der Fabelbearbeitungen von Richardson findet sich die Fabel «Der Fuchs und der Brombeerstrauch»:

Ein Fuchs ward hart verfolgt und wollte sich über einen Zaun retten. Um nun keinen allzugefährlichen Sprung wagen zu dürfen, hielte er sich an einem Brombeerstrauche fest, dessen Dörner ihm häufig in den Füßen steckenblieben. Als er herab war, fing er seine Pfoten, unter gewaltigen Verwünschungen des Brombeerstrauchs, an zu lecken. Nicht so böse, Reinecke, sagte der Strauch; man hätte denken sollen, du, dessen Herz voll Bosheit ist, müßtest besser Bescheid wissen, als dass du dich an jemand anhieltest, der selbst auf nichts als Unheil bedacht ist.[1]

Lessing hat im Zweiten Buch seiner eigenen Fabeln, 1759, eine andere Version geliefert:

Ein verfolgter Fuchs rettete sich auf eine Mauer. Um auf der anderen Seite gut herabzukommen, ergriff er einen nahen Dornenstrauch. Er ließ sich auch glücklich daran hernieder, nur dass ihn die Dornen schmerzlich verwundeten. Elende Helfer, rief der Fuchs, die nicht helfen können, ohne zugleich zu schaden![2]

«Pragmatische Kürze» und «epigrammatische Präzision»[3] gehören bei Lessings eigenen Fabeln zum poetischen Prinzip. Noch etwas anderes ist für dieses poetische Prinzip bedeutsam. In einer anonymen Lebensgeschichte des Äsop begegnet uns Äsop auf der Insel Samos. Kroisos, der König der Lyder, hat Samos mit Krieg gedroht, falls Samos nicht bereit wäre, Tribut an Kroisos zu zahlen. Äsop, von den Bürgern Samos' gedrängt, zu sagen, was er über die Sache denke, antwortete:

Ich kann euch nicht sagen, was ich denke. Aber ich erzähle euch eine Geschichte. Prometheus erklärte den Menschen zwei Wege: den Weg in die Freiheit und den Weg in die Sklaverei. Der Weg in die Freiheit ist anfangs steil, beschwerlich und gefährlich. Bald aber führt er in eine weite Landschaft, die reich an Früchten ist [...]. Der Weg in die Sklaverei [...] ist zu Beginn eine flache bunte Ebene. Bald jedoch wird er steil, dürr und ausweglos.

Die Leute verstanden Äsop und riefen dem Abgesandten des Königs Kroisos zu, sie bevorzugten den steilen, beschwerlichen und gefährlichen Weg.[4]

«Ich kann euch nicht sagen, was ich denke. Aber ich erzähle euch eine Geschichte.»

Samuel Richardson, dessen äsopische Fabeln Lessing getreu ins Deutsche übersetzt hat, gibt den Fabeln je eine «Lehre» und eine «Betrachtung» bei. Lessing verzichtet in fast allen seinen Fabeln auf die Formulierung einer moralischen Lehre. Warum? «[...] weil die moralische Lehre in die Handlung weder versteckt noch verkleidet, sondern durch sie [die Handlung] der anschauenden Erkenntnis fähig gemacht werde.» So sagt Lessing es in seiner ersten Abhandlung über die Fabel.[5] «Die anschauende Erkenntnis ist für sich selbst klar», heißt es bei Lessing. Anders gesagt: «Bei der anschauenden Erkenntnis versteht der Leser unmittelbar [...], auf einen Blick und ohne Umweg über Reflexionen.»[6] Der Leser soll «die Moral von der Geschicht'» selbst finden, er soll Gebrauch machen von seinem Verstand. Zur Vergnügung Ihres

Verstandes noch eine lessingsche Fabel nach dem Vorbild Äsops. Titel: «Der Dornstrauch»:

Aber sage mir doch, fragte die Weide den Dornstrauch, warum du nach den Kleidern des vorbeigehenden Menschen so begierig bist? Was willst du damit? Was können sie dir helfen? – Nichts! Sagte der Dornstrauch. Ich will sie ihm auch nicht nehmen; ich will sie ihm nur zerreißen.[7]

«Nathan der Weise», Dritter Aufzug, Fünfter Auftritt. Saladin und Nathan. Saladin fragt Nathan: «Was für ein Glaube, was für ein Gesetz hat dir am meisten eingeleuchtet?» Nathan antwortet: «Ich bin ein Jud.» Darauf Saladin: «Und ich ein Muselmann. Der Christ ist zwischen uns. – Von diesen drei Religionen kann doch eine nur die wahre sein.» Nathan im Siebenten Auftritt: «Doch Sultan, eh ich mich dir ganz vertraue, erlaubst du wohl, dir ein Geschichtchen zu erzählen?»

Hier ist es wieder, das äsopische «Ich kann euch nicht sagen, was ich denke. Aber ich erzähle euch eine Geschichte.» Und Nathan erzählt die Geschichte des Mannes, «der einen Ring von unschätzbarem Wert [...] besaß». Nathan zu Saladin: «Kann ich von dir verlangen, dass du deine Vorfahren Lügen strafst, um meinen nicht zu widersprechen? Oder umgekehrt. Das nämliche gilt von den Christen. Nicht?» Darauf Saladin zu sich selbst: «Bei dem Lebendigen. Der Mann hat recht. Ich muß verstummen.» Wie gern haben Generationen von unschuldigen Schülern und hilflosen Erwachsenen Nathans Worte zitiert: «Es eifre jeder seiner unbestochnen von Vorurteilen freien Liebe nach! Es strebe von euch jeder um die Wette, die Kraft des Steins in seinem Ring an Tag zu legen!»

Saladin, der schon den Tempelherrn begnadigt hat, möchte Nathans Freund sein. – Ein schönes aufklärerisches Märchen von der Gleichheit und Gleichwertigkeit der Religionen, woraus das Gebot der Toleranz folge, und am Ende der utopische Traum einer von Vorurteilen freien Gesellschaft. Es bleibt noch der Patriarch von Jerusalem, der dogmatische Fanatiker, den seine absolute Glaubensgewissheit nichts anderes sagen lässt als: «Tut nichts! Der Jude wird verbrannt.»

Am Beginn des 21. Jahrhunderts ist es unmöglich, sich hoffnungsvoll dem Märchentraum der Ringparabel hinzugeben. Die Ermordung der europäischen Juden durch den Nationalsozialismus, die massenhafte Vernichtung so genannter politischer Feinde durch den Kommunismus, einschließlich des stalinistischen Genozids an den sowjetischen Juden,[8] und die Terrorakte des islamischen Fundamentalismus lassen Lessings friedliche Utopie geradezu als anachronistisch erscheinen.

Kommunismus und Faschismus, der Nationalsozialismus als dessen extremste Form, besaßen selbst den Charakter «politischer Religionen»; es gab «reine Lehren, heilige Bücher, Ketzer und Ketzergerichte [...], Häresie und Inquisition [...] – dazu ein quasi-liturgisches Feier-Ritual».[9]

Die Nationalsozialisten – erinnern wir uns? – hielten sich zudem für die «Deutschen Christen» unter deren Oberhaupt Ludwig Müller. Dieser Müller, Antisemit, Hitlers Vertrauensmann und Bevollmächtigter für die Fragen der evangelischen Kirche, durfte sich Reichsbischof nennen und trachtete danach, eine einheitliche «Deutsche Evangelische Kirche» zu schaffen, in der christliche Glaubensinhalte und Nazi-Ideologie verschmelzen, Führerprinzip und Arierparagraph gelten sollten. Der «Reichsbischof» warb unter den Protestanten für Hitler und bekämpfte Martin Niemöllers «Bekennende Kirche», in der Christentum und Nationalsozialismus für unvereinbar galten.

Kommunismus und Faschismus, die Ausprägungen des Totalitarismus im 20. Jahrhundert, weisen in ihrem Kampf gegen die Demokratie spezifische Gemeinsamkeiten auf, die unter dem Diktum der «politischen Korrektheit» tunlichst geleugnet werden. Man könnte meinen, Lessings Werk «Die Erziehung des Menschengeschlechts» von 1780, das in seinem Kern die Freiheit des vernünftigen Denkens fordert, sei nie geschrieben worden. Aber die «politische Korrektheit» ist auch ein ideologisches Mittel der Zensur und Selbstzensur. Dabei wird mit Vorliebe das Spiel der Vertauschung von «gleichsetzen» und «vergleichen» gespielt. Es wird zum Beispiel behauptet, man dürfte Kommunismus und Faschismus nicht «vergleichen». Nun, dass man sie nicht gleichsetzen kann, liegt auf der Hand. Der Vergleich aber fördert neben den Unterschieden auch unliebsame Gleichheiten zutage:

[...] die absolute Entgrenzung der Gewalt und ihre ebenso absolute Rechtfertigung; die Existenz ‹politischer Feinde›, die ohne Schuld, einzig aufgrund ihrer Rassen- oder Klassenzugehörigkeit, wie Schädlinge vernichtet werden dürfen; die Bereitschaft vieler Menschen, alles, und sei es das Entsetzlichste, im Dienst der ‹neuen Zeit› zu tun; die Ablösung des Rechtsbewusstseins durch die Initiation in die Zwecke der Geschichte – und in alldem der unbeirrbare Glaube an die revolutionäre Notwendigkeit, welche der entfesselten Gewalt ihr erschreckend gutes Gewissen gibt.[10]

Der Totalitarismus im 20. Jahrhundert wurde wesentlich durch den Kommunismus unter dem Zeichen des Roten Sterns und durch den Nationalsozialismus unter dem Zeichen des Hakenkreuzes verkörpert. Die Terroranschläge auf das World Trade Center und auf das Pentagon am 11. September 2001 waren genau wie die Anschläge auf die Synagoge von Djerba am 11. April 2002 und auf die beiden Diskotheken in Kuta auf Bali am 12. Oktober 2002 die Taten islamischer Fundamentalisten. Zu all diesen Terrorakten hat sich die Organisation «Al-Qaida» des Osama bin Ladin bekannt. Es heißt, der islamische Fundamentalismus habe den traditionellen Islam politisiert und zu einer Kampfideologie erhoben, die man Islamismus nennt. Allerdings, gegen den «Vereinfachungsdrang der westlichen Toleranzdoktrin»[11] sei es gesagt: Der Djihad fordert nach koranischer Vorschrift von Anfang an die Ausdehnung der islamischen Herrschaft durch den Kampf gegen den «Unglauben», sei es mit Gewalt – durch Mord und Zerstörung – sei es mit dem Wort.[12] Das Ziel des islamischen Fundamentalismus beschreibt ein «Handbuch des Terrorismus» der Organisation «Al-Qaida»: «Umsturz der gottlosen Regierungen des Westens und ihre Ersetzung durch islamische Regierungen.» Wie der Kommunismus und der Faschismus hat auch der islamische Fundamentalismus die Demokratie zum Feind erklärt.

Schon 1937 verbündete sich der religiöse und politische Führer der Araber in Palästina, der Großmufti von Jerusalem, Haj Muhammed Amin al-Husseini (1893 -1974) mit Nazideutschland gegen Juden und Briten. Al-Husseini traf im September 1937 in Jerusalem mit Adolf Eichmann zusammen, zu dem er später freundschaftliche Beziehungen unterhielt, als er, von 1941 bis 1945, Hitlers Gast in Berlin war.

Im November 1941 empfing der deutsche Außenminister, Joachim von Ribbentrop, al-Husseini in Berlin. Noch im selben Monat wurde al-Husseini von Adolf Hitler empfangen. Manchem wird das Foto von der Begegnung al-Husseinis mit Hitler in Erinnerung geblieben sein. Al-Husseinis Motto lautete: «Tötet die Juden, wo ihr sie trefft – dies gefällt Gott, der Geschichte und der Religion.» Er erstrebte den Heiligen Krieg des Islam im Bündnis mit Deutschland gegen die europäischen Juden, und er ermunterte Hitler, die so genannte Endlösung für die Juden des Nahen Ostens und Nordafrikas vorzusehen. Al-Husseini agierte in Berlin als Berater von Eichmann und Himmler; er besuchte verschiedene Vernichtungslager, darunter Auschwitz. Den Heiligen Krieg gegen die Juden propagierte er über das deutsche Radio für Nahost. Mit Hitlers Erlaubnis rekrutierte al-Husseini Anfang 1943 in Bosnien Tausende bosnischer Muslime für die Waffen-SS. Bis Mitte April 1943 meldeten sich über 20 000 muslimische Freiwillige zum Dienst auf deutscher Seite. Der Verband erhielt den Namen «13. Waffengebirgsdivision der SS Hanjar» («Schwert»). Die Angehörigen der SS-Division «Hanjar» ermordeten den größten Teil der bosnischen Juden, verfolgten und ermordeten Sinti und Roma und kämpften gegen die Partisanenarmee Titos.[13]

Der verzweifelt-bittere Schluss von George Taboris Stück «Nathans Tod» aus dem Jahre 1991 wirkt angesichts des 20. Jahrhunderts einfach wahr: Nathan findet in der Folge eines Pogroms den Tod. Der Sultan Saladin und der Patriarch von Jerusalem feiern mit Mönchen und Mamelucken ihren Sieg. Der Patriarch hebt sein Glas und sagt: «Endlich verklingt Sein lächerliches Lied, das törichte Märchen über irgendwelchen Ring. Wir werden es nie wieder hören.»[14]

Ein Verwandter des Großmuftis al-Husseini begreift sich als dessen politischer Nachfahre. Er heißt Rahman Abdul Raouf al-Qudra al Husseini, besser bekannt unter dem Namen Jasser Arafat. Arafats Karriere wurde von dem Hitler-Protegé al-Husseini maßgeblich gefördert, al-Husseini war Arafats Mentor. Erst kürzlich hat Arafat in einem Interview bekannt, er habe 1948 zu den Truppen al-Husseinis gehört, die gegen den neugegründeten Staat Israel kämpften; der Großmufti sei der Held der Palästinenser.[15]

Das beherrschende Kampfmittel der islamischen Fundamentalisten ist der Terror. Der islamische Fundamentalismus verkörpert den Totalitarismus im 21. Jahrhundert. Der Kampf zwischen Demokratie und Totalitarismus, der das 20. Jahrhundert bestimmt hat, ist nicht zu Ende. Er setzt sich im 21. Jahrhundert als Kampf zwischen Demokratie und islamischem Fundamentalismus fort.

Soll man sich Lessings utopischem Ideal anvertrauen, das er in seiner Schrift «Die Erziehung des Menschengeschlechts» (Paragraph 85) beschwört? «[...] sie wird kommen, sie wird gewiß kommen, die Zeit der Vollendung, da der Mensch [...] das Gute thun wird, weil es das Gute ist.»

Oder soll man sich dem Siebenten Höllengeist in Lessings «Faust»-Fragment ergeben, der den Schnelligkeits-Wettbewerb der Höllengeister gewinnt, weil er so schnell ist wie der Übergang vom Guten zum Bösen?

Nicht naiver Glaube an das Gute und nicht fatalistische Ergebung können die Demokratie vor den totalitären Höllengeistern schützen.

(2003)

1 Äsopische Fabeln mit moralischen Lehren und Betrachtungen. Aus dem Englischen übertragen und mit einer Vorrede von Gotthold Ephraim Lessing nach der Ausgabe von Samuel Richardson. Mit 40 Kupfertafeln der Erstausgabe von 1757. Herausgegeben und mit einem Nachwort von Walter Pape. Zürich 1994.

2 Gotthold Ephraim Lessing: Fabeln. Abhandlungen über die Fabel. Herausgegeben von Heinz Rölleke. Stuttgart 1992.

3 Ebd., S. 158 f.

4 Hans Joachim Schädlich: Gib ihm Sprache. Leben und Tod des Dichters Äsop. Reinbek 1999.

5 Ebd., S. 86.

6 Vgl. Anm. 1, S. 389.

7 Vgl. Anm. 2, S. 41.

8 Das Schwarzbuch. Der Genozid an den sowjetischen Juden. Hrsg. von Wassili Grossmann, Ilja Ehrenburg, Arno Lustiger. Reinbek 1995.

9 Hans Maier: Politische Religionen. Die totalitären Regime und das Christentum. Freiburg, Basel, Wien 1995, S. 7.

10 Hans Maier: «Totalitarismus» und «politische Religionen». In: Totalitarismus und Politische Religionen. Konzepte des Diktaturvergleichs. Paderborn u. a. 1996, S. 250.

11 Hans-Peter Raddatz: Von Allah zum Terror? Der Djihad und die Deformation des Westens. München 2002, S. 52.

12 Ebd., S. 167 und 228.

13 Gerhard Höpp: Mufti-Papiere. Briefe, Memoranden, Reden und Aufrufe Amin al-Husainis aus dem Exil. 1940 bis 1945. Berlin 2002.

14 George Tabori: Nathans Tod nach Lessing. Berlin 1991.

15 Joseph Farah: Arafat, the Nazi. In: The Israel Report, August 14, 2002.

«Der Inhalt dieser Gedichte hat als ein durchaus verwerflicher erkannt werden müssen»

Hoffmann-von-Fallersleben-Preis

Was wüßten die Deutschen von Hoffmann-von-Fallersleben, hätte er 1841 nicht das «Lied der Deutschen» geschrieben – und hätte Friedrich Ebert das «Lied der Deutschen» 1922 (am 11. August) nicht zur deutschen Nationalhymne erkoren – und wäre das Lied 1952 nicht als Nationalhymne der Bundesrepublik Deutschland (in einem Briefwechsel zwischen Theodor Heuß und Konrad Adenauer) bestätigt worden.

Was wüßten die Deutschen dann von dem liberalen Oppositionellen Hoffmann von Fallersleben, der im Vormärz polizeilich verfolgt wurde? Was wüßten sie von dem Verfasser der politischen Lieder, die Hoffmann «Unpolitische Lieder» nannte? Was wüßten sie von dem Sammler und Herausgeber alter Schriften (zum Beispiel der «Bonner Bruchstücke vom Otfried», Bruchstücke des althochdeutschen Evangelienbuches von Otfried von Weißenburg, die Hoffmann 1821 in Bonn herausgegeben hat). Was wüßten sie von dem Erforscher der Volkslieder, der durch seine großen landschaftlichen Liedersammlungen das Material der Volkskunde wesentlich erweiterte? Was wüßten sie von dem Bibliothekar und Universitätsprofessor, der zur Begründung der Germanistik als Wissenschaft beigetragen hat? (Jacob Grimm nannte Hoffmann in seiner «Deutschen Grammatik» einen «mitforschenden Freund».)

Schließlich: Wüßten die Deutschen, daß die bekanntesten deutschen Kinderlieder von Hoffmann von Fallersleben stammen? Oder weiß das ohnehin keiner: «Ein Männlein steht im Walde ganz still und stumm ...»; «Alle Vögel sind schon da, alle Vögel, alle!»; «Kukkuck, Kuckuck ruft aus dem Wald» – und viele mehr. Robert Prutz, der Hoffmann persönlich kannte, hat 1859 geschrieben: «Diese Hoffmannschen Kinderlieder ... bilden doch in der Tat eine der schönsten Blumen in dem Kranz, der die Stirn des Dichters schmückt ...»

Und ist es vielleicht gar so, daß die meisten Deutschen, die von «Einigkeit und Recht und Freiheit» singen, nicht einmal wissen, wer das «Lied der Deutschen» geschrieben hat?

Hoffmanns «Unpolitische Lieder», 1840 (Teil I) und 1841 (Teil II) bei Hoffmann und Campe in Hamburg erschienen, waren bald verboten – im November 1841 in Preußen, bald darauf in Hannover, und sie kosteten Hoffmann 1842 die Professur für Deutsche Sprache und Literatur an der Universität Breslau. Das Urteil aus dem preußischen Ministerium sagt alles: «Der Inhalt dieser Gedichte hat als ein durchaus verwerflicher erkannt werden müssen. Es werden in diesen Gedichten die öffentlichen und sozialen Zustände in Deutschland respektive in Preußen vielfach in bitterem Spotte angegriffen, verhöhnt und verächtlich gemacht: es werden Gesinnungen und Ansichten ausgedrückt, die bei den Lesern der Lieder, besonders im jugendlichen Alter, Mißvergnügungen über die bestehende Ordnung der Dinge, Verachtung und Haß gegen Landesherren und Obrigkeit hervorgerufen und einen Geist zu erwecken geeignet sind, der zunächst für die Jugend, aber auch im allgemeinen nur verderblich wirken kann.» Von jetzt an stand Hoffmann unter polizeilicher Beobachtung. Spitzel, seinerzeit Konfidenten («Vertraute») genannt, verfolgten Hoffmanns Schritte. Einer der Zuträger schrieb unterm 8. Mai 1842: «Mit geistigen Waffen sucht die Umsturzpartei eine Aufregung in Deutschland zu erzielen, welche zuletzt auch das Volk ergreifen müßte ... Philosophie und Poesie sollen der Revolution in Deutschland zu Hilfe kommen, und das Bestreben der Schildhalter – der Hegelianer in philosophischer, und Männer wie Herwegh, Hoffmann von Fallersleben, Dingelstedt, Prutz, Karl Beck u.a. in poetischer Beziehung – verdient allerdings die größte Beachtung.» Ein anderer Zuträger schrieb im Januar 1843: «Hoffmann von Fallersleben, Herwegh, Prutz sprechen zum Volke in Gedichten, Karikaturen verhöhnen die Zustände, und Advokatenvereine ... stellen sich an die Spitze der Bewegung. Dazu fehlt es nicht an

Theologen, die auf Strauß, Feuerbach und Bruno Bauer schwören ... Was soll nun noch fehlen, um die zu erwartende Bewegung, die nicht ausbleiben wird, nicht für eine allgemeine halten zu müssen?» Ein dritter schrieb am 26. Juli 1844: «Hoffmann von Fallersleben will nur die Volkspoesie, das Gedicht, das jeder Bauer versteht, gelten lassen, und daraus schon erklärt sich seine ganze demokratische Richtung.» Übrigens, im selben Jahr 1844 (4.–6. Juni) brach die Hungerrevolte der schlesischen Weber in Peterswaldau und Langenbielau aus, die von preußischen Truppen blutig niedergeschlagen wurde.

Die Forderungen des progressiven rheinischen Bürgertums in den 40er Jahren des 19. Jahrhunderts, zu dessen führenden Köpfen Gustav von Mevissen gehörte – Erweiterung des (1834 geschaffenen) Zollvereins, Abschaffung der Patrimonialgerichtsbarkeit und aller Adelsprivilegien, Presse- und Versammlungsfreiheit, schließlich die Einberufung eines deutschen Parlaments und die Schaffung einer Konstitution (von Mevissen gehörte 1848 der Frankfurter Nationalversammlung an) – diese Forderungen liefen auf das Ende der Kleinstaaterei hinaus, also auf die deutsche Einigung. Aber davon konnte noch lange geträumt werden. Hoffmanns sehnlichster Wunsch bestand eben in der Einigung Deutschlands. Im Widerstreit zwischen einer liberal-konstitutionellen und einer demokratisch-republikanischen Richtung, den es seit den Anfängen der Burschenschaft in der deutschen Nationalbewegung gab, neigte Hoffmann eher der liberal-konstitutionellen Richtung zu. Deutschland und die deutsche Einheit – die Herzensangelegenheit Hoffmanns.

Hoffmanns Sehnsucht nach der Einigung Deutschlands erfüllte sich mit der Bismarckschen Reichsgründung und der Kaiserproklamation (am 18. Januar) 1871 in Versailles. Zwar war die Reichseinigung nicht durch die Bürger, sondern von oben, durch Kabinettspolitik und den Sieg der deutschen Waffen, zustande gekommen. Aber die nationalen Liberalen waren es zufrieden. Für die nationalen Liberalen war der Endpunkt eines langen Weges erreicht. Dieses Bewußtsein fand seinen Ausdruck in einem Brief des Historikers Heinrich von Sybel an Hermann Baumgarten vom 27. Januar 1871, also neun Tage nach der Reichsgründung: «Wodurch hat man die Gnade Gottes verdient, so große und mächtige Dinge erleben zu dürfen? Und wie wird man nachher leben? Was zwanzig Jahre der Inhalt alles Wünschens und Strebens gewesen, das ist nun in so unendlich herrlicher Weise erfüllt. Woher soll man in meinen Lebensjahren noch einen neuen Inhalt für das weitere Leben nehmen?»

Es kann nicht meine Sache sein, etwas Neues über Hoffmann von Fallersleben und seine Zeit herauszufinden. Ich muß Ihnen auch nicht erzählen, wie es 74 Jahre nach der Reichsgründung, 1945, mit der deutschen Einheit ausging. Aber daß die Deutschen seit 1990 wieder in einem vereinten Land leben, dessen Bewohner «Einigkeit und Recht und Freiheit» singen, und die Einheit kam diesmal von unten, zuerst durch den Willen eines Teils der ostdeutschen Bevölkerung – «Wir sind ein Volk» –, und (!) von oben, durch Große internationale Kabinettspolitik – «Zwei plus Vier» –, und ganz ohne Waffen, das kann heute, knapp 14 Jahre später, zum Anlaß genommen werden, über «Einigkeit und Recht und Freiheit» im wiedervereinigten Deutschland zu reden. Heinrich von Sybels Frage angesichts der Reichsgründung von 1871 «Und wie wird man nachher leben?» stellte sich – allerdings unter völlig anderen Bedingungen – für die Deutschen auch angesichts der Wiedervereinigung im Jahre 1990.

Ich will es halten, wie Luther gesagt hat: «... nimpt kein blat fur das maul, machts grob und unvernunfftig gnug, und will nichts verbeißen.»

Als die ostdeutsche «Diktatur einer Handvoll Männer» ins Straucheln geraten war, von Angst um die Macht befallen die Flucht nach vorn antrat und 1989 die Grenzen öffnete, da war klar, daß der Staat DDR sein Ende vor Augen haben mußte. Der Satz «Wir sind ein Volk», in Leipzig gerufen, pflanzte die unerhörte Vorstellung von einem vereinten Deutschland in die Köpfe.

1961, als die Mauer aufgerichtet wurde, war ich 25 Jahre alt und wohnte in Ostberlin. Ich stand am 13. August in der Nähe des Brandenburger Tores und sah, daß Männer der Betriebskampfgruppen, Maschinenpistolen vor der Brust, mit dem Rücken zum Westteil der Stadt Wache hielten. Das Gesicht wem tapfer zugewandt? Dem Feind? Der Feind stand also im Ostteil der Stadt, innerhalb der Mauer. Der Feind war jeder, der den Ostteil der Stadt, den Ostteil des Landes, den Herrschaftsbereich der kommunistischen Diktatur verlassen wollte.

Ende 1977 gelangte ich in die Bundesrepublik. Ich hörte in Hamburg die Frage: «Was willst du tun?» Es lag die Gegenfrage nahe, und ich höre noch, wie ich sie gestellt habe: «Was soll ich wollen?» Eine Frage, die meine Herkunft verriet, nämlich: aus Umständen gekommen, unter denen man wollen soll, und die doch auch den glücklichen Übergang andeutete vom «Ich soll» zum «Ich will» und «Ich darf».

Der ganze Sinn der Vereinigung Deutschlands war für mich – und ist es noch – die Begründung der parlamentarischen Demokratie im Ostteil des Landes. Meine Freude über die Vereinigung war – und ist es noch – die Freude über den Untergang der kommunistischen Diktatur in Ostdeutschland.

Die Idee und Wirklichkeit der parlamentarischen Demokratie – sie sind meine Herzensangelegenheit. Ich kann es nüchtern und praktisch ausdrücken: Die parlamentarische Demokratie ist das Maß.

Für die Literatur bedeutet Demokratie die Freiheit des Ausdrucks. Das mag manchem, der keine Erfahrung mit der Zensur besitzt, als simpel erscheinen. Die Zensur, diese «Köpfmaschine im Reiche des Geistes», ist die Kehrseite der Schreib-Aufgabe, die die Herrschenden den Schriftstellern zuteilen. Diese Aufgabe besteht – kurz gesagt – darin, den Herrschenden herrschen zu helfen. Zur Zensur gehört auch die Selbstzensur; sie dient der Selbsterhaltung. Manche meinen, die Selbstzensur verschaffe subtilen poetischen Gewinn: Der sprachliche Ausdruck werde eventuell bis zur Unerkennbarkeit verfeinert, so daß am Ende das dunkle Schöne oder das schöne Dunkel vor Augen stehe. Von Nietzsche stammt der Satz: «In Ketten tanzen ist höchste Kunst.»

Unter diktatorischen Verhältnissen haben auch die Beherrschten eine Aufgabe für die Schriftsteller bereit: Die Schriftsteller sollen das Leid der Beherrschten und den Widerstand gegen die Herrscher ausdrücken. Für die Kontrolle der Schriftsteller ist außer der Zensurbehörde die Geheimpolizei zuständig. Immer gibt es aber auch Schriftsteller, die einer herrschenden Partei beitreten und sich einem Geheimdienst ergeben.

Die offenen und ehrlichen literarischen Vertreter der ostdeutschen Diktatur, die stets nach Dienstvorschrift schrieben, verloren 1989 die Diktatur und büßten damit ihren Gegenstand ein. Andere, die es eigentlich anders wollten, erlagen dem Denk- und Sprachmonopol und wurden zu Konformisten. «Mögen taten wir schon wollen, aber dürfen haben wir uns nicht getraut» – sinngemäß nach Karl Valentin.

Die sanft kritischen Vermittler zwischen der Diktatur und dem Lese-Volk, die versucht haben, die Diktatoren zu erziehen, und die als Ersatz-Priester, Ersatz-Psychiater und Ersatz-Journalisten aus unnatürlichen Gründen ein künstlich großes Ansehen genossen – auch sie verloren die Diktatur, die sie verbessern wollten und also stabilisiert haben. Sie waren prinzipiell mit der Diktatur einverstanden (ja meist haben sie die Diktatur nicht einmal als Diktatur empfunden), aber mit dem Image der Diktatur waren sie unzufrieden; sie hatten kosmetische Probleme. Das hat ihnen in ihrem Staat etwas Mißtrauen der Herrschenden eingetragen, und im Westen hat es ihnen den Ruf von Oppositionellen eingebracht. Manche lauschen noch immer – halb traurig, halb trotzig – dem Geist der Utopie nach, der sich längst in ein Gespenst verwandelt hat.

Auch die kompromißlosen Kritiker der Diktatur, die den Ort lieber geflohen waren aus Furcht vor «geistiger Mumifizierung» (Günter Kunert), verloren die Diktatur als einen ihrer Gegenstände.

Das Wort von der Aufgabe der Literatur, das letztlich die Hausaufgabe der Schriftsteller meint, dieses Wort ertönt – anders – auch auf freiem Grund. Publikum, Verlage, Kritiker hegen Erwartungen. Schriftsteller mögen unterhaltsam – das heißt auch: nicht gar zu kompliziert – schreiben, über Geschichte und Zeitgeschehen aufklären, moralische Werte bewahren helfen, ewige Gefühle wachhalten und aktuelle Entwicklungen befördern oder bedauern.

Ob Schriftsteller den Befehlen von Herrschenden folgen oder dem stummen Drängen von Beherrschten, ob sie in freien Gegenden den Erwartungen von Verlagen, der Kritik oder des Publikums entgegenkommen – immer handelt es sich um einen äußeren Impuls. Es ist damit die Gefahr verbunden, Lügen, die als Wahrheiten ausgegeben werden, oder Wahrheiten, die vielleicht wirklich Wahrheiten sind, bloß zu illustrieren. Es gibt natürlich Schriftsteller, die bekennen, es entspreche ihrer Überzeugung, einem äußeren Impuls zu folgen. Andere sprechen lieber von einem inneren Impuls. Die Übergänge sind fließend. Am schönsten wäre es, man könnte von innerer literarischer Autonomie sprechen.

Wie hat man nach der Wiedervereinigung in Deutschland gelebt? Ein russisches Sprichwort sagt: «Jeder ist klug, der eine vorher, der andere nachher.» Die Einsicht in die Akten des Staatssicherheitsdienstes der DDR, die seit 1992 möglich ist, lieferte Anlässe, sich schon wieder mit uralten Themen zu befassen: Täuschung und Lüge, Vertrauensmißbrauch und Verrat. Die Liebe zur Diktatur oder die Abhängigkeit von ihr, Drohung, Erpressung und Käuflichkeit machten Freunde und Verwandte, Kollegen und Vorgesetzte zu Spitzeln und Verrätern. Aber die Bespitzelten und Verratenen wußten nichts davon, und am Ende der Einsicht taten sich Abgründe auf, die oft unüberbrückbar blieben. Die Entdeckung von MfS-Spitzeln in den alten Bundesländern steht noch am Anfang.

1992 hegte ich die fromme Erwartung, MfS-Spitzel – von MfS-Offizieren ganz zu schweigen –, die der SED-Diktatur gedient hatten, mögen wenigstens darauf verzichten, in der demokratischen Gesellschaft Abgeordnete, Anwälte, Beamte, Bischöfe, Lehrer, Offiziere, Pfarrer, Polizisten, Professoren, Radiomoderatoren, Psychiater, Richter etc. sein zu wollen. Wie weltfremd und lächerlich meine Erwartung war, haben in den darauffolgenden Jahren so manche Laufbahnen ehemaliger MfS-Vertrauensleute gezeigt. Man ist geneigt, in gewissen Fällen von personeller Kontinuität der Eliten zu sprechen. Kontinuität der Eliten – das ist ein Begriff, der bis dahin der Beschreibung von Verhältnissen in Ost und West nach dem Ende des Nazireichs diente.

Das Mutmaßliche hat sich im Volksmund zur Alliteration verdichtet. Ein Mann, als Minister für Verkehr und den Aufbau Ost ins Bundeskabinett berufen, wird landauf, landab, in Kneipen und Kabaretts, unwidersprochen und straffrei «Stasi-Stolpe» genannt.

Ein ehemaliger Stellvertreter des Ministers für Staatssicherheit und Leiter der Hauptverwaltung Aufklärung des MfS, 1993 in Düsseldorf wegen «Landesverrats und Bestechung» zu 6 Jahren Haft verurteilt – Haftbefehl außer Vollzug –, wird von Fernsehredaktionen als honoriger «Chef des besten Spionagedienstes» und seriöser «Zeitzeuge» durch die Talkshows gereicht. Nebenbei bemerkt: Als Leiter der Hauptverwaltung Aufklärung, die vor allem im «Operationsgebiet West», also in der Bundesrepublik agierte, unterschrieb er den Haftbefehl gegen meinen Freund Jürgen Fuchs, als dieser längst Bundesbürger war, aber von DDR-Kräften festgenommen werden sollte, falls er die Transitstrecke benutzen würde.

Fernsehanstalten, die wahrhaftig keinen Mangel an geistigen Tiefpunkten beklagen müssen, haben Shows der sehnsüchtigen Erinnerung an die DDR, sogenannte Ostalgie-Shows ausgestrahlt, die der Verdummung des Publikums nützten. Die schmutzigen Seiten der DDR-Geschichte wurden nicht aufgeschlagen.

Leute, die sich als Kommunisten «sozialistische Demokraten» nannten, sind nun «demokratische Demokraten».

Die Entwicklung von Eigenschaften, die zu den jeweiligen Lebensverhältnissen passen und daher für die Lebenserhaltung nützlich sind, nennt man Anpassung, Adaptation. Die Entwicklung dieser Eigenschaften geschieht unmittelbar im Leben eines Individuums oder allmählich im Lauf der Generationen. Jeder kennt einfache Beispiele aus der Tierwelt, etwa bei Kriechtieren und Lurchen – Farbänderungen, die durch die farbliche Beschaffenheit der unmittelbaren Umgebung bedingt sind. Je jünger die Tiere, desto rascher und vollständiger gelingt die Umfärbung. Natürlich findet die Anpassung bei Tieren instinktiv statt; auch Menschen besitzen ein angeborenes Instinktverhalten. Aber Menschen können sich im Unterschied zu Tieren bewußt anpassen. Sie können frei darüber entscheiden, ob sie Heiratsschwindler, Spitzel, Diebe, Mörder, Opportunisten, Spione undsoweiter werden wollen. Sie müssen nur die Kunst der Tarnung beherrschen.

Reichlich Gelegenheit, Anpassung zu beobachten, bietet das Verhalten vieler Menschen nach dem Ende des II. Weltkrieges. Man findet die Lüge, jemand anderes zu sein, die im Namenswechsel am einfachsten zum Ausdruck kommt. Man findet die Fälschung von Papieren jeglicher wichtiger Art. Man findet sogenannte ästhetische Operationen, zum Beispiel die operative Entfernung der Tätowierung der Blutgruppe auf der Innenseite des linken Oberarms von SS-Angehörigen, aber auch ganze operative Gesichtsveränderungen. Im Osten Deutschlands gab es eine Spezialität: Menschen, von denen es hieß, sie seien in sowjetischen Umerziehungslagern «anders» geworden. Solche Leute bedurften keines Namenswechsels und keiner Fälschung von Unterlagen.

Mindestens zweimal im 20. Jahrhundert haben Millionen Deutsche eine beachtliche Anpassungsfähigkeit bewiesen. Nach der Nazidiktatur galt es im Osten, sich der kommunistischen Diktatur anzupassen, im Westen der Demokratie. Nach der kommunistischen Diktatur im Osten galt es, sich der westlichen Demokratie anzupassen. Für Nazis 1945 wie für Kommunisten 1990 bedeutete das: «Stelle dich anders dar als du bist.» Heere von Verwandlungskünstlern schickten sich jeweils an, zu neuen Verhältnissen zu passen.

Allerdings – mit der Anpassung geht das Vergessen einher. Wer vorgibt, ein anderer zu sein, erinnert sich ungern der Sätze und Taten, die vordem passend waren. Denken Sie an Nietzsches Sätze über das Gedächtnis: «‹Das habe ich getan›, sagt mein Gedächtnis. ‹Das kann ich nicht getan haben›, sagt mein Stolz und bleibt unerbittlich. Endlich – gibt das Gedächtnis nach.»

Individuell hebt das selektive Vergessen an. Die Neurobiologie sagt uns, daß der Mensch sein Vergessen kontrollieren kann. Das heißt, so manches kann bewußt vergessen werden. Die Formel lautet: «Daran denke ich nicht mehr. Das vergesse ich.» Jedoch – das selektive Vergessen folgt einer freien Willensentscheidung. Die Verantwortung für diese Willensentscheidung bleibt ebenso bestehen wie Verantwortung für die Taten und Sätze, die vergessen oder verdrängt werden. Die persönliche Haftung gilt.

Das individuelle Vergessen summiert sich zum Vergessen vieler. Von Jahrgang zu Jahrgang breitet sich kollektives Vergessen aus. Die Gesellschaft hält geschichtsvergessen Ausschau nach Vergnügungen, die nur noch Spaß heißen; ihre Seligkeit mißt sie an vermeintlichen Erfolgen. Übrigens: Ohne einschlägige Events gibt es gar keine Erfolge mehr. Eine wahre Event-Seuche grassiert. Und alles, was keinen «Erfolg» hat, gilt im Grunde als wertlos.

Dem Vergessen fällt anheim, daß Europa den westlichen Kulturkreis verkörpert, der durch das Erbe der Antike und des Christentums geformt ist. Die Vergeßlichen finden nichts dabei, Europa an den Grenzen Syriens, des Irak, des Iran, Armeniens und Georgiens enden zu lassen. Sie finden nichts dabei, im öffentlichen Dienst und in Schulen ein moslemisches religiöses und politisches Symbol als bloß modisches Accessoire anzusehen.

Es gerät in Vergessenheit, daß Deutschland zu eben jenem westlichen Kulturkreis gehört und daß es Teil des europäischen demokratischen Staatensystems ist. Die Vergeßlichen verlieren den Begriff vom demokratischen Staat und finden nichts dabei, einen Staat, den seine Lenker als «Gelenkte Demokratie» bezeichnen, für demokratisch zu halten.

Allmählich werden die Verbrechen vergessen, die Hitler und seine Deutschen an den Juden begangen haben – und nicht nur an den Juden. Der arabisch-israelische Konflikt, speziell der Konflikt zwischen den Palästinensern und Israel wird zum Vorwand genommen für Haß auf die Juden; ein bemerkenswerter Teil des in Europa auflebenden Antisemitismus ist islamischer Import.

Manche Kritiker versäumen den Hinweis, daß sich die arabischen Staaten mit Ausnahme Ägyptens (1979), Jordaniens (1994) und Mauretaniens (1999) bis heute weigern, die Existenz Israels anzuerkennen. Manchmal gerät es auch aus dem Blick, daß Israel die einzige Demokratie im Nahen Osten ist mit freiem Parlament, gewählter Regierung, freier Presse und mit vitaler Opposition.

Neuerdings meinen Deutsche, die Deutschen seien die eigentlichen Opfer des von Deutschen angezettelten II. Weltkrieges, und es sei endlich an der Zeit, von den deutschen Opfern der Bombardierungen und der Vertreibung zu schreiben. Schriftsteller, Historiker, Journalisten übten sich in Darstellungen, die große Verkaufserfolge wurden. Obwohl längst davon geschrieben worden war und niemand diese Opfer geleugnet hatte, sieht es jetzt fast so aus, als hätte es nicht zuallererst deutsche Bombardements der Städte Guernica, Warschau, Rotterdam, Coventry, London gegeben. Es hat jetzt fast den Anschein, als hätten die deutschen Krieger in den okkupierten Ländern nicht Millionen von Menschen aus ihren Wohnstätten vertrieben und deportiert.

Die Geschichte wäre nicht anders verlaufen, hätte Hoffmann von Fallersleben statt des «Liedes der Deutschen» ein Lied der Demokraten geschrieben. Nur wäre vermutlich weniger Mißbrauch mit ihm getrieben worden. Am 26. Mai 1938, anläßlich der Grundsteinlegung des Volkswagenwerkes, war das Hoffmann-von-Fallersleben-Haus von Hakenkreuzfahnen verunstaltet, die man rund ums Haus an den Fensterbrettern des ersten Stockwerkes befestigt hatte.

Ich kehre zum Ausgangspunkt meiner Bemerkungen zurück. Selbst wenn Hoffmann von Fallersleben nichts anderes als das «Lied der Deutschen» geschrieben hätte – Hoffmanns Bedeutung für unsere Gegenwart steht außer Zweifel. Die ersten Zeilen der 3. Strophe: «Einigkeit und Recht und Freiheit für das deutsche Vaterland» – sie erscheinen wie die Vorwegnahme von Grundgedanken einer demokratischen Verfassung für Deutschland. Nationale und politische Einheit, Rechtsstaatlichkeit und Freiheit sind Wesensmerkmale unseres Grundgesetzes. So bleibt es folgerichtig, dass die 3. Strophe des «Liedes der Deutschen» die Nationalhymne der Bundesrepublik geworden ist.

(2004)

III. Gespräche

Gespräch mit Karl Corino

Karl Corino: Herr Schädlich, Sie haben gerade im Rowohlt-Verlag Ihr erstes Buch vorgelegt. Es trägt den Titel «Versuchte Nähe». Sie sind 1935 im Vogtland geboren, d.h. Sie sind jetzt 42 Jahre alt, das ist eigentlich ein relativ später Zeitpunkt für ein Debüt.

Hans-Joachim Schädlich: Der Band enthält Texte aus den Jahren 1969–1977. Aber ich habe natürlich schon früher mit literarischen Arbeiten begonnen. Allerdings hatte ich das Gefühl, daß ich mit diesen Arbeiten noch in einer Phase der ersten Bemühungen stecken geblieben war, daß ich in dieser Zeit eher gelernt als geschrieben habe, und erst mit Texten, die 1969/70 entstanden sind, wollte ich an die Öffentlichkeit treten. Das hat sicher mit äußeren Umständen auch zu tun, hat aber vor allen Dingen auch damit zu tun, daß ich mir selbst und auch anderen die Schwierigkeiten, mit denen ich zu tun hatte, ersparen wollte, daß ich mit Texten hervortreten wollte, von denen ich selbst überzeugt war, daß sie meiner eigenen Kritik standhalten.

K. C.: Wenn man es pointiert ausdrücken wollte, könnte man sagen, Sie haben der Öffentlichkeit Ihre literarische Pubertät erspart?

H. J. S.: Das ist vielleicht richtig, wobei sicher umstritten ist, ob das unbedingt notwendig ist, denn es gibt natürlich auch interessante Aspekte und Erfahrungen, die man an Texten beobachten kann, die sozusagen in diesem Sinne pubertär sind. Das ist sicher, wie schon gesagt, ein ganz persönlicher Zug, ich kann das nicht verallgemeinern, das trifft nur auf mich zu. Es stimmt sicher, daß ich versucht habe, sehr streng gegen mich zu sein, und glaubte, daß ich literarisch vor der Zeit von 1969/70 nicht erwachsen genug war.

K. C.: Herr Schädlich, Sie haben Germanistik studiert und haben promoviert über ein dialektgeographisches Thema, wenn ich recht informiert bin? Sie haben danach weiterhin linguistisch gearbeitet an der Akademie der Wissenschaften hier in Berlin. Gab es einen direkten Zusammenhang zwischen Ihrer wissenschaftlichen und Ihrer literarischen Arbeit?

H. J. S.: Ich glaube, daß es einen direkten Zusammenhang nicht gibt. Die analytische Beschäftigung mit Sprache als Linguist und die literarische Arbeit an Erzählungen oder an größeren Texten schließen sich für mich persönlich in ziemlich starker Weise eigentlich aus. Der einzige Zusammenhang, den ich für mich sehe, besteht vielleicht darin, daß durch die linguistische Arbeit das, was man Empfindlichkeit für sprachliche Genauigkeit nennt, vielleicht gefördert wurde. Aber ein direkter Einfluß im Sinne literarischer oder poetischer Bildung auf meine Arbeit als Schreiber, einen direkten Einfluß erkenne ich nicht.

Der Charakter der Arbeiten, der linguistischen Arbeit und der Arbeit als Schriftsteller, ist für meine Begriffe so verschieden, daß es sich für mich persönlich, wie gesagt, sogar ausschließt.

K. C.: Lief das nicht eine Zeit lang nebeneinander her bei Ihnen?

H. J. S.: Das lief natürlich eine Zeit lang nebeneinander her. Das bedeutete aber für mich gerade eine besondere Schwierigkeit wegen des unterschiedlichen Charakters dieser beiden Tätigkeiten. Die linguistische Arbeit hat die literarische Arbeit nicht eigentlich angeregt, sondern es führte im Gegenteil dazu, daß ich mehr und mehr dazu überging, von linguistischen Interessen Abstand zu nehmen, um mich mehr und mehr auf literarische Arbeiten zu konzentrieren. D. h. nicht, daß ich mein Interesse für Linguistik aufgegeben habe, oder daß ich diese Phase verleugne, aber aus äußeren und inneren Gründen, aus zeitlichen Gründen und aus Gründen einer gewissen Unvereinbarkeit in der Beschäftigung selbst, hat es schließlich doch dazu geführt, daß ich mich entschlossen habe, die wissenschaftliche Arbeit an der Akademie aufzugeben.

K. C.: Ja, so sehr ich verstehe, daß sich die Wissenschaft und die Poesie bei Ihnen manchmal im Wege stehen, um so mehr hat man aber doch den Eindruck, daß es durchaus fruchtbare Synthesen gibt. Es gibt ja sogar ein paar Texte, in denen Sie vorführen, wie z. B. dialektgeographische Methoden z. B. bei der Verfolgung von politischen Verbrechen verwendet werden, oder von politisch unliebsamen Äußerungen. Darüberhinaus hat man generell den Eindruck, daß Sie ein literarisch und literaturgeschichtlich sehr gebildeter Autor sind, den seine akademische Bildung allerdings nicht steril gemacht hat, sondern der versucht hat, das, was die Vergangenheit an literarischen Stilen erarbeitet hat, für seine eigene Prosa fruchtbar zu machen. Man hat also den Eindruck z. B., daß Sie sehr genau die Kleist'sche Syntax studiert haben, daß Sie sehr genau die Sternheim'sche Technik der Ellipse studiert haben, daß Sie Heissenbüttels Technik der Periphrase genau kennen. Johnson wird im Zusammenhang mit Ihnen genannt. Gab es denn irgendwann irgendetwas wie literarische Vorbilder für Sie, Herr Schädlich?

H. J. S.: Der Zusammenhang, den Sie zu Anfang Ihrer Frage erwähnt haben, zwischen meinen literarischen Themen und linguistischen Arbeiten, über die ich Bescheid weiß, das ist eher ein ganz äußerer Zusammenhang, der sich zufällig als Thema für mich anbot, der hat aber nichts ursächlich etwas zu tun mit dem vermuteten Verhältnis von linguistischer Ausbildung und literarischer Fähigkeit oder Arbeit. Die Kenntnis anderer Autoren, die Sie erwähnen, die hat, genau geprüft, soweit ich das direkt reflektieren kann, glaube ich keinen unmittelbaren Einfluß gehabt.

Ich habe Sternheim und Kleist z. B. nicht speziell studiert. Das sind sowieso Gegenstände, die sich eher für einen Literaturwissenschaftler anbieten. Nicht nur natürlich, linguistische Poetik hätte das auch zum Gegenstand, aber in diesem Sinne habe ich mich damit nicht beschäftigt, und ich wüßte auch nicht zu sagen, nicht genau zu sagen, woher Stil-Eigentümlichkeiten, die ich bei mir übrigens nicht genau beschreiben kann, herrühren. Auch der Bezug auf Heissenbüttel liegt aus meiner eigenen Beschäftigung mit Heissenbüttel nicht auf der Hand. Das wäre eine Sache, über die man noch, über die ich noch genauer nachdenken müßte. Aber ich habe, wie gesagt, eher, auch wenn das jetzt widersprüchlich klingt, naiv geschrieben, d. h. ohne bewußte Voraussetzung von Traditionszusammenhängen und eher aus einer Position des in diesem Sinne Unwissenden oder literarisch Unvorbelasteten.

K. C.: Herr Schädlich, wenn man Ihre Texte liest, dann stellt man fest, daß es nicht so etwas gibt wie einen einheitlichen Individualstil. Es gibt ganz verschiedene Stilebenen, z. B. die der Rollenprosa, es gibt Prosastücke, in denen Sie als Autor mit einem sehr sorgfältig elaborierten Stil präsent und faßbar sind, es gibt so etwas wie eine historische Mimikry, in dem Sie bewußt Stile der Vergangenheit anverwandeln. Heißt das, daß Sie bewußt auf die Durchsetzung eines solchen alles abdeckenden Individualstils verzichtet und jeweils versucht haben, aus dem Stoff, aus dem Material heraus, eine Schreibmethode zu entwickeln, die dem Gegenstand sozusagen auf den Leib geschneidert ist?

H. J. S.: Bewußt habe ich das vielleicht weniger getan. Ich habe eher das Gefühl, daß sich das aus der Sache heraus, aus den Gegenständen heraus ergeben hat, angeboten hat, und im übrigen besteht da natürlich kein Widerspruch oder kein Gegensatz zwischen der Wahl eines angemessenen Stils in Bezug auf einen bestimmten Gegenstand einerseits und der Entwicklung eines Individual- oder Personalstils. Ich glaube, daß das eine das andere nicht ausschließt und ich würde, wenn ich mich selbst beobachte, doch annehmen, daß es so etwas wie einen Individualstil dennoch gibt. Der drückt sich für mich vor allen Dingen, also, einigermaßen ungenau gesagt darin aus, daß ich nicht Gefallen daran finde, Dinge, Vorgänge, Abläufe oder Zusammenhänge in einem direkten Sinn zu benennen oder etwa, noch weitergehend, durch Benennung direkt zu bewerten, sondern ich glaube, daß ich immer versuche, mich in der Benennung, die ich wähle, einer Benennung zu entziehen, d. h. daß Mittel verwandt werden, die eher der Umschreibung von Sachverhalten dienen als ihrer direkten Charakterisierung. Das meint nicht die Themen, sondern das meint die sprachliche Realisation.

K. C.: Ist es richtig, daß Sie eine gewisse Scheu haben, wenn man einmal von der Rollenprosa absieht, wo Sie also einzelne Individuen sich selbst formulieren lassen, – ist es richtig, daß Sie eine gewisse Scheu davor haben, Stoffe selbst reden zu lassen? Nehmen wir ein Beispiel: wenn Sie den Brief eines Mannes vorstellen, dem die

Ausreise wegen der Erkrankung seines Vaters verwehrt worden ist, und der wegen dieser Verweigerung aus der Staatsbürgerschaft seines Landes entlassen werden möchte, dann zitieren Sie diesen Brief nicht einfach, obwohl er ihnen offenbar vorgelegen hat, sondern Sie umschreiben die Sachverhalte, die sich Ihnen darstellen.

H. J. S.: Sie haben gesagt, daß es den Anschein hat, ich würde den Stoff nicht aus sich selbst sprechen lassen wollen. Ich weiß nicht, ob das nur ein sprachliches Mißverständnis ist. Es ist eigentlich eher so, daß ich gerade versuche, hinter dem Stoff vollständig zurückzutreten, und den Gegenstand nur aus sich selbst sprechen zu lassen. Allerdings nicht in einer direkten Benennung der Sachverhalte oder des Gegenstandes, sondern in einer Art, die sich sprachlich zumindest dieser Benennung entzieht und den Stoff sozusagen kalt und kommentarlos, nicht reportiert, hervortreten läßt.

K. C.: Läuft das Verfahren, das Sie da gerade skizziert haben, nicht gewissermaßen auf eine Quadratur des Zirkels hinaus, nämlich darauf, daß der Autor sowohl anwesend wie abwesend ist in Ihren Texten?

H. J. S.: Ich glaube, daß das eigentlich das Problem meiner Schreibarbeit wirklich ist, und mit diesem Widerspruch muß ich ununterbrochen arbeiten.

K. C.: Es gibt für Ihr Buch einen Generalnenner, auch wenn die einzelnen Texte in ganz verschiedenen Zeiten angesiedelt sind. Sei es nun eine imaginäre Antike, sei es das Renaissance-Zeitalter, sei es das Zeitalter Kaiser Wilhelms, immer hat man den Eindruck, als sei von diesem Land, von der DDR die Rede. Und dennoch, oder gerade deshalb, war es offenbar nicht möglich, Ihre Texte hier in der DDR zu veröffentlichen?

H. J. S.: Ich habe mich natürlich seit langer Zeit mit einigen für mich wesentlichen Themen auseinandergesetzt. Dazu rechne ich z. B. ein Problem, das für die Literatur in der DDR wahrscheinlich ein Existenzproblem ist. Das ist der Widerspruch zwischen der Darstellung der Wirklichkeit, wie sie einem Autor, soweit er für sich Zugang zu dieser Wirklichkeit bekommt, darstellt, und der Darstellung vorgegebener oder erwünschter Ansichten über diese Wirklichkeit. Diesen Widerspruch als ein Problem der Literatur, nicht nur hier, sondern anderswo auch, habe ich selbst in mehreren Texten zum Thema meiner Arbeit gemacht, z. B. in dem Text «Kleine Schule der Poesie» oder auch in dem kurzen Bericht vom «Todfall des Nikodemus Frischlin» oder in dem Text «Nachlaß» oder in «Oktoberhimmel» oder dem letzten Text des Bandes «Satzsuchung». Das ist für mich ein Thema, das sich, glaube ich, durch den ganzen Band hindurchzieht. Und das ist, anders gesagt, das Thema vom Verhältnis der Macht zu den Künsten, die der Macht dienlich sein sollen, oder nicht dienlich sein wollen. Ein anderes Thema, das ist das, was man die Fremdheit von Menschen im Verhältnis zu Dingen, Abläufen, Umgebungen oder Menschen ihrer gesellschaftlichen Wirklichkeit nennen könnte, das in Texten hervortritt wie z. B. «Teile der Landschaft» oder «Einseitige Ansehung». Ein drittes Thema, mit dem ich mich beschäftige und mich beschäftigt habe, das ist eng verwandt mit dem vorher erwähnten, das ist die Problematik, die sich mit dem Bedürfnis nach Loslösung aus fremd gewordenen Verhältnissen beschäftigt. Z. B. in der Geschichte von «Tibaos» oder in dem von Ihnen erwähnten Text «Schwer leserlicher Brief». Ein weiteres Thema, das von allgemeiner Bedeutung für mich ist in der Gegenwart wie in der Geschichte, in gegenwärtigen Gesellschaftsordnungen, in vergangenen Gesellschaftsordnungen oder in verschiedenen Gesellschaftsordnungen der Gegenwart, das ist das Verhältnis der Mächtigen zu den Einzelnen. Und im Blick auf all diese Themen und Probleme, mit denen ich mich beschäftige, glaube ich, daß es dabei gewisse Grundmuster oder Modelle von Abläufen und Vorgängen zu entdecken gibt, die in verschiedenen Zeiten oder in verschiedenen Gesellschaftsordnungen Züge von Übertragbarkeit aufweisen und die, wenn auch immer historisch konkret aufgefaßt, zugleich etwas Verallgemeinerbares enthalten, ohne daß ich etwa einer vordergründigen Parallelität von verschiedenen Geschichtsepochen, von verschiedenen Gesellschaftsordnungen das Wort reden würde. Ich bin mir natürlich auch bewußt, daß das ein relativ unerforschtes Feld ist, ein umstrittenes Feld, das von Historikern, Gesellschaftstheoretikern und Literaturwissenschaftlern verschiedener Art ganz verschieden behandelt wird, aber ich spreche ja nur von mir, von meiner persönlichen Ansicht. Ich will da überhaupt keine Weisheiten verkündet haben wollen, sondern ich will nur von meiner persönlichen Auffassung solcher Erfahrungen sprechen.

K. C.: Offenbar hat sich die DDR, alles das eingeräumt, was Sie sagen, aber doch von Ihren Texten getroffen und betroffen gefühlt, daß sie es vorzog, Ihren Arbeiten hier keine Öffentlichkeit zu bieten.

H. J. S.: Ich kann natürlich gerechterweise in diesem Zusammenhang nicht von der DDR sprechen, sondern nur von Verlagen in der DDR, mit denen ich zu tun hatte, bzw. von Zeitschriftenredaktionen. Das Manuskript des Bandes, der bei Rowohlt erschienen ist, hat in einer früheren Phase, als noch nicht alle Texte, die jetzt vorliegen, entstanden waren, einem Verlag vorgelegen, einem anderen Verlag hat das gesamte Manuskript vorgelegen, und beide Verlage haben mir gesagt, daß diese Texte nicht publizierbar sind, und zwar weil sie im wesentlichen – vielleicht von einzelnen Ausnahmen abgesehen – die Grenzen überschritten, die durch die Determinanten der Kulturpolitik der DDR für die Verlage gezogen sind. Das hängt im weiteren ganz gewiß damit zusammen, daß gewisse Bereiche der gesellschaftlichen Wirklichkeit im Sinne dieser Determinanten der Kulturpolitik nicht ohne weiteres darstellungsfähig sind, sie sind mit Tabus belegt, also im Wortsinn besteht gewissermaßen ein Berührungsverbot, und wenn solche literarischen Produktionen abgewiesen werden, die gewisse Tabus brechen, die sich also tabuierter Wirklichkeitsbereiche bemächtigen, dann hat diese Scheu vor Wirklichkeit und vor ihrer Darstellung natürlich Gründe, die aber für mich, da ich mich bemühe, mich strikt an der mir zugänglichen Wirklichkeit zu orientieren, keine Rolle spielen dürfen. Nachdem alle Versuche gescheitert waren, meine Texte in der DDR zu publizieren, habe ich das Manuskript in der BRD in Druck gegeben, da ich ja jemand bin, der in der Gegenwart, in seiner Gegenwart, in seiner Realität lebt und sich in der Gegenwart mit seiner Realität auseinandersetzt und keinen Spaß daran findet, für eine Zeit zu schreiben, in der die Widersprüche, die mich bewegen, womöglich aufgelöst sind. Die Gegenstände, die mich beschäftigen, die müssen m. E. auch in der Zeit, in der ich lebe, zur Sprache gebracht werden.

K. C.: Herr Schädlich, gibt es schon Reaktionen offizieller Stellen in der DDR auf Ihr Buch?

H. J. S.: Soweit ich das beurteilen kann, gibt es das kaum. Ich habe lediglich erfahren, daß man mir mit der Publikation des Buches bei Rowohlt unlautere Absichten gegen die DDR unterstellt. Das ist ein im Wortsinn – im doppelten Wortsinn – ganz gewöhnlicher Vorgang, der mit der Sache, mit der literarischen Arbeit selbst, nichts zu tun hat, der andere äußere Kriterien und Motive hineinträgt in diese Sache, und ich kann, ich könnte darauf nur erwidern, daß es meine Sache nicht ist, mich mit Voreingenommenheiten oder Vermutungen auseinanderzusetzen, die an diese Texte geknüpft werden. Es ist lediglich meine Sache, der Realität, mit der ich mich auseinandersetze, gerecht zu werden und mich mit meiner Arbeit strikt an das zu halten, was ich als meine Wirklichkeit aufgefaßt habe und auffasse, und an die Arbeit, die nötig ist, um diese Realität, so wie sie mir zugänglich ist, literarisch zu bewältigen.

(1977)

«Ich bin mit den Unmächtigen»

Gespräch mit Nicolas Born

Nicolas Born: Hans Joachim Schädlich, Sie sind Anfang Dezember 1977 mit Ihrer Familie von Ostberlin nach Hamburg umgezogen. Sie wollten das, und schließlich wollten die Herren in Partei, Kulturministerium und im Schriftstellerverband das auch. Nach Ihrer Übersiedelung haben Sie zunächst nicht reagiert auf alle freundlichen Angebote, Umstände und Hintergründe Ihres Umzugs darzulegen. Jetzt, wo wir hier ein erstes für die Veröffentlichung bestimmtes Gespräch führen, ist vielleicht das Interesse an Ihrer Person auf ein Maß geschrumpft, das sich vergleichen läßt mit dem Interesse an Ihrem Buch, an Ihren Erzählungen. Kann man das so sagen?

Hans Joachim Schädlich: Ich habe mich vor allem deshalb geweigert, schnelle Erklärungen oder Interviews abzugeben, weil ich in diesem Moment, aber auch früher am Beispiel anderer, genau gespürt habe, daß das Interesse vorwiegend oder hauptsächlich auf meine Person, oder auf die Person anderer, gerichtet war, und wie ich anzunehmen Grund habe, erst in zweiter Linie auf die Texte dieser Leute oder auf die Arbeit dieser Personen. Zwar läßt sich beides nicht voneinander trennen, und es ist auch nicht getrennt aufgefaßt worden, aber ich glaube doch, daß zunächst auf Grund der Konstellation in den beiden deutschen Staaten das Interesse an den persönlichen Umständen der Autoren, die aus der DDR in die Bundesrepublik gekommen sind, überwog. Und ich möchte mein Literaturverständnis eher so interpretiert wissen, daß die Arbeit, die Texte der Leute von größerem Interesse sein sollen und sein müssen als die persönlichen Umstände. Es kommt noch hinzu, daß ich nicht dazu neige, die Lebens- und Arbeitsumstände in der DDR oder die Umstände der Ausreise in die Bundesrepublik oder während der ersten Wochen des Aufenthalts in der Bundesrepublik auf dem Markte wohlfeil anzubieten, sondern daß ich wie in anderen Dingen, die ich beobachte und erfahre, eher dazu neige, meine Erfahrungen zu verarbeiten in meiner Arbeit als Schreiber.

N. B.: Wie ist es zu dem Titel «Versuchte Nähe» gekommen? Können Sie den Titel erklären?

H. J. S.: Der Buchtitel ist der Titel einer Erzählung, die in dem Band enthalten ist. Aber ich glaube, daß der Buchtitel und der Titel dieser Erzählung im Ganzen gesehen auch meine Beobachterposition oder meine Position als Schreiber im weiteren Sinne erklären. Im engeren Sinne fasse ich den Titel, und das zum Teil im nachhinein, nicht etwa von vornherein konstruiert, so auf: Es handelt sich um die Bestimmung des Verhältnisses zwischen der Figur eines Würdenträgers, der in dieser Titelgeschichte eine Rolle spielt, und den Leuten, die ihn umgeben, und seinem Volk. Und diese Bestimmung besagt, daß dieser Würdenträger den Versuch unternimmt, sich denen, die ihm gegenüberstehen oder ihm gegenüber vorüberziehen, zu nähern. Zugleich enthält der Titel auch den Gedanken der Versuchung, die für den, der diesen Versuch unternimmt, in dem Versuch enthalten ist. Die Versuchung, die durch die Nähe zu denen entsteht, denen er sich gegenübersieht. Und diese Bestimmung gilt auch für mein Verhältnis zu dieser Erzählfigur oder im weiteren Sinne für mein Verhältnis zu den gesellschaftlichen Realitäten und Umständen, die mein Gegenstand in diesem Buche waren. Zuletzt enthält der Titel «Versuchte Nähe» durch die Kombination dieser beiden Begriffe auch den Begriff des Scheiterns, also des mißglückten Versuchs.

N. B.: Des Scheiterns auch in der Perspektive des Autors oder nur in der Perspektive der Person?

H. J. S.: In der Titelgeschichte in der Perspektive der Erzählfigur, bezogen auf den Gesamtgegenstand in gewisser Weise auch bezogen auf den Autor.

N. B.: Es ist auffällig, wie unauffällig in manchen Erzählungen die Personen handeln, wie betont unauffällig. Es macht den Eindruck, als ob diese Personen fast in einer perfekten Tarnung leben, anonym sind oder geworden sind bis zum Verschwinden, bis sie es zu einem Zeitpunkt einmal wagen, sich persönlich gegen alle Behauptungen zu behaupten – gegen alle Behauptungen von Institutionen, von sogenannter Realität, sich selbst zu behaupten, zu behaupten, daß sie nicht verschwunden, sondern da sind, als Wesen da sind, als Personen da sind. Das geht in Einzelbeispielen bis zum Affront oder zum versuchten Skandal, hier haben wir wieder das Wort. Wie absichtlich ist die Empfindlichkeit dieser Personen?

H. J. S.: Ich glaube, das ist nicht absichtlich, sondern es hat sich aus der Sache im einzelnen jeweils ergeben. Das hängt mit der Sicht auf die Gegenstände zusammen, und das hängt natürlich auch mit der sprachlichen Form zusammen, die ich selber wahrscheinlich nicht besonders gut bestimmen kann. Allgemein gesagt, hat es mich immer berührt und interessiert, Dinge, die uns gewissermaßen vertraut erscheinen, durch die Suche von Worten oder Konstruktionen fremder zu machen, als sie uns erscheinen, nämlich so fremd, wie sie in Wirklichkeit sind, *obgleich* sie uns vertraut erscheinen. Wenn ich mich im Nachhinein darüber äußern soll, habe ich für mich selbst das Gefühl, daß ich nach fremden Namen für scheinbar vertraute Dinge gesucht habe, um sie für mich selbst so fremd erscheinen zu lassen, wie sie mir in Wirklichkeit sind, und dadurch aber auch zu erkennen, wie sie eigentlich sind.

N. B.: Damit sind wir an einem Punkt angekommen, wo man es vielleicht nicht länger hinauszögern kann, von einer bestimmten Bewußtseinsdrangsalierung zu reden, die von gesellschaftlichen Institutionen und Personen und irgendwelchen inthronisierten Spitzbuben in aller Welt, in allen Systemen ausgeht. Diese Realität und diese Erfahrung haben doch auch einen Niederschlag in den Geschichten gefunden. Könnte man das vereinfachend auf die alte Polarität Geist und Macht zurückführen?

H. J. S.: Es ist mir gesagt worden, mein Ansatz als Schreiber in der DDR sei der Ansatz eines Mannes, der im Widerstand schreibe, im Widerstand gegen Verhältnisse, gegen Umstände. Ich akzeptiere zwar die Motivation der Frage, wie es denn nun sein solle, nachdem ich in einem anderen Land unter anderen gesellschaftlichen Voraussetzungen lebe.

Obwohl ich die Motivation dieser Frage verstehe, finde ich die Frage dennoch falsch gestellt. Denn das Moment des Widerstands ist nicht der Impuls für meine Arbeit gewesen und wird es in dieser vordergründigen Form auch nie sein. Der eigentliche Impuls für die beobachtende und schreibende Tätigkeit ist in erster Linie das, was ich meine Wirklichkeit nenne, also die Wirklichkeit, in der ich mich befand oder jeweils befinde. Aber das ist keine Haltung, die auf die Arbeit eines Schriftstellers in der DDR beschränkt ist, sondern das ist eine generelle Grundhaltung, die ich für mich in Anspruch nehme und die sich in einer anderen Gesellschaft für mich in gleicher Weise realisiert. Denn, das versteht sich ja von selbst, die Gesellschaft in der Bundesrepublik enthält in vergleichbarer Weise, allerdings auf andere Art und auf anderer Ebene, Konflikte genug, also auch Stoffe, nämlich Konfliktstoffe, die dem Beobachter und Beschreiber mittelbar oder unmittelbar aufgehen.

N. B.: Sicher, es kann ja nicht sein, daß jemand nur aus Wut über die Gesellschaft oder über Institutionen zum Schreiben kommt. Doch glaube ich, daß bei uns die Zwänge immer größer, auch vernichtender werden, und daß dagegen immer größere natürliche Energien sich mobilisieren.

H. J. S.: Ein Schreibimpuls für mich war zunächst einfach das Bedürfnis, Gegenstände oder Umgebungen oder Zusammenhänge oder Verhältnisse, die ich nicht genau zu erkennen vermochte, durch den Schreibvorgang für mich persönlich durchschaubar und erkennbar zu machen. Das ist natürlich bei weitem nicht alles, aber ein wesentlicher Aspekt, daß es sich bei dem Schreibvorgang um einen Erkenntnisvorgang handelt. Aber damit wäre nicht genügend gesagt. Es kommt hinzu, daß ich mich, ich nenne es mit den *Un*mächtigen, nicht mit den Ohnmächtigen, sondern mit den *Un*mächtigen im Verhältnis zu den Mächtigen, identifiziere, und das im Grunde genommen unabhängig von dem Ort, an dem ich mich jeweils befinde, daß ich im Grunde genommen daraus einen starken Impuls beziehe, nicht im Sinne einer hinausgeschrienen Wut oder irgendeiner vordergründigen anklägerischen Gesellschaftskritik, sondern im Sinne einer ganz persönlichen Identifikation mit denen, die man die Betroffenen nennen könnte.

N. B.: Ich meine, daß in den Geschichten, jedenfalls was meine Lektüre anbetrifft, doch so etwas wie eine kalte Wut manchmal durchgreift, die für mich eine viel größere humane Substanz enthält als alle vordergründigen Solidaritätsbekenntnisse. Es ist ja alles sehr distanziert, es ist so, als habe der Autor überhaupt nichts zu tun mit dem, was in den Erzählungen vorgeht, als ob er selber aus der Tarnung heraus schriebe, aus der Tarnung heraus nicht nur beobachtete, sondern auch schriebe, um ja nicht aus der Rolle, in der sich die Personen befinden, die alle Rollen spielen, sich in eine bessere Position zu begeben als Autor. Habe ich das richtig gesehen?

H. J. S.: Ja. Das, was man die Wut nennen könnte, die man da heraushören oder herauslesen kann, die kommt, glaube ich, nicht in erster Linie von mir, sondern aus den Gegenständen, aus den Sachen. Von mir kommt eigentlich nur der Beschreibungsvorgang oder der Beschreibungsakt; alles andere kommt aus den Leuten, die beschrieben sind, aus den Sachen, aus den Verhältnissen.

N. B.: Was machen Sie jetzt, da Sie nicht mehr in der DDR leben? Sie können auch nicht gleich, niemand kann sich das vorstellen, neue Widerstände hier in der Realität der Bundesrepublik finden. Was ist das für eine Erfahrung, plötzlich in der Bundesrepublik zu sein, in Hamburg herumzulaufen?

H. J. S.: Ich muß jetzt für mich versuchen, zur Arbeit zurückzufinden. Das setzt die Kenntnis der hiesigen Umstände und Verhältnisse voraus. Diese Kenntnis muß ich erwerben. Aber das ist nicht in einem vordergründigen oder direkten Sinn von der unmittelbaren Kenntnis oder von unmittelbaren Erfahrungen dieser Umstände abhängig, denn ich habe mir ein Thema gewählt, das nach meiner Vorstellung, ohne daß ich es jetzt im einzelnen erklären oder gar vorbringen könnte, das nach meiner Vorstellung in gewisser Weise unabhängig von unmittelbarer Erfahrung in der DDR oder in der Bundesrepublik für mich und für die Leute, die sich für meine Texte interessieren, relevant ist. Und das kann ich, glaube ich, auch an einem dritten Ort bewältigen.

N. B.: Es könnte ja theoretisch auch ganz ohne Relevanz auskommen, ohne daß man darauf insistiert, daß es relevant sein muß für ein bestimmtes Publikum. Was ist überhaupt diese Relevanz, Zeitgenossenschaft, und Hier und Jetzt, und Aktualität? Was sind all diese Überhänge, die eigentlich nicht elementar und substantiell Literatur ausmachen?

H. J. S.: Ja, das ist natürlich die Frage nach der Wirklichkeit als Gegenstand des Schreibenden überhaupt, und es ist sehr die Frage, was ein Schreibender unter Wirklichkeit und unter Relevanz zu verstehen hat. Die Wirklichkeit, die ich für mich meine, das ist in erster Linie die Wirklichkeit, die *ich* begreife, eigentlich meine Wirklichkeit. Und es kann sein, daß mein Verständnis von Wirklichkeit, also meine Wirklichkeit, für andere ohne jede Bedeutung ist, für andere völlig irrelevant ist. Es kann aber sein, daß ich in die glückliche Lage versetzt bin, daß sich das, was ich meine Wirklichkeit nenne, mit dem, was andere ihre Wirklichkeit nennen, deckt, und insofern relevant wird, aber nicht in einem trivialen unmittelbaren Bezug auf gesellschaftliche oder politische Erfahrungen und Konflikte.

N. B.: Es könnte ja eine völlig fiktive Realität sein, es könnte sich in der Konstellation einer literarischen Realität viel mehr Übereinstimmung und sogenannte Relevanz zwischen einem Leser und dem Autor herstellen als mit einem realistischen Vorwurf.

H. J. S.: Ich selber bin, glaube ich, doch stärker bezogen auf Realität, die sich nicht nur aus mir ergibt. Die sich nicht nur auf mein Bedürfnis zu schreiben reduziert, sondern die eine Identifikation mit einem Leser oder Hörer über eine gemeinsam erkennbare Realität herstellen läßt.

N. B.: Ich meine einfach, was passiert mit der Realität?

H. J. S.: Einerseits habe ich den Eindruck, daß die Realität, deren ich mich bemächtige, einfach nur aus sich selbst zum Sprechen gebracht wird, das klingt zwar sehr anspruchsvoll, aber das ist eigentlich auch eine Bescheidenheit. Andererseits habe ich schon den Eindruck, daß durch einen solchen Vorgang eine Realität sozusagen aus sich selber herausgenommen wird, daß damit die Realität in einer bestimmten Weise über diese Realität erhoben wird und eine zweite Realität für mich oder vielleicht auch für den, der das liest, entsteht.

N. B.: Demnach kann es auch nichts geben, was mit den Geschichten bezweckt sein könnte oder werden könnte. Das muß völlig außerhalb liegen, wenn ich das richtig verstanden habe.

H. J. S.: Ja, jedenfalls keinen unmittelbaren Zweck. Wenn diese Bemächtigung für sich selbst einen Zweck zum Ausdruck bringt, dann muß es der sein, der sich aus der beobachteten Konstellation ergibt. Vom Standpunkt des Schreibers ist das, so merkwürdig das klingen mag, zunächst eine unbewertete oder sozusagen ziellose Beschäftigung. Und es muß, wenn etwa ein Leser oder ein Kritiker daraus etwas zu benennen in der Lage ist, was als Absicht oder als Ziel oder als Tendenz oder als Aussage sich herstellt, an dem Vorgang liegen, an der Konstellation oder an dem Konflikt oder an der Situation, deren man sich bemächtigt hat. Das ist schwer zu beschreiben für mich.

Bestimmt ist natürlich die Wahl der Gegenstände nicht zufällig. Die liegt einfach in der Veranlagung einer Person für gewisse Konflikte begründet, also in der Neigung einer Person, sich mit gewissen Konflikten auseinanderzusetzen. Aber das hat nichts mit der Art und Weise der Auseinandersetzung zu tun. Die Art und Weise der Auseinandersetzung, die muß sich sozusagen kalt aus dem gewählten Gegenstand selbst hervortun und nicht durch irgendeinen Appell dessen, der diese Gegenstände wählt.

N. B.: Können Sie sich Ihre Zukunft als Schriftsteller hier in der Bundesrepublik schon vorstellen?

H. J. S.: Ich möchte mir gerne vorstellen, daß es in der Bundesrepublik im Verhältnis zu meinen Kollegen und Freunden eine solche Atmosphäre der kritischen Auseinandersetzung geben möge, wie ich sie mit eben diesen Freunden in der DDR erfahren habe. Ich denke an die vielen Gespräche, die es unter uns, also zwischen Kollegen aus der Bundesrepublik und mir, gegeben hat, an Gespräche über Manuskripte, über Texte, mit Günter Grass, mit Christoph Buch, Rolf Haufs, Uwe Johnson, um nur einige zu nennen.

Natürlich kann ich mir die Fortsetzung dieser Arbeit vor allem auch deshalb vorstellen, weil ich eigentlich kontinuierlich gearbeitet habe und die Übersiedlung in die Bundesrepublik für mich keinen Bruch in meiner Produktion darstellt.

Neu ist die Erfahrung eines Lesepublikums, die ich bisher nie ma-

chen konnte. Als ich in der DDR war und das Buch erschienen war, hatte ich oft, wenn über das Buch berichtet wurde oder wenn ich von der Kritik an diesem Buch hörte, das Gefühl, daß das etwas sei, was außerhalb meiner Person, außerhalb meiner Selbst stattfindet und im Grunde genommen gar nichts mit mir zu tun hat. Und daß ich hier in der Bundesrepublik ein Lesepublikum gefunden habe, das verdanke ich zum großen Teil der Solidarität meiner Freunde, meiner Kollegen: Nicolas Born und Hans Christoph Buch waren die ersten, die Texte von mir im «Literaturmagazin» veröffentlicht haben; Günter Grass verdanke ich es, daß er sein Publikum und das Publikum in der Bundesrepublik auf mein Buch hingewiesen hat in, glaube ich, über 50 Lesungen, die er mit seinem Roman *Der Butt* veranstaltet hat und auf denen er auch einen Text von mir vorlas.
(1978)

Gespräch mit Gisela Shaw

Gisela Shaw: Herr Schädlich, fast zehn Jahre sind Sie nun schon in der Bundesrepublik Deutschland. Vor acht Jahren gaben Sie Ihr erstes für die Öffentlichkeit bestimmtes Interview in *Die Zeit.* Nach Ihrem inzwischen auch im Ausland in sechs Sprachen zugänglichen ersten Werk, *Versuchte Nähe*, haben Sie eine Reihe kleinerer, aber für Ihre Arbeit wichtiger Prosatexte veröffentlicht und stehen nun vor dem Erscheinen Ihres ersten Romans, *Tallhover.* Ein guter Zeitpunkt, so scheint es mir, zu einer Art Bestandsaufnahme. Darf ich beginnen mit einer Frage nach Ihren Anfängen als Schreiber?

Hans Joachim Schädlich: Ich bin, wie vielleicht bekannt, erst relativ spät zum Schreiben literarischer Texte gekommen. Meine Beschäftigung mit Literatur und Sprache als solchen begann an der Humboldt Universität in Ostberlin mit einem Germanistikstudium, nachdem ich schon in der Schule den Entschluss gefasst hatte, etwas zu studieren, was mit der Sprache zu tun hatte. Allerdings wurde mir damals bald klar, dass sich meine Vorstellungen von einem Literaturstudium nicht erfüllen würden, weil Auswahl und Interpretation literarischer Texte, insbesondere derjenigen der Gegenwart, zu stark unter dem ideologischen Gesichtspunkt der «Nützlichkeit für die herrschende Partei» vorgenommen wurden. Dazu kam, dass die Bewertung von Literatur an sich schon ein stark subjektives Element einschliesst. Daher wechselte ich innerhalb der Germanistik von der Literatur- zur Sprachwissenschaft über, wo ich objektive Beurteilungskriterien zu finden hoffte und auch fand. Dort hatte ich es zu tun mit handfesten Dingen, die sich überprüfen liessen. Übrigens ging ich dann auch von Ostberlin nach Leipzig, wo mein sprachwissenschaftliches Studium besser möglich war.

G. S.: Und wann begannen Ihre eigenen literarischen Schreibversuche?

H. J. S.: Als eigentlichen Anfang betrachte ich schon *Versuchte Nähe.* Alle früheren Schreibversuche, die es natürlich gab, waren nichts als Übungsstücke, die ich später beseitigt habe. Die Arbeit an dem ersten Buch dauerte von der Jahreswende 1969/70 bis zum Ende 1976.

G. S.: Diese Schreibarbeit lief parallel zu Ihrer Tätigkeit am Institut für Sprachwissenschaften der Akademie der Wissenschaften in Ostberlin und auch zu Übersetzungen literarischer Texte aus dem Holländischen. Wie passten letztere in das Gesamtbild Ihrer Interessen?

H. J. S.: Ich hatte an der Universität im Nebenfach niederländische Sprache und Literatur studiert. Das Übersetzen empfand ich als eine Art Gegengewicht zu meiner linguistischen Tätigkeit. Ich übersetzte zwei Bücher für Kinder und Jugendliche, auch Novellen in Anthologien, und gab eine eigene Anthologie holländischer und flämischer Lyrik heraus, für die ich einige Gedichte selbst ins Deutsche übertrug. Die Belegexemplare für diese Anthologie bekam ich übrigens erst, als ich selbst schon in Hamburg war. Neben meinen sprachwissenschaftlichen Arbeiten sind die übersetzerischen die einzigen, die in der DDR erscheinen durften und dürfen.

G. S.: Und wie ergab sich dann der Schritt zum «freien Schriftsteller»?

H. J. S.: Ja, es wuchs in mir immer stärker das Bewusstsein von der Unverträglichkeit meiner beiden Beschäftigungen als Sprachwissenschaftler und Schreiber. Dieses Gefühl erreichte seinen Höhepunkt Ende 1975/Anfang 1976.

Da entschloss ich mich, meine volle Tätigkeit an der Akademie einzuschränken. Seit dem Frühjahr 1976 arbeitete ich nur noch als «freier Mitarbeiter auf Honorarbasis», was man hier in der Bundesrepublik wohl als «fester freier Mitarbeiter» bezeichnen würde. Aber auch das währte nur bis Anfang 1977, als man mir aufgrund meines Protestes gegen die Ausbürgerung Biermanns mitteilte, dass ich mich rückwirkend vom 31. Dezember 1976 nicht mehr als Mitarbeiter der Akademie zu betrachten hätte. Von da an war ich «freier Schriftsteller» (ohne Publikationsmöglichkeiten) oder eigentlich «freier Übersetzer».

G. S.: Wie erklärt sich das Gefühl der Unverträglichkeit Ihrer sprachwissenschaftlichen und literarischen Arbeit?

H. J. S.: Sie sind einander entgegengesetzt (und das mag objektiv gesehen durchaus falsch sein, ich empfinde es nur so), indem die linguistische Arbeit von den Teilen zum Ganzen, also analysierend vorgeht, während die literarische Arbeit vom Ganzen zu den Teilen, also synthetisch fortschreitet. Natürlich kommt mir die Vertrautheit mit sprachlicher Arbeit jetzt zugute, etwa im Umgang mit Wörterbüchern, bei der beruflich notwendigen Wahrnehmung unterschiedlicher Bedeutungen von Wörtern und Regeln in der Syntax. Ich habe eine besondere Empfindlichkeit der Sprache gegenüber entwickelt, ohne dass deswegen die Linguistik eigentlich mit Schreibarbeit zu tun hätte.

G. S.: In Ostberlin hatten Sie regelmässig Kontakt mit anderen Autoren aus Ost und West. Wie ergab sich das, und was bedeutete dieser Kontakt für Sie?

H. J. S.: Da sollte ich vielleicht zuerst einmal den Namen Bernd Jentzsch nennen. Denn Jentzsch, zeitweise mein Nachbar in Ostberlin, war für mich ein Kritiker und freundschaftlicher Weggefährte, dem ich viel verdanke. Einmal, im Frühjahr 1974, lud er zu einem Abend bei sich ein und griff damit die Idee von Günter Grass auf, dass man sich regelmässig im östlichen Teil der Stadt treffen und einander unter Ausschluss von Kritikern und sonstiger Öffentlichkeit aus unveröffentlichten Werken vorlesen könnte. Von da an haben sich Autoren aus der DDR, v. a. aus Ostberlin, der Bundesrepublik, Österreich und der Schweiz (die vor allem Grass mitbrachte, er war sozusagen der Motor des Ganzen) immer wieder getroffen. Bis zum Sommer 1977 waren es, glaube ich, insgesamt 14 Sitzungen. Da wurde ich so intensiv wie vorher und nachher nie in literarische Diskussionen verwickelt, und das war ja damals meine einzige literarische Öffentlichkeit. An der ersten Sitzung nahm auch Uwe Johnson teil. Ich lernte ihn dort kennen. Übrigens versuchte Grass später, ähnliches auch in der Bundesrepublik ingangzubringen. Aber es kam nicht zustande, wohl weil das ursprüngliche Bedürfnis, der Isolation zu entfliehen, nicht mehr vorhanden war. Hier im Westen hat jeder von uns seine eigene Öffentlichkeit.

G. S.: Sie nannten gerade Uwe Johnson. Sie haben, so scheint mir, manches mit ihm gemeinsam, nicht zuletzt Ihre behutsame und präzise Art, Wirklichkeit zu beobachten und sich dem Beobachteten sprachlich zu nähern. Empfinden Sie selbst etwas von dieser Verwandtschaft mit Johnson und seinem Werk?

H. J. S.: Objektiv beurteilen kann ich das nicht. Aber doch, ich fühle mich Johnson tatsächlich sehr nahe. Was nicht heissen will, dass ich versuchte, ihn nachzuahmen. Aber ich fühle auch bei ihm die Vorrangigkeit der Frage: Wie könnte man das genau sagen?, was sich dann im Werk umsetzt in die Reduktion auf das Relevante, den Verzicht auf alle Art schmückender Redundanz.

G. S.: Nach Ihrem Staatenwechsel vergingen einige Jahre, bis Sie 1984 den schmalen Band *Irgend etwas irgendwie* beim BrennGlas Verlag vorlegten, einen Band, in dem Sie Ihrem Versuch der Annäherung an das noch fremde, allmählich vertrauter werdende Land sprachlichen Ausdruck geben und Ihre Gehversuche dort beschreiben. Haben Sie diese Texte auch dem Rowohlt Verlag angeboten?

H. J. S.: Ich habe das damals mit Rowohlt besprochen. Als ich diese Texte hatte (und ich hatte noch mehr), da wollte ich sie eigentlich gar nicht veröffentlichen. Aber mich hat Bernd Jentzsch, der mit diesem kleinen Verlag zusammengearbeitet hat, gefragt, ob ich nicht etwas hätte. Und da habe ich ihm einiges geschickt. Insofern bin ich selbst beteiligt an der geringen Verbreitung, aber ich bin natürlich auch erstaunt darüber, dass die Kritik dieses Buch überhaupt nicht wahrnimmt. Die Kritik ist ja nicht abhängig von dem Propaganda- und Vertriebsapparat eines grossen Verlags. Wenn sie es trotzdem ignoriert, dann kommt bei mir das Gefühl auf, das könnte mit der Sache zu tun haben. Immerhin war es für mich wichtig zu sagen: «Ich habe einen Punkt erreicht. Ich kann jetzt wieder arbeiten.»

G. S.: In diesem Buch, möchte ich sagen, haben Sie etwas Neues gewagt, nämlich das Ausleuchten innerer Zustände.

H. J. S.: Ja, da haben Sie vollkommen recht, dessen habe ich mich in

Versuchte Nähe vollkommen enthalten. Das ist neu. Und das ist für mich auch ein grosses Wagnis. Vielleicht hat auch die Angst vor diesem Wagnis mit dazu beigetragen, dass ich gesagt habe: bitte nicht im Rowohlt Verlag. Ich will mich nicht so öffnen. Obwohl das natürlich eine Illusion ist, wenn es einmal veröffentlicht ist, dann ist es ja da, offen. Insgeheim erhoffe ich mir, dass man sich nun vielleicht bei der Aufnahme von diesem neuen Buch *Tallhover* daran erinnert, dass dazwischen kleinere Bücher erschienen sind, denn die stellen ja auch Etappen dar, einen Zusammenhang zwischen der früheren Zeit und dieser Arbeit. Mit *Irgend etwas irgendwie* erreichte ich den Punkt, wo ich sagen konnte: «Ich bin jetzt psychisch und physisch frei, ich kann mich jetzt unbelastet von den Problemen, die ich infolge meines Landwechsels von Ost nach West hatte, frei jedem Thema zuwenden.» Ich muss nicht mehr in mich hineinschauen, obwohl ich das auch könnte (aber ich mag solche psychologisierende Bekenntnisliteratur nicht).

G. S.: Im September 1986 wird nun bei Rowohlt dieser erste Roman von Ihnen erscheinen, die Geschichte eines Mannes, der sein ganzes Leben in den Dienst an der «Idee des reinen unbedingten Staates» stellt und letztlich Opfer der eigenen Idee wird. In dem *Zeit*-Gespräch mit Nicolas Born haben Sie gesagt, Sie identifizierten sich «mit den *Un*mächtigen im Verhältnis zu den Mächtigen». Wäre es richtig zu sagen, dass das Spannungsfeld zwischen Mächtigen und Unmächtigen Sie weiterhin beschäftigt und auch die Thematik dieses Romans umfasst, wobei allerdings diesmal das Hauptaugenmerk auf das den Mächtigen bei ihren Machenschaften unentbehrliche Instrument, die staatliche Geheimpolizei, gerichtet ist?

H. J. S.: Also, das ist mir nun sehr interessant, weil ich das selbst nicht so erkennen kann. Aber natürlich ist es richtig, dass die (fiktive) Figur des Tallhover ein Mensch ist, der über einen Zeitraum von fast 140 Jahren einer Reihe deutscher Staatswesen dient, sozusagen als freier Fachmann, aber eben mit der Ideologie vom Staat und der Rolle der politischen Polizei bei der Errichtung und Erhaltung dieses Staates. Nur ist es für mich wichtig, in diesem Zusammenhang deutlich zu machen, dass *Tallhover* keineswegs ein DDR-Buch ist, ebensowenig wie es ein bundesdeutsches Buch ist. Mein Thema ist ein allgemeines, wenn auch in erster Linie ein deutsches, aber eben doch ein Thema, das für alle Gesellschaften relevant ist, die auf politischer Ungleichheit und Unterdrückung beruhen.

G. S.: Hätten Sie dieses Thema auch gewählt, wenn Sie nicht vorher in der DDR gelebt hätten?

H. J. S.: Ich glaube schon. Ich wehre mich von Natur aus gegen jede Art von Autorität oder Instanz, im Privatleben und auch im Sozialen und im Politischen. So habe ich zum Beispiel eine Abneigung gegen jegliche institutionalisierte, scheinbar unwiderrufliche Bindung. Meine Aversion gegen Autorität ist durch meine Erfahrungen in der DDR sicherlich verstärkt worden, ist aber keineswegs allein darauf zurückzuführen. Daher habe ich auch meine Arbeit an dem Roman auf längere Zeit unterbrochen, um mich speziell mit dem Vorgang der Euthanasie (einer anderen Variante des Verhältnisses zwischen Mächtigen und Unmächtigen) zu beschäftigen. Das Ergebnis war dann das Bändchen *Mechanik*, das von der Kritik bisher noch nicht zur Kenntnis genommen wurde. Und es ist ja bekannt, dass die Täter gerade in der Bundesrepublik straffrei ausgegangen sind. Das empört mich zutiefst. Dagegen kann ich natürlich nichts machen, ausser meine kleinen Geschichten schreiben. Aber das hängt alles zusammen.

G. S.: Die fiktive Gestalt des Tallhover, die hineingeschmolzen ist in einen aus detaillierten Recherchen aufgebauten historischen Kontext, ist geboren im Jahre 1819, genau in der Sterbestunde des ermordeten Staatsrats August von Kotzebue. Im Jahre 1955 wartet Tallhover auf sein Ende. Warum gerade diese Zeitspanne?

H. J. S.: Ich wollte in diesem Roman einen geschichtlichen Zeitraum erfassen, der beginnt mit der systematischen Verfolgung Andersdenkender in Deutschland während der Restauration (in England hat es ja derlei Verfolgungen in ihrer extremen Form seit dem Mittelalter nicht mehr gegeben, in Frankreich auch nicht) und endet mit den Anfängen eines sozialistischen totalitären Staates in einem Teil Deutschlands. Das musste noch kommen, als Pendant zu dem Nazistaat. Obwohl ich die beiden nicht gleichsetze, aber in der Erscheinungsform sind sie partiell für mich vergleichbar als jeweils antidemokratische oder totalitäre Ordnungen. Tallhovers Alter musste ich dafür natürlich manipulieren, aber ich bin im Gespräch mit anderen zu der Überzeugung gelangt, dass es für eine fiktive Gestalt durchaus möglich ist, so viel Eigenleben zu gewinnen, dass einerseits die Frage des Alters zweitrangig wird und andererseits diese Gestalt ihrer sujektiven inneren Zeitrechnung folgt, die sich mit der objektiven Zeitrechnung nicht zu decken braucht. Schließlich nehmen wir ja auch in Märchen ohne Bedenken zur Kenntnis, dass ein Tier spricht oder ein Mensch sich in ein Tier verwandelt. Ein weiterer Grund für die Wahl des Jahres 1955 als Endpunkt ist, dass damals, also Mitte der fünfziger Jahre, die handwerkliche Phase der Arbeit eines politischen Polizisten ihr Ende fand und die Technisierung begann. Tallhover ist ein Handwerker seines Fachs, Maschinen gehören nicht mehr in sein Leben.

G. S.: Ist Tallhover eine tragische Figur?

H. J. S.: Im System der Figur selbst gedacht, ist diese Gestalt durchaus tragisch. Tallhover wendet am Ende das Lügenprinzip der Moskauer Prozesse (deren Fortgang er mit Spannung und mit Bewunderung für den Staatsanwalt Wyschinski und seine Arbeit verfolgte) auf sich selbst an in der Hoffnung auf Erlösung nach seiner Beichte. Aber keiner tötet ihn. Er erfährt keine Strafe/Befreiung/Gnade, sondern bleibt in seinem Dreck hocken und verreckt. Das ist mein unausgesprochenes Urteil über diese Figur. Er ist weder erlöst noch ans Ziel gekommen. Das ist eine Verdammung, die Hölle. Was völlig fehlt für eine Tragik, das ist die Grösse im Guten. Es gibt bei ihm nur eine gewisse Grösse im Niedrigen. Tallhovers Scheitern stellt für mich einen wünschenswerten Ausgang dar, ein objektiv gesehen befreiendes Ende.

G. S.: Dennoch kann aber wohl von einer Befreiung im Sinne einer Katharsis nicht gesprochen werden. Denn das Böse geht ja mit ihm nicht unter, das Gute siegt nicht.

H. J. S.: Nein, das Gute siegt nicht. Diejenigen, die mit Tallhover sozusagen das Böse vertreten und die er ruft, die machen schon längst weiter. Ohne ihn. Für sie ist er schon abgeschrieben, auch als Werkzeug. Der Mohr hat seine Schuldigkeit getan.

G. S.: Noch einmal zum Verhältnis von Fiktion und Dokument. Schon in einigen Ihrer kurzen Prosatexte haben Sie sich bei der Verschmelzung beider als Meister erwiesen. In *Tallhover* gewinnt dieser Aspekt zentrale Bedeutung.

H. J. S.: Ja, die Frage, ob und wie historische Quellen zu verwenden sind, beschäftigte mich bei der Arbeit an diesem Buch besonders. Ich habe mir überlegt: Was mache ich eigentlich mit den Quellen? Und oft sind mir Skrupel dabei gekommen, ob ich den Leuten damit nicht zu viel zumute und ob ich nicht sogar den Eindruck erwecke, ich machte ihnen etwas vor. Aber dann habe ich mich damit getröstet, dass diese Quellen ja jedem zur Verfügung stehen, genau wie die Natur oder die Menschenseele. Für mich ist die historische Quelle, die ihrerseits natürlich bereits subjektiv gefärbt ist, auch eine Realität, die benutze ich dann frei. So gibt es etwa über die deutschen Privat- und Leibärzte Lenins knappe biographische Daten oder Aussagen, manchmal sogar direkte Äusserungen. Aber ich lasse diese Leute in meinem Buch mit dem fiktiven Tallhover ins Gespräch kommen, so dass sich Realität und Fiktion speziell in dieser Arbeit in einer kaum noch kontrollierbaren Weise verzahnen. Ich habe auch selber Dokumente geschrieben, im Stile historischer Dokumente. Da haben wir dann sozusagen fiktive Dokumente. Das ist ungeheuer spannend, wenn man das macht, weil man dann über Menschen, die es gegeben hat, verfügt. Aber es ist auch ein Spiel. Ich hoffe nur, dass sich niemand die Mühe macht, das alles aufzulösen. Übrigens hätte ich die für dieses Buch erforderlichen Vorarbeiten in der DDR nicht machen können, da insbesondere die Darstellung der Oktoberrevolution und des Stalinismus noch einer rigiden Steuerung und rücksichtslosen Retouchierung unterliegt.

G. S.: Werfen wir noch einen Blick auf die Struktur dieses neuen Werkes. Sie selbst werden sich bei der Arbeit sehr bewusst gewesen sein, dass «eine Art Roman» (wie Sie es gern nennen) andere Ansprüche an den Autor stellt als ein kurzer Text. Das gilt natürlich sowohl für den Inhalt als auch für die Form. Entspricht es Ihrem eigenen Empfinden, wenn man nach dem fast skizzenhaften psychologischen Entwurf des Anfangs und den dann folgenden langen Strecken, während derer Tallhover einfach «funktioniert» und die historischen Ereignisse im Vordergrund stehen, dem letzten Teil, der seinem Leben im sozialistischen Staate gewidmet ist, besonderes inhaltliches und strukturelles Gewicht beimisst? Hier kommt er ja zum Leben, gerade weil er zum ersten Mal leidet und das Geschehen weniger äusseren als inneren Anstössen entspringt.

H. J. S.: Ich muss gestehen, dass ich gehofft habe, es würde vom Ende noch einmal ein Blick auf die vorhergehende Zeit dieser Figur eröffnet, so dass manches, was man unter psychologischem Aspekt anfangs gern gehabt hätte, sozusagen wie in einer Rückblende noch einmal eingeführt wird. Das ist eigentlich, das muss ich sagen, das Prinzip einer Kurzgeschichte, dass man nämlich sozusagen die ganze Geschichte erst vom Schluss her versteht; dass die Bedeutung aufgespart ist; dass sie nicht im Lauf der Geschichte so portionenweise preisgegeben wird, sondern im Gegenteil das Licht erst vom Ende her auf die Person fällt. So hoffe ich auch, dass Tallhover für den Leser Leben gewinnt, nicht nur als Typ mit menschlichen Zügen, sondern als Mensch mit typischen Zügen. Das erfordert mehr als nur einen Lesedurchgang. Übrigens war mir das mit dem Prinzip der Kurzgeschichte, dass man das auf einen grösseren Text übertragen könnte, bisher auch nicht so klar.

G. S.: Es handelt sich also nicht um einen gradlinigen Bericht, sondern um eine kunstvolle Verklammerung von Anfang und Ende. Und auch von einzelnen Episoden untereinander.

H. J. S.: Ja, so könnte man das wohl nennen. Es gibt ja innerhalb des Mittelteils ganze Stränge von Handlungen, die dann unterbrochen werden und später aus Gründen der inneren Handlung wieder aufgegriffen werden. Und das geht dann bis in die Sprache. Wobei ich allerdings meine, dass die Sprache in diesem Roman einfacher ist als in früheren Texten.

G. S.: Herr Schädlich, wir erwähnten zu Anfang, dass Ihr Buch *Versuchte Nähe* bereits in sechs Sprachen übersetzt worden ist, auch (und das habe ich erst heute von Ihnen erfahren) ins Englische/Amerikanische. Haben Sie darauf hin aus Grossbritannien oder den USA schon ein Echo gehabt?

H. J. S.: Rezensionen der englischen Übersetzung habe ich bisher nur aus Amerika bekommen. Das hat wohl mit den amerikanischen Universitäten zu tun.

G. S.: Da ich weiss, dass auch in Grossbritannien das Interesse an Texten von Autoren aus der DDR zunimmt, bin ich überzeugt, dass nun, mit dem Erscheinen Ihres Romans, die Beschäftigung mit Ihrem Werk auch bei uns an Boden gewinnen wird. Dazu kann vielleicht auch dieses Gespräch, für das ich Ihnen herzlich danke, einen kleinen Beitrag leisten.

H. J. S.: Ich bin auch veranlasst, Ihnen zu danken, denn vieles, was man sagen kann, was man eigentlich so im Kopf hat, das bleibt ja ungesagt, wenn man eben nicht direkt danach gefragt wird.

(1987)

FAZ-Magazin: Fragebogen

Was ist für Sie das größte Unglück? *Das Unglück der Kinder.*
Wo möchten Sie leben? *In Berlin.*
Was ist für Sie das vollkommene irdische Glück? *Nicht vorstellbar.*
Welche Fehler entschuldigen Sie am ehesten? Die Fehler von Franz Schubert.
Ihre liebsten Romanhelden? *Molloy, Der Namenlose.*
Ihre Lieblingsgestalt in der Geschichte? *Voltaire.*
Ihre Lieblingsheldinnen in der Wirklichkeit? *Die protestierenden Studentinnen auf dem Platz des Himmlischen Friedens.*
Ihre Lieblingsheldinnen in der Dichtung? –.
Ihre Lieblingsmaler? *August Macke, Joan Miró.*
Ihr Lieblingskomponist? *Franz Schubert.*
Welche Eigenschaften schätzen Sie bei einem Mann am meisten? *Kühle Entschiedenheit.*
Welche Eigenschaften schätzen Sie bei einer Frau am meisten? *Kühle Unentschiedenheit.*
Ihre Lieblingstugend? *Gerechtigkeit.*
Ihre Lieblingsbeschäftigung? *Halbschlaf.*
Wer oder was hätten Sie sein mögen? *Bluessänger.*
Ihr Hauptcharakterzug? *Neugier.*
Was schätzen Sie bei Ihren Freunden am meisten? *Nachsicht.*
Ihr größter Fehler? *Die Neigung zur Versöhnlichkeit.*
Ihr Traum vom Glück? *Sorglos arbeiten.*
Was wäre für Sie das größte Unglück? *Irresein.*
Was möchten Sie sein? *Schriftsteller.*
Ihre Lieblingsfarbe? *Hellblau.*
Ihre Lieblingsblume? *Roseneibisch.*
Ihr Lieblingsvogel? *Kookaburra.*

Ihr Lieblingsschriftsteller? *Samuel Beckett.*
Ihr Lieblingslyriker? *Friedrich Hölderlin.*
Ihre Helden in der Wirklichkeit? *Die protestierenden Studenten auf dem Platz des Himmlischen Friedens.*
Ihre Heldinnen in der Geschichte? *Sophie Scholl, Nelly Sachs.*
Ihre Lieblingsnamen? *Samuel, Sophie.*
Was verabscheuen Sie am meisten? *Das Autoritäre.*
Welche geschichtlichen Gestalten verachten Sie am meisten? *Stalin, Hitler.*
Welche militärische Leistung bewundern Sie am meisten? *Die Landung der Alliierten 1944 in der Normandie.*
Welche Reform bewundern Sie am meisten? *Eine Orthographiereform.*
Welche natürliche Gabe möchten Sie besitzen? *Die Gabe des Fliegens.*
Wie möchten Sie sterben? *Schlafend.*
Ihre gegenwärtige Geistesverfassung? *Erstaunlich heiter.*
Ihr Motto? *Mach dich nicht so klein, so groß bist du gar nicht (Nach Asher Reich)*

(1992)

«Diese sonderbare Bindung an den ‹Stall›, aus dem man kommt»

Gespräch mit Martin Ahrends

Martin Ahrends: Wie wär 's mit einem kurzen Lebenslauf?

Hans Joachim Schädlich: Ich bin 1935 im Vogtland geboren; mein Vater ist sehr früh gestorben, bevor ich acht Jahre wurde. Er war Wollkaufmann, er hat Rohwolle aufgekauft, waschen lassen und an Spinnereien verkauft. Ich bin der jüngste von drei Brüdern, nach mir kam noch eine Schwester. Meine Mutter hat sich recht und schlecht durchgeschlagen, ohne Beruf, in der Nachkriegszeit. Ich bin 1951 in eine Internatsschule in Templin gegangen, das war früher ein Ableger des Joachimsthalschen Gymnasiums. Eigentlich ein kleiner Staat im Staate, dieses Internat, dort bin ich schon früh mit etwas bekannt geworden, das mir dann immer vertrauter wurde – der Internatskomplex war von einer hohen Mauer umgeben. Natürlich konnten wir raus in die Stadt, aber gegen Abend wurde die Schul-Kaserne geschlossen. Sonderbare Lehrer gab es da. Einerseits ganz junge Neulehrer, andererseits sehr alte Lehrer, die in der Nazizeit «nicht belastet» waren, wie man sagte. Mein Lateinlehrer war schon Mitte siebzig, ein gebrechlicher Mann, ein wunderbarer Lehrer. Und drittens gab es ehemalige Offiziere der Wehrmacht, die sich da mehr oder weniger angepaßt oder überzeugt gezeigt haben. Ein ehemaliger Offizier galt als der «fortschrittlichste» unter den Lehrern; der trug Blauhemd und Reithosen, die Reithosen seiner alten Uniform, dunkelblau gefärbt. Dazu trug er Halbschuhe. Ein merkwürdiges Gemisch unterschiedlichster Einflüsse.

Es gab noch einen ehemaligen Pfarrer, der war aus politischen Gründen als Pfarrer gescheitert, er gab sehr guten Unterricht. Auch ein, wie man sagte, «fortschrittlicher» Mann, der sich als einziger die Mühe machte, auf uns Kinder persönlich einzugehen, sich um unsere Seelen zu kümmern.

Da ich kein Arbeiter- und Bauernsohn war, sondern aus bürgerlichen Verhältnissen stammte, kam ein Studium für mich nur in Frage, wenn ich ein ausgezeichnetes Abitur ablegte. Damals konnten aus jeder Abiturklasse vielleicht zwei oder drei einen Studienplatz bekommen, und das waren in erster Linie Bauernkinder, die aus der Umgebung, der Uckermark stammten, Kinder von Klein- oder Neubauern, die das alte Bildungsprivileg brechen sollten. Da ich studieren wollte, stand ich unter dem Zwang, unbedingt sehr gut zu sein. Ich denke an diese Zeit nicht gern zurück. Es war in vielerlei Hinsicht eine unfreie Zeit. Einerseits wegen des Anspruchs der FDJ, die sich da entwickelte, andererseits wegen des Leistungsdrucks, den man auf sich nahm, da man sich vorgenommen hatte, zu studieren. In der Schulzeit hatte ich keine entschiedene Meinung über mein Studienfach. Ich habe mich schließlich für Germanistik entschieden und bin von Templin direkt an die Humboldt-Universität gekommen. Dort habe ich übrigens sehr bald den Eindruck gewonnen, daß dieses Studium nichts für mich sei. Hauptsächlich unter dem Eindruck des Literaturstudiums; wir wurden da sehr einseitig – kann ich jetzt sagen – mit der proletarisch-revolutionären Tradition der deutschen Literatur in den zwanziger und dreißiger Jahren vertraut gemacht. Wir mußten das pauken, und ich hatte nicht den Eindruck, daß mich die Bücher sehr interessierten. Und das Studium auch nicht. Noch während des ersten Studienjahres hab ich versucht, an eine andere Fakultät zu kommen, ich wollte Medizin studieren. Aber das war unmöglich, das wurde mir nicht erlaubt.

Jetzt könnte man fragen: Warum bin ich nicht einfach an die FU gegangen, ich war ja in Berlin. Aber auf diese Idee bin ich gar nicht gekommen. Ich war durch die Schule und auch durch die familiäre Bindung an die Geschwister, an die Mutter so ganz fraglos festgelegt auf dieses Land, auf diese Universität ... Ich hab keine andere Erklärung dafür, warum ich nicht in der Lage war, mir zu sagen: Da gibt es doch *noch* eine Universität, an der ich studieren kann, was ich will. – Eine Angst, in einer Umgebung und unter Verhältnissen, die einem fremd sind, bestehen zu müssen. Ohne persönliche Bindungen, ohne Zusammenhang. Im Osten hatte ich das Gefühl, ich kenne mich aus, ich weiß, wie ich zu Rande komme. Natürlich war ich als Student auch in Westberlin. Um ins Kino zu gehen. In meinem Studienjahr gab es einen, der den endgültigen Schritt in den Westen getan hat, und das haben wir eigentlich alle mit dem größten Erstaunen zur Kenntnis genommen: Daß jemand das zu können glaubt! Daß sich das jemand zutraut – unglaublich. Ich war durch die Art meiner Erziehung ganz untüchtig gemacht für solche Gedanken und solche Schritte.

Das war ein Bedürfnis nach einer bekannten Ordnung, unter bekannten Bedingungen sicher zu sein. Dabei spielte es eine Rolle, daß ich nicht zur Oberschule hätte gehen können, wenn mir der Staat nicht die Möglichkeit eröffnet hätte, kostenlos dieses Internat zu besuchen. Das gehört auch dazu. Ich hab mir ja damals nicht klarmachen können, daß man als aus einem mittellosen Elternhaus Stammender auch anderswo eine Oberschule hätte besuchen können. Man war ja ahnungslos über die Bedingungen anderswo. Man war gebunden durch diese «Gnade» und den Zwang, ihr gerecht zu werden, und konnte sich nicht vorstellen, anderswo auf andere Weise zur Schule zu gehen. Das kam einem nicht in den Sinn.

Was einem dann erst später aufstößt, das ist zum Beispiel die Enge des Unterrichts in den Fächern Geschichte, Literatur, in der sogenannten Gegenwartskunde. Erst hinterher wird einem klar, wie man in Rahmen gebunden wurde. Ich sehe hier immer wieder mit einer Verwunderung, die von dieser Zeit herkommt, daß Kinder im Gymnasium mit 13 oder 14 Jahren im Schüleraustausch ganz normal nach England gehen, nach Frankreich, in die USA. Die Grenzen des DDR-Erziehungs- und Bildungssystems in sachlicher und natürlich auch in politischer Hinsicht habe ich erst später wahrgenommen, und ich habe bedauert, daß man nicht in einer anderen Gegend zur Schule gegangen ist.

In der Bundesrepublik bin ich oft gefragt worden: Warum sind Sie so lange in der DDR geblieben? Warum sind Sie erst 1977 gekommen?

Da waren noch andere Bindungen hinzugekommen. Die Bindung an die Akademie der Wissenschaften, an eine Arbeit, die man gerne machte. Und ich hatte über Jahre keine richtigen Vorstellungen von anderen Möglichkeiten, es mag sonderbar klingen, aber so war's. Das war zwar schon sehr früh mit Einwänden verbunden und Vorbehalten und mit tausend kritischen Gedanken, aber die Vorstellung, an einer anderen Stelle in Deutschland oder der Welt leben zu können, ist nicht aufgekommen. Ich sage das, weil man diese sonderbare Bindung an den «Stall», aus dem man kommt, noch bis in spätere Jahre gespürt hat.

Ich habe jedenfalls den Schritt in eine andere Fakultät nicht tun dürfen, war aber auch nicht fähig, an eine westliche Universität zu gehen. Das Unbehagen an dem Studium der Literaturwissenschaft hat aber immerhin dazu geführt, daß ich mich davon abgewandt habe und einem überprüfbareren Gebiet zugewandt – das war innerhalb des Germanistikstudiums der sprachwissenschaftliche Zweig. Die Geschichte des Gotischen, Althochdeutschen, Mittelhochdeutschen. Germanistische Linguistik. Das habe ich dann in Leipzig studieren können. Dort habe ich auch Vorlesungen bei Hans Mayer und Ernst Bloch gehört. Auch Hermann August Korff hat noch gelehrt in dieser Zeit. Der hat – zum großen Vergnügen der Studenten – aus seinem mehrbändigen Werk über den Geist der Goethezeit *vorgelesen*, in seiner Vorlesung.

Promoviert habe ich bei Theodor Frings, einem Gelehrten der alten Schule, wie man sagt. Seine Bildung war universell, er hat ein Gefühl von Grenzüberschreitung in unsere Köpfe gepflanzt.

M. A.: Als ich studiert habe, waren, zumindest in meiner Sektion an der Humboldt-Universität, die großen Gelehrten ausgestorben. Ich hatte immer das Gefühl, daß etwas Entscheidendes fehlt; ich war bloß nicht in der Lage, genau zu wissen, was es ist, denn dazu hätte ich es anders kennen müssen. Auch bei meinem Musikstudium hatte ich das Gefühl, nur noch das Gebäude halte so etwas wie eine Tradition aufrecht, und daß darin irgendwie weitergewurstelt werde nach einem großen Knall. Ohne daß man weiß, was man da eigentlich tut. Wenn man die schmutzigen Übungsräume betrat und die klapprigen Flügel sah, hat man immer nach dem alten Professor

Ausschau gehalten, der durch die Gänge schlurft und geifert und ausspuckt. Pfui Deibel! Aber den gab es nicht mehr. Der war längst gestorben oder in den Westen gegangen.

H. J. S.: Dieses Glück hatte ich allerdings, mit solchen Leuten noch zusammenzutreffen. Das waren auch Hans Mayer und Ernst Bloch. An der Akademie der Wissenschaften habe ich eine Erhebung der verschiedenen in der DDR vertretenen Dialekte mit Hilfe von Tonaufnahmen vorgenommen. Ich habe ein paar Jahre auf dem Gebiet der deutschen Dialektologie gearbeitet, dann auf dem Gebiet der sogenannten Phonologie, insbesondere zur deutschen Satzintonation. Dann habe ich mitgearbeitet an einer deutschen Grammatik. Die ist, als ich schon lange weg war, in der DDR erschienen unter dem Titel «Grundzüge der deutschen Grammatik». Ich war damals für das Kapitel Phonetik und Phonologie verantwortlich. Ich habe das Kapitel geliefert; später habe ich erfahren, daß man dieses Kapitel wegen meines Wegganges herausgenommen hat, und ein Kollege mußte die Arbeit noch einmal machen. Aus dem Kreis der Autoren habe ich dann zu hören bekommen, ich sei schuld daran, daß die Grammatik mit so großer Verzögerung erschienen sei.

M. A.: Ein merkwürdiger Schuldbegriff. Aber psychologisch verständlich. Man muß sich, wenn man heute drübenbleibt, gegen den Entschluß, zu gehen, abgrenzen. So eine Schuldzuweisung an einen Gegangenen mag helfen, mit dem Bleiben besser fertig zu werden.

H. J. S.: Und sie haben übersehen – ein Zeichen der «normalen» Befangenheit – daß die Schuld woanders lag, nämlich bei einem lächerlichen Zensurbetrieb, der nicht ertragen kann, daß der Name eines Gegangenen in dieser Weise veröffentlicht wird. Zuletzt hab ich in der Akademie in einer Arbeitsgruppe gearbeitet, die mit den wissenschaftlichen Voraussetzungen für eine Reform der deutschen Orthographie befaßt war. Das war meine letzte Beschäftigung dort, bis zu meinem Weggang, bis Ende 1976.

Hier in Westberlin waren mir Straßen, Plätze, die Mentalität der Menschen glücklicherweise vertraut. Die politische Ordnung war mir hingegen vollkommen fremd, in ihr hab ich mich nicht wiedergefunden, die mußte ich erstmal erkennen, um mich darin vertraut zu fühlen. Gehört hatte man ja viel, und «gesehen», im Fernsehen. Aber Bilder und Worte über den Westen, die man vom Osten her kennt, waren mit keiner praktischen Erfahrung verknüpft. Ich konnte mir wohl einbilden, ich wüßte etwas, aber in Wirklichkeit hatte ich die realen Entsprechungen dieser Eindrücke nie lebendig erlebt. Insofern war das fremd. Ich kam nach Hamburg, und da waren gerade Wahlen – ich wußte doch eigentlich nicht, was 'ne Wahl ist.

Die Notwendigkeit, mich als Schriftsteller frei zu betätigen, hatte ich im Osten auch nicht kennengelernt. Ich war ein wissenschaftlicher Angestellter gewesen. Nachdem ich mich entschieden hatte, das Schreiben zu meinem Hauptberuf zu machen und freiberuflich zu leben, gehörte dieser ganze Bereich zunächst einmal zu etwas Fremdem. Ich hab Jahre gebraucht, um mich hier zurechtzufinden – in der Sache, mit den Leuten. Mit diesem ganzen Literaturbetrieb, mit der Möglichkeit, von einer Arbeit zu leben, die ich zuvor als Lieblingsbeschäftigung ausgeübt hatte. Ich hab bestimmt vier, fünf Jahre dazu gebraucht, um mich so zurechtzufinden, daß ich sagen kann: es geht jetzt.

Es gehören dazu die Bestimmung eines Gegenstandes, die Bestimmung der Art und Weise, wie man schreibt, und all die praktischen Dinge des Umgangs mit einem Verlag, der Organisation von Lesungen. Bis zu der Notwendigkeit, auch einmal zu sagen: Ich will das alles eigentlich gar nicht. Ich will nichts mehr wissen von den vielen Leuten, die mir irgendwelche Fragen stellen, oder von allen möglichen kollegialen Zusammenkünften ...

Ich habe oft versucht, drüben meine Texte zu veröffentlichen, aber ich hatte keine Chance. Mein erstes Prosabuch ist in der Bundesrepublik erschienen. Damals lebte ich noch in der DDR. Die Folgen, die diese Veröffentlichung für mich hatte, und die schließlich zur Ausreise führten, die habe ich – allerdings nur zum Teil – als eine Chance verstanden. Zum andern Teil natürlich auch als furchtbare Belastung. Ich hatte ja, als das Buch erschien, noch nicht die Idee, die DDR zu verlassen. Einerseits habe ich gesehen, daß die einzige Möglichkeit, meine Arbeiten zu veröffentlichen, in der Bundesrepublik besteht, andererseits ergab sich der Entschluß zu gehen aus den Folgen dieser ersten Veröffentlichung. Das war kein lange gefaßter Entschluß. Zwiespältig.

Als ich dann die Fremdheit hier überwunden hatte, mich auch zurechtfand, wurde mir immer klarer, daß das eigentlich die große oder letzte Chance meines Lebens war. Wenn ich in der DDR geblieben wäre – eines kann ich mir vorstellen: den «Tallhover» hätte ich da nie machen können. Einen so unverstellten Horizont von Welt und Arbeitsmöglichkeiten, auch von meinem persönlichen Leben habe ich erst hier gehabt.

Meine Identität? Ich muß mit Deutschland als geographischem Gebilde rechnen, in den Grenzen, die nach dem Zweiten Weltkrieg entstanden sind. Innerhalb dieser Grenzen existiert für mich das geographische Deutschland, in zwei Teile geteilt. Also können diejenigen, die beide Teile erlebt haben, weil sie in beiden Teilen gelebt haben, am ehesten von sich sagen, sie seien Deutsche. Die wissen, trivial gesagt, zwei Dinge: Sie kennen die Geographie des Ganzen und kennen sich in den beiden Weltsystemen aus. Und das in Deutschland.

Wenn ich also sage, ich bin Deutscher, ist das ein rein deskriptiver Begriff, mit keiner Wertung verbunden. Ich kann nicht behaupten, daß ich damit ein Gefühl des Stolzes verbinde.

M. A.: Eher das Gegenteil?

H. J. S.: Auch nicht. Es ist doch Zufall, daß ich hier geboren bin; ebenso gut könnte ich sagen, ich bin Franzose, weil ich in Bordeaux geboren bin.

M. A.: Bedauern Sie, daß es so ist? Ich vermute, das Verhältnis wäre schon ein emotionaleres, wenn Sie in Bordeaux geboren wären.

H. J. S.: Nein, ich bedaure es nicht: Es liegt nicht in der Reichweite meiner Gefühle, zu bedauern oder zu begrüßen, daß ich in Deutschland geboren bin.

M. A.: Das Gefühl der Selbstachtung aufgrund der Zugehörigkeit zu einer Gemeinschaft der Guten, einer Gemeinschaft derer, die – gesetzt den Fall, es wäre so – etwas Gutes in die Welt gebracht hätten: Das meine ich, nicht den Zufall der Geburt.

H. J. S.: Der Begriff des Selbstvertrauens ist bei mir nur individuell definiert, in keiner Weise durch die Bindung an irgendeine nationale oder andere Gruppe oder Gemeinschaft.

M. A.: Auch nicht die Gemeinschaft der Schriftsteller aller Länder und Jahrhunderte?

H. J. S.: Nein. Das einzige Selbstvertrauen, das ich besitze, rührt daher, daß ich eine Sprache kann, die deutsche, aber das könnte, wenn ich woanders aufgewachsen wäre, auch eine andere sein. Selbstvertrauen ist mir nur etwas persönlich Begründetes, und wenn es überhaupt eine Sicherheit für mich gibt in der Welt, dann ist es dies: daß es wenigstens eine Sprache gibt, die ich kenne.

M. A.: Aber Sprache hat doch die Funktion, Verbindlichkeit innerhalb einer Nation herzustellen, sie ist überhaupt das Medium der Zugehörigkeit.

H. J. S.: Aber das hat doch eher einen technischen Charakter.

M. A.: Nein, und ich meine, das müßten Sie als Schriftsteller auch entschieden bestreiten.

H. J. S.: Gut, wenn Sie darauf hinauswollen, zu sagen: Als jemand, der nicht besonders gut englisch oder französisch spricht, ist man ganz froh, wenn man aus den USA wieder nach Deutschland kommt, und hier wieder jedes Wort versteht. Meinen Sie das?

M. A.: Nein. Wenn Sie etwas schreiben, dann sprechen Sie damit nicht nur jemand anderen an, sondern mehrere, die auch deutsch sprechen. Sie teilen etwas mit, das mehrere angeht, und nur insofern es mehrere etwas angeht, sind Sie ein Schriftsteller. Und also muß das auch umkehrbar sein, müssen diese potentiellen Mehreren Sie etwas angehen, sie müssen Ihnen etwas bedeuten, sonst würden Sie ihnen doch nicht sagen wollen, woran Ihnen am meisten gelegen ist. Oder sollte es sein, daß in Ihren Büchern das steht, woran Ihnen nur am zweitmeisten gelegen ist?

H. J. S.: Ich muß doch etwas abstrakter bleiben: Ich hatte das Glück, daß einige meiner Bücher ins Französische übersetzt und dort auch gut aufgenommen wurden. Ich nehme also wahr, daß es in Frankreich Leute gibt, die das interessant finden und akzeptieren, was ich schreibe. Worin unterscheidet sich das vom Interesse deutscher Leser?

Durch den Zufall meiner Geburt bin ich besonders interessiert an deutscher Geschichte. Das bindet mich natürlich thematisch und sprachlich, und es bindet mich im Blick auf die Leute, die dieselbe Geschichte haben, das ist unleugbar. Aber das könnte natürlich auch eine andere Geschichte sein. Ich bin doch nur ein Zufalls-Deutscher. Und im Rahmen dieses Zufalls durch bestimmte Bindungen an das geknüpft, wohin mich der Zufall gebracht hat. Natürlich ergibt sich mehr oder weniger von selbst das Bedürfnis, Leuten, die dieser Geschichte in gleicher Weise unterworfen sind, eigene Ansichten darüber zu sagen. Ich möchte gewiß von manchen Dingen so sprechen oder schreiben, daß, wie man so sagt, diese Dinge nicht wiederkehren. Nur sehe ich darin nichts spezifisch Deutsches.

M. A.: Haben Sie bezüglich dieses Landes, in dem Sie zufällig geboren sind, keine Feen-Wünsche, die Sie der Zauberfee, wenn Sie sie einmal überrascht, mitteilen wollten?

H. J. S.: Seit ich in der Bundesrepublik lebe, hat sich in mir der Wunsch verstärkt, daß das, was man die parlamentarische Demokratie nennt, überlebt, daß das bleibt. Ich gehe damit nicht unkritisch um. Aber ich wünsche mir, daß es erhalten bleibt. Trotz aller Mängel hat dieses politische System für mein Leben die besten Konditionen geboten. Es mag wie eine Phrase klingen, aber es ist wahr.

M. A.: Wo wären denn die Fixpunkte Ihres Lebens, die Sachen, auf die Sie sich gern verlassen, die Selbstverständlichkeiten, ohne die ein Leben nur schwer zu führen ist?

H. J. S.: Naja, ein unerschöpfliches Thema. Sehr schwer. Aber, um nochmals auf die Nation zu kommen: Ich bin unter anderem deshalb gern in Berlin, weil es hier viele Ausländer gibt, eine kulturelle und sprachliche Vielfalt. Und das bestimmt auch mein Verhältnis zu anderen Leuten; ob jemand ein Türke oder ein Amerikaner oder ein Russe ist, das ist mir vollkommen gleichgültig. Es gibt ein paar Bedingungen des Zusammenlebens, und die sind international. Alle, die hier leben, müssen sich bestimmten Regeln des Zusammenlebens fügen: Und die bedeuten nur, daß man sich nicht gegenseitig stört.

M. A.: Oh, ist das hart.

H. J. S.: Meine Freiheit endet da, wo ich die Freiheit des anderen beschneide. Das ist schon alles. Was ist das Harte daran?

M. A.: Erstens: daß, wenn man so lebt, es keinen Grund gibt, sich an diese Methode des Zusammenlebens zu halten.

H. J. S.: Aber nein, der entscheidende Grund für Verbindlichkeit ist ja gerade das Bedürfnis, frei und ungestört existieren zu können – das ist das Kriterium der Verbindlichkeit. Wenn ich das Kriterium nicht habe, kann ich auch nicht erwarten, daß es jemand anders hat.

M. A.: Zweitens: Diese Maxime läßt sich wunderbar anwenden auf den Satz «Freie Fahrt für freie Bürger» – es gibt Verkehrsregeln, die beschreiben, wie man einander die Vorfahrt zu lassen habe. Und der ADAC ist ja schon so eine Art National-Club geworden. Daß aber die Autokultur insgesamt die Natur kaputt macht, das kommt in diesem Regelkanon nicht vor ...

H. J. S.: Das ist ja nun ein ganz anderer Aspekt ...

M. A.: Glaub ich nicht; auch im menschlichen Zusammenleben nach Ihrer Maxime gerät das Ganze völlig außer Betracht. Während man sich innerhalb des geschlossenen Systems brav an die Regeln hält.

H. J. S.: Nein, wenn Sie das erweitern, dann gehört natürlich dazu, daß man die äußeren, die natürlichen Bedingungen nicht stört. Daß man sie nicht so stört, daß sie einem das Leben nicht mehr ermöglichen.

M. A.: Aber das Ganze treibt dahin, ohne Perspektive.

H. J. S.: Der gesellschaftliche Rahmen im weitesten Sinne ist für mich vorgegeben durch eine politische Ordnung, wie ich sie in den sogenannten totalitär verfaßten Staaten nicht vorfinde. Und merkwürdig: Gerade in solchen totalitären Gesellschaften ist das Konkurrenzgebaren und der Krieg jedes einzelnen gegen den anderen stärker als hier. Ich habe, als ich ein paar Jahre hier war, nicht mehr verstanden, warum man im Osten immer betont hat, daß die kapitalistische Gesellschaft die Wolfsgesellschaft sei. Ich habe eher den Eindruck, daß in solchen Gesellschaften wie in Ost-Deutschland viel leichter der Mensch des Menschen Wolf ist. Aus leicht erklärlichen Gründen: aus Gründen des Mangels, der politischen Unfreiheit, die zu Mißtrauen, Denunziantentum und einer bestimmten Art von Karrierismus führt, und so weiter. Um es trivial zu sagen: Ich habe im öffentlichen Leben der Bundesrepublik viel mehr höfliche Menschen getroffen als in Ost-Deutschland. Auch, weil die

Leute sich etwas unbesorgter bewegen können. Materiell und geistig. Ich muß weder in einer Schlange mit den Leuten kämpfen, die sich vordrängeln, noch muß ich darauf achten, irgend etwas zu verschweigen, weil ich fürchten muß, daß mich jemand anzeigt. Die kriegerische Atmosphäre zum Beispiel in einem Institut, in dem Leute aus politischen Gründen einander mißtrauen und einander bekämpfen, um nach oben zu kommen, die ist ja unvergleichlich. Ich meine die kriegerische Atmosphäre, die unter repressiven politischen Verhältnissen entsteht. Und der bin ich entronnen. Als ich aus dem Akademieinstitut gehen mußte, sind mir Leute aus diesem Institut begegnet, von denen ich mein Lebtag geglaubt hatte, sie gehörten einer bestimmten «offiziellen» Gruppe an. Nachdem ich entlassen war und keine Gefahr mehr darstellte, haben sie sich mir plötzlich als Leute offenbart, die, wie sie sagten, so denken wie ich. Das hatte ich nie erfahren vorher. Die waren perfekt verstellt, aus Gründen dieser Ordnung. Da sagten sie dann: Das hätte ich richtig gesagt, etc. Und ich erwiderte: Das ist freundlich von Ihnen, nützt aber nichts mehr.

(1989)

«Das beste ist natürlich, man hat gar nichts mit Diktaturen zu tun»

Gespräch mit Wolfgang Müller

Wolfgang Müller: Ich dachte mir, ich nenne Dir anfangs ein paar Daten oder Ereignisse deutscher DDR-Geschichte und möchte Dich bitten, aus Deiner eigenen Biographie heraus zu kommentieren.

Hans Joachim Schädlich: Gut.

W. M.: Das erste Datum ist der Tag in Deiner Geburtsstadt Reichenbach, an dem die Amerikaner kamen und die Stadt besetzten oder befreiten – es kam wohl auf die Perspektive an.

H. J. S.: Genaugenommen war ich an dem Tag in einem benachbarten Dorf ungefähr 6 km von Reichenbach entfernt. Das heißt Oberheinsdorf. Da wohnten die Eltern meiner Mutter. Meine Mutter ist im April '45 mit ihren Kindern zu den Großeltern, also zu ihren Eltern, aufs Dorf gegangen, weil es geheißen hatte, das sei sicherer im Falle irgendwelcher Kämpfe. Ich weiß gar nicht mehr genau, welcher Tag das war, aber es hieß dann eines Tages ... «Wahrscheinlich kommen heute die Amerikaner.»

W. M.: Und haben sie es mit Angst gesagt?

H. J. S.: Nein. Nicht mit Angst, aber doch mit einer starken Unsicherheit. Noch nie hatte einer einen Amerikaner gesehen, im Dorf. Das erste, was sie alle machten, sie suchten Laken aus den Schränken und hingen weiße Fahnen aus den Fenstern. «Wir sind friedlich, wir erwarten auch von Euch Frieden, Friedlichkeit.» Ich war sehr neugierig und ängstlich, und ich habe mich an ein Fenster gesetzt und habe geguckt, lange, stundenlang habe ich geguckt, was geschieht. Wie sieht das aus, was die Erwachsenen genannt haben:

«Die Amerikaner kommen?» Und das erste, was ich dann am Nachmittag sah, am späten Nachmittag, auf der Dorfstraße, war ein Jeep. Er fuhr sehr vorsichtig in das Dorf ein und dahinter dann bald auch andere Jeeps, zuletzt große Lastwagen, Panzer. Und plötzlich waren die Amerikaner im Haus. Ich hatte gar keine Angst mehr, weil die nicht geschossen hatten. Niemand hatte geschossen. Die deutsche Wehrmacht war schon längst geflohen. Da gab es auch keinen Volkssturm. Niemand hat geschossen. Und es waren weiße Amerikaner und schwarze. Bei uns wohnte eine Frau aus Berlin, die war mit ihrem Mann aus Berlin evakuiert wegen der Bombenangriffe. Die konnte Englisch, erstaunlicherweise. Und später an dem Abend hat man uns erzählt, sie hat zu den amerikanischen Soldaten gesagt: «Ach, kommt doch nicht in unser Haus, in dieses Haus. Wir haben so viele Kinder.» Das stimmte auch: Vier Kinder waren wir. Und wenn sie dieses Haus nun benutzt hätten als Quartier, hätten alle ausziehen müssen zum Nachbarn. «Nehmt doch nicht dieses Haus. Hier sind so viele Kinder», und dann sagten die: «Okay, dann nehmen wir nicht dieses Haus.»

Das sind ja schon fast Klischees, die man immer hört, aber es war wirklich so: Die Amerikaner haben uns Kaugummis gegeben. Wir wußten gar nicht, was das ist. Sie haben uns gezeigt, die Päckchen aufgemacht, haben sich das in den Mund gesteckt und gekaut und haben angedeutet, wir sollten das auch tun, ja. Oder Schokolade. Ich persönlich hatte keine Erinnerung daran, wie Schokolade schmeckte. Ich wußte das gar nicht, ich kannte aber das Wort. Und dann natürlich haben sie auch den Kindern und anderen Zigaretten gegeben. Die habe ich nicht geraucht, ich hatte Angst davor, Zigaretten zu rauchen, ich war erst neun Jahre, ja. Aber ich erinnere mich auch, was wir auf den Packungen gelesen haben. Wir haben tatsächlich gelesen: Lukkie Strieke (Lucky Strike). Und die Lastwagen, daran erinnere ich mich auch – das haben wir damals so gelesen: Stuhtebaaker (Studebaker). Ja, das Einvernehmen mit den Amerikanern und den Deutschen war ganz freundlich. Sie haben natürlich, das hat man auch erzählt, – es geht jetzt um dieses Dorf, ja – den Ortsbauernführer festgenommen und andere, irgendwelche Leute von der Partei.

Eine andere Erinnerung an diese Zeit, als die Amerikaner in unser Dorf kamen, ist die Erinnerung an die Musik, darüber haben auch schon viele erzählt. Man hörte immer eine Musik, die uns allen gefallen hat. Und merkwürdigerweise verbindet sich das in meiner Erinnerung alles miteinander: einen Kaugummi kauen, die Musik hören und 'ne Lukkie Strieke rauchen. Und erst viel später habe ich dann mitgekriegt, daß das viel Musik von Glenn Miller war. Derzeit kannte ich eben Chattanooga Choo-Choo. Das war überhaupt das populärste bei uns, Chattanooga Choo-Choo. Wir sind dann bald aus dem Dorf zurück in die Stadt, wo wir eigentlich wohnten, also nach Reichenbach. Und Schule gab's nicht; das war wunderbar für mich. Das war die beste Zeit, keine Schule. Aber, als dann der Sommer kam, hieß es: «Die Amerikaner hauen wieder ab.» Im Juni '45 sind die Amerikaner tatsächlich aus unserer Gegend fort. «Wir gehen nach Bayern», haben sie gesagt, und sie haben zu Deutschen gesagt, zu meiner Mutter und auch zu anderen Leuten: «Wollen Sie nicht mit Ihren Kindern mit? Wir schicken Ihnen einen Lastwagen.» – Stuhtebaakers – «Da können Sie Ihre Sachen draufladen und Ihre Kinder, denn einen Tag nach unserem Abzug kommen die Russen, und ob das lustig wird, wissen wir nicht.» So war's. Einen Tag später kamen die Russen. Und so kam ich unter die Russen.

W. M.: Und, ist es lustig geworden oder weniger lustig?

H. J. S.: Aus der Sicht des Kindes hatte es keine besonderen Folgen. Ich erinnere mich nur an den, also ich muß schon sagen, schockierenden Eindruck, den der Einzug der Russen auf mich machte. Ich war ja nun schon eine Besatzungsmacht gewöhnt. Diese Besatzungsmacht der Amerikaner, die waren mit schönen Autos – also Jeeps waren schöne Autos – gekommen. Sie sahen sehr chic aus in ihren Uniformen, eben auch ganz anders als die Deutschen, die grau aussahen. Die Amerikaner sahen in ihren Uniformen eher sportlich aus, sportlich, lässig. Und mit ihrer Musik, mit ihrem engen Verhältnis zu den Deutschen, zu den Kindern speziell. Als die Amerikaner abgezogen waren, entstand so eine Leere in dem Ort. Eine deutsche Macht in dem Sinne gab es nicht. Dann kamen die Russen, und die kamen mit kleinen Panjewagen, Pferdchen davor. Und statt der Benzinkanister, die die Amerikaner immer in ihren Jeeps gestapelt hatten, hatten die Russen auf ihren Wagen Säcke mit Getreide für die Pferdchen. Das war ihr Benzin.

W. M.: Wann und wie hast Du zum ersten Mal von den Hintergründen dieses Krieges erfahren?

H. J. S.: Also, z. B. durch die Radioberichte von den Nürnberger Prozessen. Das habe ich selber alles gar nicht so aktiv wahrgenommen, aber die anderen, meine älteren Geschwister, vor allem meine älteren Brüder, die haben das gehört im Radio. Die saßen da rum, und ich habe mitgehört und habe oft gefragt. Ich war ungefähr elf oder zwölf. Dann haben sie mir gesagt, was da los ist, und da hab' ich zum ersten Mal so gehört, was da eigentlich passiert ist bei den Nazis.

W. M.: Hast Du das geglaubt? Hat Deine Umgebung das alles geglaubt?

H. J. S.: Bestimmt. Es hieß dann so ungefähr: Aha, siehste, so war es. Das haben die gemacht. Ja bestimmt! Meine Mutter hat das nicht nur geglaubt. Die hat das früher geahnt, gehört, von meinem Vater. Mein Vater war ja ein Mitglied der NSDAP. Wahrscheinlich ist er sogar daran zugrunde gegangen, denn er war kein militanter Mensch. Er hatte auch Skrupel. Er hat ihr 1942 gesagt: Ich glaube, es geht böse aus. Und das war, ich habe das alles nicht so genau verstanden, das war nach einer Niederlage der Nazis, das war nach der Schlacht bei Stalingrad. Mein Vater, der auch gedacht hat, natürlich, hat gesagt: Ich glaube, es geht ganz böse aus. Das kann man nun belächeln oder nicht. So hat meine Mutter berichtet. Vielleicht wollte sie das auch schönmalen, ich weiß nicht. Sie hat dann gesagt, der Vater hätte gesagt: Und diesen Verbrechern habe ich mein Leben geopfert, meine Überzeugung usw. Ob er das wirklich gesagt hat? Ich hab' manchmal gedacht, er ist dem entgangen durch seinen Tod, seinen Herztod. Das kann man nicht beweisen, er ist sozusagen in den Tod geflüchtet, '43. Er war gar nichts Besonderes bei den Nazis. In dem Dorf, von dem ich erzählt hatte, war er Ortsgruppenleiter der NSDAP, in einem Dorf, kein großes Tier.

W. M.: Wo bist Du zur Schule gegangen?

H. J. S.: 1950 war meine Mutter schon von Reichenbach mit den jüngsten Kindern fortgezogen nach Bad Saarow in der Mark. Da bin ich in die erste Klasse der Oberschule gegangen. Von der Oberschule in

Bad Saarow bin ich auf ein Internat gegangen in Templin in der Uckermark. Meine Mutter war, man würde sagen, sauarm. Die konnte eigentlich nicht für mich und meine Schwester – die beiden anderen Geschwister waren schon aus dem Haus – als Besucher einer Oberschule sorgen. Deswegen bin ich auf ein Internat gekommen und meine Schwester auch. Das war interessant. Der Direktor der Schule in Bad Saarow hat zu meiner Mutter gesagt: «Ach wissen Sie, lassen Sie den Jungen mal noch weiter auf die Schule gehen.» – Ich hätte ja auch irgend etwas lernen können, ja. – «Ja wie denn?» «Na ja, auf eine Schule, wo er verpflegt wird, lernen kann.» «Und wie?» «Ja, also ich schreibe Ihnen einen Brief und damit fährt er zum Ministerium für Volksbildung in der Landesregierung Potsdam. Da gibt er den Brief ab, und die werden ihm sagen ‹ja› oder ‹nein› und welches Internat.» Das habe ich dann gemacht. Da war ich so 15. Ich bin nach Potsdam gefahren und habe gesagt: «Ich möchte in ein Internat. Mein Schuldirektor hat auch gesagt, daß es gut wär.» «Ja, geht schon.» Sonderbare Verhältnisse. Es war eigentlich sehr unbürokratisch. Da haben wir zwei. Das eine heißt Waldsieversdorf. Waldsieversdorf ist schon voll. Aber Templin wäre was. Ja, da bin ich dann zum Anfang des zehnten Schuljahres nach Templin gefahren und war plötzlich in einem Internat, das äußerlich noch alle Zeichen der preußischen und später nazistischen Internatsschule an sich hatte und gleichzeitig von Neulehrern der DDR, von SED-Neulehrern beherrscht wurde. Der Biologielehrer, der ein ganz strenger Politikaster war, hat mich besonders abgestoßen: diese Mischung aus Ex-Offizier und strammem SED-Parteimann. Der hat das wohl ganz aufrichtig gemeint, aber ... Das war ein sportlicher Typ, dieser Biologielehrer, sehr gerade, kräftig, mit kurzgeschorenem Haar, hübschem, schmalem Kopf, kurzem Haarschnitt. Äußerlich war er eigentlich eine klassische Mischung aus soll man sagen, Nazioffizier? Ich weiß gar nicht, ob er Nazi war. Offizier der Hitlerwehrmacht und SED-Funktionär, äußerlich, denn er trug aus seiner Wehrmachtszeit so Stiefelhosen, Reithosen ohne Stiefel und darüber ein Blauhemd der FDJ, phantastisch.

W. M.: Das kann sich kein Regisseur besser einfallen lassen, diese Kleidung.

H. J. S.: Ja, der war wirklich 'ne tolle Mischung, muß ich sagen.

W. M.: Ich möchte Dich noch auf ein anderes Datum bringen, Stalins Todestag.

H. J. S.: Das war auch in der Schule. Ich habe wahrgenommen, daß die Schüler, die von dem gemischten Biologielehrer unterrichtet wurden, daß die alle zutiefst erschrocken waren – betroffen sagt man heute. «Stalin gestorben, Stalin gestorben. Hast du das gehört, Stalin gestorben.» Das hatte in den Sätzen dieser Leute, auch gewisser Lehrer, den Charakter einer Weltkatastrophe. Als wäre nun das Ende unseres irdischen Daseins gekommen, weil Stalin gestorben ist, Stalin. Manche haben sogar geweint. Ich kann aufrichtig sagen, daß mich das nicht berührt hat. Warum denn, da ist halt einer gestorben.

W. M.: Ja, aber Stalin konnte nicht sterben, der durfte nicht sterben!

H. J. S.: Ja, ich glaube, es hatte meine Distanz ihre Ursache gerade in dieser Emotionalität. Sonst hätte ich vielleicht auch länger darüber nachgedacht. Ich habe mich eigentlich mehr von den Gefühligkeiten dieser Leute abgesetzt und dadurch auch von dem Tode dieses Mannes. Ich fand das alles unangemessen. «Wieso denn?» Ich erinnere mich gut daran, daß ich das gesagt habe.

Und dann hat unser Biologielehrer, der handelte aber im Auftrag, die Sache sofort genutzt, um mehrere Schüler in die großen Arme der SED- und FDJ-Politik zu nehmen. Da kamen sie zu mir und haben mich gefragt, ob ich nicht angesichts dieses großen Verlustes in die SED eintreten möchte. Da war ich 17, ja! An der Schule, gerade in der Klasse, für die der Biologielehrer Klassenlehrer war, waren Leute in der SED. Das war mir nun vollkommen unverständlich. Ich konnte dem nicht folgen. Nö, nein, kann ich nicht, aus diesem Grunde schon gar nicht, und abgesehen von diesem Grunde, ich weiß doch gar nicht, was soll das denn? Viele Jahre später, nämlich Anfang '92, habe ich in den Stasi-Akten gelesen, daß mein schöner Biologielehrer mit seinen Stiefelhosen und seinem Blauhemd für die Stasi gearbeitet hat und so Profile, Schülerprofile weitergegeben hat, auch von mir. Da hieß es dann: «Der Schüler Schädlich weigert sich hartnäckig in die SED einzutreten, um die Lücke, die der Tod des Genossen Stalin gerissen hat, füllen zu helfen.»

W. M.: Am 13. August 1961 warst Du schon in Berlin, nicht?

H. J. S.: Da war ich schon beschäftigt an der Akademie. Das war nach zwei Jahren an der Humboldt Universität und drei an der Karl-Marx-Universität in Leipzig, bis '59. Nach dem Studium bin ich an die Akademie der Wissenschaften in Ostberlin gekommen, im Herbst. Da war ich also schon fast anderthalb Jahre in Berlin, als die Mauer gebaut wurde. Ja, da war ich übrigens auch schon verheiratet mit 25 und hatte sogar schon einen Sohn. Der ist im Dezember 1960 geboren. Ich war so 25, ein junger Mann mit 'ner jungen Frau. Und die Frau war in der SED, von den Eltern her geprägt. Nicht gerade irgendwie leidenschaftlich, eigentlich eher spöttisch, kritisch. Das hat dann auch immer Ärger gegeben, bis sie dann schließlich ausgetreten ist. Da bin ich hingegangen zur Mauer, zum Brandenburger Tor. Wir hatten was gehört. Auf die Idee, da noch irgendwie durchzulaufen oder durchzufahren, bin ich nicht gekommen. Kannst Du das verstehn?

W. M.: Ja, kann ich. Du warst verheiratet, hattest einen Sohn, und ...

H. J. S.: Und ich wohnte da. Ich hätte vielleicht am 13. August '61 am Vormittag da einfach noch durchgehen können. Auf die Idee bin ich gar nicht gekommen, was hätten dann die Frau und der Sohn gemacht? Und überhaupt, verstehst Du? Aber ich habe mir angesehen, was da geschah. Ich war nur am Brandenburger Tor. Das Eindrucksvollste für mich war der Widerspruch zwischen der Propaganda und dem, was ich da sah: die sogenannten Kampfgruppen der Arbeiterklasse. Die hatten so Kampfanzüge an und waren bewaffnet, standen mit der MPi quer vor der Brust. Die richteten ihre Gesichter und also auch ihre Waffen gen Osten, zur Stadt, zu uns! Obwohl es doch hieß, man errichte einen Schutzwall, einen antifaschistischen demokratischen Schutzwall gegen die Imperialisten, die vom Westen her die DDR aufrollen wollten. So hieß es ja. Da hätten die ja eigentlich mit ihren Waffen nach Westen gerichtet stehen müssen, im Rücken das Schützenswerte, das Sichere, das Eigene. Die haben mich angeguckt! Das war der eindrucksvollste Widerspruch zwischen der Propaganda und der Realität dieser Mauer. Ich habe später diesen Kontrast zwischen Propaganda und Wirklichkeit, ohne daß davon direkt auch nur ein Wort gesagt wird, in dem Text «Satzsuchung» zum Gegenstand gemacht. Da hatte ich mir zur Aufgabe gestellt, die Mauer, ohne das Wort Mauer zu benutzen, und die Anlagen, die parallel zur Mauer verlaufenden Anlagen, einfach zu beschreiben. Aus meiner Sicht, also aus der Sicht eines, der von der Mauer umschlossen ist. Ich kam ja nicht an die Mauer heran, aber von einem Hochhaus in der Leipziger Straße konnte man das wunderbar sehen. Da kam heraus, daß alle Einrichtungen dieser Mauer nach Osten gerichtet sind, alle, alle. Wollte ich nur beschreiben. Kann sich jeder was denken.

W. M.: Und das hat Dir kein DDR-Verlag abgenommen?

H. J. S.: Nee, auf keinen Fall.

W. M.: 1965 bist Du 30 Jahre alt. Du bist an der Akademie, denkst über Phonetik nach und über Sprachwissenschaft. Betrafen Dinge wie das 11. Plenum Euch eigentlich, die Sprachwissenschaftler?

H. J. S.: Eigentlich nicht. Es stimmt schon, wenn man sagt, die Akademie war auch eine Art Refugium. Ich meine, da gab es natürlich den politischen Anspruch der SED. Die hat den in der Akademie bei den Mitarbeitern aber nie verwirklicht. Und es gab dann die Arbeit, die, wenn sie sozusagen – also das sind alles Worte aus dieser Zeit – nicht ideologierelevant war, auch ganz einfach gemacht werden konnte. Diskutiert wurde dann schon über das 11. Plenum usw. Man las das in den Zeitungen. Und es gab auch Kontakt, damals schon, jedenfalls zu Wolf Biermann, auch zu Robert Havemann.

W. M.: Wie ist dieser Kontakt zu Biermann und zu Havemann zustande gekommen?

H. J. S.: Wie ist der eigentlich zustande gekommen? Ich weiß nur, daß ich mit meiner ersten Frau mehrmals bei Robert Havemann war, in Grünheide. Und da waren wir nicht alleine. Es waren immer mehrere Gäste, abends, die über die aktuellen politischen Sachen geredet haben. Das war vor '65 in der Zeit, als Havemann seine Vorlesungen «Dialektik ohne Dogma» hielt. Die habe ich aber nicht gehört, nur gelesen im Manuskript. Das wurde vervielfältigt und so halb geheim verteilt.

Ich glaube, daß ich Wolf Biermann bei Robert Havemann kennenlernte, ja, auch Jürgen Fuchs, aber das dann später. Havemann war ja damals sozusagen utopischer Sozialist, eigentlich Kommunist, der ganz unzufrieden war mit allem, was die SED machte, und der seine eigenen Vorstellungen darüber vorgetragen hatte in der Vorlesung, auch zu Hause darüber immer so ganz leidenschaftlich mit Leuten diskutierte. Aber das wurde im Grunde genommen, von mir oder anderen gar nicht herausgetragen, etwa an die Akademie. Das war sozusagen ein Privatkreis.

W. M.: Was mich interessiert, sowohl Biermann als auch Havemann waren ja, wie Du sagtest utopische Sozialisten, die besseren Sozialisten, Marxisten auf jeden Fall. Hat Dich das von der Ideologie her angezogen?

H. J. S.: Nein.

W. M.: Und haben die Dich dann akzeptiert?

H. J. S.: Ja, also das hat mich nicht angezogen. Ich habe das noch nicht so genau formuliert, aber ich habe ziemlich genau gespürt, daß das, was auch sie eigentlich wollten mit ihrer Kritik, das nicht war, was ich wollte. Wir haben uns aber getroffen in der Kritik. Da waren wir uns vollkommen einig, da hat man sich sogar zu übertreffen gesucht, in der Kritik. Aber in der Motivation nicht. Also mit dem Ziele, eine verbesserte Ausgabe des Kommunismus zu drucken, war ich mit ihnen, glaube ich, gar nicht identisch. Das hat sich auch später gezeigt. Biermann war ja dann in der Bundesrepublik noch immer auf diesem Trip, lange.

W. M.: Eigentlich bis '89.

H. J. S.: Ja.

W. M.: Also, im innersten Herzen wahrscheinlich nicht mehr, wohl aber in seinem äußeren Auftreten.

H. J. S.: Dem Ziel einer kommunistischen Gesellschaft, das Havemann und Biermann vorschwebte, aber natürlich in anderer Form, bin ich nicht gefolgt. In dem Sinne war ich in der DDR für die auch eigentlich unpolitisch, lächerlich, ein lächerlicher, unpolitischer junger Wissenschaftler, mit dem man aber reden kann, dem man vertrauen kann. Aber ich hatte ja gar kein Ziel, jedenfalls nicht ihres. Ich hatte nur die Kritik, die sie auch hatten. Also eigentlich ...

W. M.: Ja, Du warst also sozusagen außen vor.

H. J. S.: Ja, oder ich habe zugehört. Wenn man etwas gesagt hatte, was von ihrem Ziel abwich, konnten die auch ganz heftig sein. Das ist überhaupt sehr interessant. Auch später bei Treffen zwischen utopischen Kommunisten und, ich sage, Demokraten. Denn sie waren ja, obwohl sie immer für Demokratie im Sozialismus plädiert haben, sie waren ja im Grunde keine Demokraten.

W. M.: Stimmt, so ist es. Das bringt mich auf ein anderes Datum, das, glaube ich, ein bißchen damit zu tun hat, nämlich auf den 22. August '68, also den Tag des Einmarsches der Warschauer-Pakt-Staaten in die Tschechoslowakei.

H. J. S.: Ich selber habe mich da ganz passiv verhalten im Unterschied zu anderen, die öffentlich protestiert haben oder Zettel geschrieben haben und die verteilten. Ich habe mich da ganz passiv verhalten, äußerlich. Aber innerlich nicht. Das zählte für mich damals so wie der 17. Juni, der ungarische Aufstand, von dem ich in Leipzig dann gehört habe, oder der Mauerbau. So war auch '68 ein inneres Datum der Distanz. Obwohl ich ... es lag nicht in meiner Natur, Zettel an die Mauern zu kleben, auch heute nicht. Ich habe aber davon natürlich gehört, auch gerade über Biermann und Havemann, wie es denen ergangen ist. Thomas Brasch z. B., den haben sie ja auch – soll ich sagen, mißverständlicherweise? – eingesperrt. Der war ja auch Kommunist, aber eben ein sonderbarer Widerspruch, nicht – ein Kommunist mit menschlichem Antlitz. Die anderen waren Kommunisten mit unmenschlichem Antlitz, was auch Unsinn ist, denn ein unmenschliches Antlitz – jedenfalls ist das für mich so – ist überhaupt kein Antlitz. Es ist mehr eine Fratze, eine tierische Fratze.

W. M.: Hast Du mit diesem Prager Frühling zu der Zeit irgendwelche Hoffnungen verbunden? Für die DDR?

H. J. S.: Ja, ich hatte das alles genauestens verfolgt, auch die Reaktion der Ostblockführer, besonders Ulbrichts. Der war ja damals noch am Ruder. Und abgesehen von den Zielen, die die tschechischen Reformkommunisten hatten – damit ging's mir so ähnlich wie mit den Zielen von Havemann oder Biermann – habe ich die praktischen politischen Handlungen von Dubcek und seiner Gruppe im Prager Frühling wie eine Erlösung empfunden. Das hätte man sich auch gewünscht. Wenn es auch wieder auf irgendeinen Kommunismus hinausgelaufen wäre, usw.

Ja, ja, das hat mich sehr fasziniert, muß ich sagen, ich habe vollkommen ... mit diesen Leuten sympathisiert. Und ich war total schokkiert, als sie nach Moskau abfuhren, Dubcek und die anderen, damit er dort die Kapitulation unterschreibt. Da hat man dann gesehen, sogar die, denen man glauben konnte, sie seien sozusagen anständige Kommunisten, sogar die kommen nicht durch bei ... na ja, damals war es Breschnew. Und es gibt eigentlich keine Hoffnung.

W. M.: Ja, mit '68 war alles, was an Hoffnung eventuell da gewesen war, verschwunden.

H. J. S.: Da wußte man, es gibt nichts. Die Mauer in der DDR ist eine Mauer. Alle, ich könnte fast sagen, herzigen Versuche verschiedener Leute, daraus etwas Liberales zu machen, waren '68 dahin. Also konnte man eigentlich nur noch bis zum Ende des Lebens da hinter Gittern hocken.

W. M.: '68 ist, glaube ich, auch das Jahr, in dem Du Dich der Literatur zuwendest, anfängst zu schreiben.

H. J. S.: Das stimmt, ja '68.

W. M.: Hat das einen inneren Zusammenhang?

H. J. S.: Vielleicht, also ich habe darüber nicht so genau nachgedacht, aber es kann sein. Also mein erster Text, den ich selber ernst genommen hab', der steht auch in dem Buch *Versuchte Nähe*, der heißt «Lebenszeichen». Das ist der Versuch, eine ineinandergeschobene Wahrnehmung der Wachparade unter den Linden zu zeigen: preußische, sogar mehrere, verschiedene, bis zur Volksarmee. Ich wollte das zunächst nur beschreiben. Ich hätte ja ebensogut auch einen Teller Haferflocken beschreiben können. Es hatte ja einen Grund, daß man gerade das sich wählte, eigentlich das Abstoßende, und das gleichzeitig auch noch dazu ein Symbol für das angeblich Schöne und Gute war. Dieser Marsch, das war das Abstoßende, immer. Bei Wilhelm, bei Hitler, bei Ulbricht oder Honecker. Und das habe ich mehr oder weniger unbewußt gewählt. Das war für mich eben das symbolisch Abstoßende. Also das war nach '68, stimmt, aber ich habe nicht darüber nachgedacht. Ja, es war überhaupt abstoßend. Generell. Ich war fasziniert, nicht von diesem Marsch, sondern von dem Interesse der Leute an diesem Marsch, das hat mich fasziniert. Und die waren fasziniert, nicht nur Ostdeutsche. Da kamen immer sehr viele Touristen, alle möglichen, mit Videokamera und Photoapparat. Die fanden das so toll, wie vom Wahnsinn gepackt. Das ist der äußerste Ausdruck von Unmenschlichkeit, schon in der Gangart, aber auch des Systems. Wer vor diese Stiefel gerät, der wird mit Musik plattgemacht. Und dann war das ja noch, wie man schon wußte: Das Wachregiment war eine Einheit des Staatssicherheitsdienstes. Ja, also eine schlimmere Verbindung kann man sich gar nicht vorstellen.

W. M.: In den siebziger Jahren gab es einen Kreis west- und ostdeutscher Schriftsteller, der sich in Ostberlin getroffen hatte. Wie ist das zustandegekommen? Wie bist Du in diesen Kreis gekommen? Oder existierte der vorher nicht?

H. J. S.: Nein, der existierte nicht. Also, das ist ganz einfach, ich bin durch Bernd Jentzsch reingekommen. Bernd Jentzsch und ich waren in Berlin-Wilhelmshagen Nachbarn. Und ihn habe ich kennengelernt, weil meine zweite Frau und Bernd Jentzsch Studienkollegen in Jena waren. Die hat gesagt, der Bernd Jentzsch wohnt jetzt hier, und das ist ein ganz netter und kluger Junge. Den müssen wir besuchen, oder wir laden ihn ein usw. Und da habe ich Bernd Jentzsch in Wilhelmshagen kennengelernt. Er wußte auch, was ich machte. Er wußte auch, daß ich zu schreiben versuchte. Er hat mich dann eines Tages, das war so Anfang '74, angerufen und gesagt: «Komm doch heute mal 'rum abends. Das wird dich bestimmt interessieren, da kommt Grass.» Da bin ich hin. Da saßen allerlei Leute bei Jentzsch. Ich erinnere mich nur sehr deutlich an Günter Grass, dann an Reiner Kunze. Es waren da noch mehr Schriftsteller, die ich vergessen habe. Und da wurde den ganzen Abend lang heftig diskutiert. Am Ende sagte Grass, er hätte 'ne Idee. Die Leute, die jetzt hier so zusammenhocken, oder andere und welche aus dem Westen, könnten sich doch treffen in Ostberlin und Sachen vorlegen, an denen sie gerade arbeiten. Keine Kritiker, niemand anders, nur die. Ja, das fanden alle gut; waren ja auch mehr oder weniger isoliert. Dann hat er wohl einen Termin vorgeschlagen: August, jedenfalls bald darauf. Treffpunkt bei Jentzsch in der Wohnung. Ja, also, zu Jentzsch in die Wohnung kamen dann Grass, Uwe Johnson, Christoph Buch und Nicolas Born. Und vom Osten waren da Jentzsch natürlich als Gastgeber und Karl Mickel. Schade, ich habe das alles notiert, aber ich weiß jetzt nicht mehr genau, wer aus dem Osten noch da war. Und dann hieß es, wie machen wir das jetzt? Einer hat gesagt: «Wir losen. Leg' mal acht Zettel hin. Da schreibt jeder seinen Namen drauf. Dann faltet ihr das zusammen und schmeißt das in einen Topf.» Das haben wir gemacht. Einer zieht und sagt: «Der!» Und dann hat der was vorgelesen. Ich erinnere mich nicht an alles. Ich erinnere mich genau, daß Johnson vorgelesen hatte aus dem 3. Band der *Jahrestage*, weil der noch nicht erschienen war – Johnson, wie der gelesen hat, mit tiefer Stimme, langsam, unberührt. Born hat bestimmt vorgelesen aus seinem Manuskript *Die erdabgewandte Seite der Geschichte*, und irgendwann war ich dran. Dann habe ich zwei oder drei Sachen vorgelesen, die später in dem Band *Versuchte Nähe* waren. Sie haben mich passieren lassen, sogar gelobt. Und ich erinnere mich noch, wie an dem Tag Johnson sagte, da haben wir uns ja noch gesiezt: «Herr Schädlich, ich erwarte in einem Jahr ein Buch von Ihnen!» Daran war natürlich nicht zu denken, '74! Also ich habe einen Sprung gemacht, mit meinem Text, in diesen Kreis und war von da an drin. Das war wie eine geistige Zufluchtsstätte für drei Jahre, von '74 bis '77. Das war mein geistiges Refugium, dieser Kreis, der dann in immer wechselnden Besetzungen, aber mit einem immer gleichen Stamm sozusagen, sich getroffen hat. In drei Jahren vierzehn Mal. Und in verschiedenen Wohnungen.

W. M.: Ging das weiter, nachdem Du weggegangen warst?

H. J. S.: Eigentlich nicht, aber das hing nicht damit zusammen, daß ich weggegangen war, sondern das hing damit zusammen, daß viele weggegangen waren von dem Kreis. Da war Sarah Kirsch weggegangen, da war Thomas Brasch weggegangen, da war Kurt Bartsch weggegangen. Jedenfalls nach dem Sommer '77 war der Zusammenhalt dieses Kreises im Osten irgendwie aufgelöst. Grass hat schon noch versucht, später mit anderen Leuten solche Treffen zu machen. Aber die haben mir gesagt, das wäre nicht mehr das gewesen, was es bei uns war. Dieser Kreis war meine Schule, muß ich sagen, denn da ging es heiß her, rücksichtslos. Dem haben sich die Leute aber ausgesetzt, weil sie was lernen wollten. Es gab auch Tränen, Zusammenbrüche. Ich erinnere mich gut daran, das Johannes Schenk einmal vollkommen fertig war. Oder Heinz Czechowski.

Der Wortführer in der Kritik war eigentlich immer Grass, und dem wurde dann aber von anderen vorgeworfen, daß seine Kriterien der Beurteilung gar nicht akzeptabel seien.

W.M.: Gab es in diesem kleinen Kreis auch Ost-West-Konfrontationen?

H.J.S.: Ästhetische schon. Es gab mal eine heiße Diskussion bei Erich Arendt in der Wohnung. Die wurde auf der einen Seite von Czechowski und Tragelehn geführt, Rainer Kirsch war eigentlich wohl auch auf dieser Seite, und Grass hauptsächlich auf der anderen Seite. Das hatte schon genau diesen Akzent, den du jetzt im Sinn hast. Der Tragelehn und auch Czechowski, die haben sich ganz vehement gegen Grass gewehrt, weil er so wie selbstverständlich seine Kriterien der Kritik an das alles, was da von den Ostlern kam, angelegt hat. Und das war dann eben nichts, gell? Tragelehn oder war es Czechowski, der ist dann ausgerastet und wollte keine Argumente mehr austauschen und hat dem Grass nur entgegengeschrien: Du setzt dich mit deinem fetten Westarsch hierhin und willst uns sagen, was wir falsch und richtig machen? Das hat es gegeben, aber eigentlich in dieser Schärfe selten. Sonst hätte man nicht unbedingt bemerken müssen, außer vom Gegenstand her, daß die aus verschiedenen Staaten kommen. Da waren auch Österreicher dabei, Schweizer. Der Sinn der Sache bestand eigentlich darin, das Handwerkliche zu erörtern, das Formale. Und das war ja nicht zu trennen von den Gegenständen. Ich erinnere mich gerne an die Atmosphäre. Wenn du meine Situation in der DDR, als jemand der zu schreiben versucht, betrachtest, dann war das eben der einzige Kreis, wo man mir nicht gesagt hat: Du bist nichts, deine Texte sind nichts, geh' nach Hause, du störst hier. Das war der einzige Kreis! Und da habe ich auch Freunde gefunden, Nicolas Born z. B., auch Grass. Es hat zwar später immer auch Auseinandersetzungen zwischen Grass und mir gegeben, aber eigentlich rührt von der Zeit zwischen '74 und '77 so etwas her wie Freundschaft, die nicht durch aktuelle Auseinandersetzungen berührt wird. Erstaunlich! Das muß ich auch sagen.

W.M.: Wie hast Du die Ausbürgerung Wolf Biermanns erlebt?

H.J.S.: Die Leute, die sich dagegen empört haben, hatten ja ganz verschiedene Motive. Manche haben das aus dem Glauben gemacht, ein Staat, den man reformieren möchte und den man reformiert haben will, ein sozialistischer Staat, dürfe das nicht machen. Das war, glaube ich, auch die Regung von Christa Wolf. Ich habe einfach nur reagiert aus einer Empörung, die sich herleitet aus einem ganz schlichten Verständnis von bürgerlichem Recht. So etwas gibt es doch gar nicht. Kein gebildeter Staat hat in der Verfassung vorgesehen, daß man einen Bürger seiner Staatsbürgerschaft berauben kann, das gibt's nicht. Man kann einem Amerikaner nicht die Staatsbürgerschaft nehmen. Das kam aus der Haltung, daß man alle Zeit und an jedem Ort bestehen müsse auf den bürgerlichen Grundrechten, auch in so einem Staat. Die ersten Unterzeichner, das waren zwölf Leute, die haben das am 16. November unterzeichnet, glaube ich. Und dazu gehörte auch Sarah Kirsch. Erstunterzeichner! Das war damals wie ein Adelsprädikat. Wir waren alle ziemlich aufgeregt. Ich bin dann am nächsten Morgen zu Sarah gefahren. Da kam dann auch noch Kurt Bartsch, und wir haben gesagt, also wir unterschreiben das auch. «Aber wie? Wo ist diese Petition? Wie kann man die unterschreiben?» Das muß man sich ja auch mal praktisch vorstellen! Die war in der Hand von Plenzdorf. Jedenfalls hatte man vereinbart, daß Plenzdorf Unterschriften entgegennimmt. Da haben wir den angerufen, oder er hat gerade bei Sarah angerufen, um ihr zu sagen, wie die Sache steht. Und dann haben Kurt Bartsch und ich mit Plenzdorf gesprochen am Telefon und haben gesagt: «Genügt das, wenn wir dir sagen, wir unterzeichnen das auch?» Sagt er: «Ja.» «Dann setz' ich eure Namen darunter. Habt ihr euch das auch gut überlegt?» «Ja.» So kam die Unterschrift zustande, und im Laufe der folgenden Tage sind auf diese Weise noch ungefähr 100 Unterschriften dazugekommen. Was dann kam, das weißt du ja. Also, die wurden dann ja regelrecht auseinandergenommen als Gruppe – das war ja eigentlich gar keine Gruppe – die Zwölf und jeder einzelne für sich. Hat man so Teile- und Herrschespielchen gemacht. Christa Wolf nicht rausgeschmissen aus der Partei, ihren Mann ja, usw. Aber ich kann das ja nur aus meiner Sicht, meiner Erfahrung beschreiben. Volker Braun hat zurückgezogen im *Neuen Deutschland*, Fritz Cremer auch. Wir haben auf jeden Fall alle Leute, die ihre Unterschrift zurückgezogen haben, öffentlich, verachtet. Den kannst du vergessen, hieß es dann, oder die.

W. M.: Deine Unterschrift unter diese Petition war es ja dann auch, die die Akademie der Wissenschaften benutzte, Dich zu entlassen und Dir so die Existenzmöglichkeit in der DDR entzog, womit Dir nicht viel mehr übrig blieb, als zu versuchen, aus der DDR wegzugehen. Hast Du mit Schriftstellerkollegen oder Freunden über Deinen Ausreiseantrag gesprochen?

H. J. S.: Ja, mit Sarah z. B., die ist ja schon im Sommer weg. Und die hat mir nichts geraten. Wer kann da schon raten, ja? In der DDR hat mir keiner geraten. Nur aus Westdeutschland haben sie mir geraten. Grass hat mir geraten und Born: «Mußt weg! Es ist höchste Zeit! Vorsicht!»

Aber ich wollte mich auch mal meiner Position in den Augen anderer vergewissern, als ich schon den Ausreiseantrag gestellt hatte. Deshalb bin ich mal zu Christa Wolf gegangen. Na, das war aber sonderbar.

W. M.: Warum Christa Wolf, warum nicht jemand anders?

H. J. S.: Ich hatte Christa Wolf bis dahin für jemanden gehalten, der so einen gewissen moralischen Anspruch verwirklicht, der man ein Urteil zutraut über solche weitreichenden Dinge. Und vielleicht wollte ich auch von ihr, weil ich sie so gesehen habe, etwas hören, was meine Schritte bestätigte. Sie hatte damals noch eine Wohnung in der Friedrichstraße, gleich neben dem Hotel und Restaurant Adria, und sie hatte mir einen Termin gegeben für den späten Nachmittag, abends war das schon fast. Sie hat sofort, als ich die Wohnung betrat, ein Zeichen gemacht, ich solle nicht sprechen. Das habe ich schon mal nicht verstanden. Ich dachte, wenn schon Christa Wolf nicht spricht, wer spricht dann in seiner eigenen Wohnung? Wenn sie nicht den Mut hat zu sagen, was sie denkt in ihren eigenen vier Wänden, dann ist doch schon alles zu spät, nicht? Und dann hat sie mir ganz munter und harmlos vorgeschlagen, einen Spaziergang zu machen. Dann sind wir durch die Stadt gewandert, immer im Karree. Und sie hat sich alles angehört und hat gesagt: «Ja, es ist besser, Sie gehen.»

W. M.: War das der Rat, den Du haben wolltest?

H. J. S.: Ja. Nur war mir ihr Satz etwas zweideutig.

W. M.: Weil er sich abgrenzte von Dir?

H. J. S.: Ich hätte gern gehört von ihr, für wen das besser ist. Hat sie nicht gesagt. Hat nur gesagt: «Ja, es ist besser, Sie gehen.» Ich habe mich hinterher in der Bundesrepublik oft gefragt, was hat sie denn eigentlich gemeint? Es gab ja immerhin mindestens zwei Möglichkeiten: Es ist besser für die DDR und für Leute wie mich, Christa Wolf, wenn Sie gehen. Oder, es ist besser für Sie, Schädlich, zu gehen. Das Rätsel hat sich aufgelöst bei der Lektüre der Stasi-Akten. Mein ältester Bruder, der zu allen möglichen Leuten Kontakt hatte, der Christa Wolf gekannt hat, war danach bei Christa Wolf. Er hat mit ihr über mich gesprochen und nach seinem Bericht an die Stasi soll sie gesagt haben: Tja, wer so was macht, wie Ihr Bruder, der muß auch gehen. Also ich konnte ihren Satz für mich so deuten, daß sie gesagt haben wollte: Es ist besser für die DDR und auch für mich, wenn solche Leute wie Sie verschwinden. Das hätte dann auch heißen können: Ich muß dann auch nicht mehr als moralische Instanz herhalten für solche Leute wie Sie und darf nicht mal in meiner eigenen Wohnung mit ihnen reden. Laßt mich doch alle in Ruhe!

W. M.: Hast Du irgendwann einmal versucht, mit ihr darüber zu reden?

H. J. S.: Nee.

W. M.: Würdest Du es irgendwann gern mal tun?

H. J. S.: Nein, das würde ich mir nicht wünschen. Ich habe mit ihr gar nichts zu besprechen, gar nichts. Sie ist doch noch heute, wie ich aus dem Buch *Auf dem Weg nach Tabou* entnehme, in ihrer Geisteshaltung von damals befangen. Also, wir haben gar nichts zu besprechen. Ich habe aus dem Buch entnommen eine schwermütige Klage über den Verlust der DDR. Und das ist für mich eine Klage über den Verlust der Diktatur. Das bezeugt für mich eigentlich am deutlichsten die geistige Teilhaberschaft, denn ich klage nicht über den Verlust von etwas, mit dem ich nichts zu tun hatte. Nur, wenn ich zutiefst damit zu tun hatte, kann ich den Verlust von etwas beklagen. Sie drückt es dann auch etwas verwaschen aus: «Ich habe dieses Land immer geliebt», steht da irgendwo. Erstens war das kein Land, sondern ein Teil eines Landes, Teil von Deutschland, und wenn sie wirklich das Land oder das Teilland, einen Teil Deutschlands meinte, den sie so geliebt hat, den Teil gibt's immer noch. Den kann sie auch heute noch lieben. Warum liebt sie ihn heute nicht mehr? Es war also eine andere Liebe, es war die Liebe zu dem Staat und zu der Idee dieses Staates, der zwar pervertiert war usw. Aber letzten Endes doch rettbar erschien. Das äußerste, was ich dazu sagen kann, ist: Das ist sehr langweilig, sehr langweilig. Und es verrät natürlich viel. Es verrät z. B. etwas, was ich auch bei anderen Leuten in der DDR, die einer ähnlichen Geisteshaltung anhingen, zu beobachten vermeine, nämlich, sie sind keine Demokraten. Sie lieben die Demokratie gar nicht.

Auch solche Leute wie Stefan Heym, nicht. Na gut, das ist frei, ja, man kann in der Demokratie leben, man kann ihre Vorzüge genießen, und das tun die ja auch, ohne sie lieben zu müssen, oder ohne sie zu lieben. Aber ich höre das schon gerne in Klartext, es ist so langweilig, das überhaupt zu hören und es sich dann auch noch mühsam erschließen zu müssen, es ist aber so.

Es gab Leute in der DDR, die ich für subjektiv ehrlich halte, die eben immer so von der Idee erfüllt waren, man müsse das Ganze reformieren, damit es was Gutes wird. Das ist ja an sich, wie soll man das sagen, ganz neutral und naiv betrachtet, durchaus ehrenhaft. Aber diese Bewertung der Ehrenhaftigkeit ist selber nur möglich, wenn man in der Vorstellung befangen ist, daß es sich lohnt und daß so was überhaupt denkbar wäre. Und das ist aber die Frage. Ich meine, es hat auch Leute gegeben – ich weiß jetzt gar nicht unbedingt, wen ich da nennen soll –, aber es hat in der DDR auf alle Fälle Leute gegeben, die dem System überhaupt keine Reformierfähigkeit zugeschrieben haben, die einfach gesagt haben: Das Ding ist falsch, verfehlt und muß weg. Gemessen daran, ist es natürlich irgendwie traumhaft, wenn Leute von der Reformierbarkeit gesprochen haben.

Das kommt mir vor, als ob man sagt, es ist zwar nicht ganz passend, aber man sagt, wenn wir unser Zuchthaus reformieren, dann wird es dort drin schön. Zuchthaus ist Zuchthaus, das bleibt immer 'ne Strafanstalt. Die Reformleute, die waren für mich, obwohl die das natürlich abstreiten, immer nur dafür gut, die Haftbedingungen zu verbessern. Streiten die ab. Volker Braun würde an die Decke gehen.

Wie hat er dann noch in einem Gedicht geschrieben zuletzt, sinngemäß: Er hätte verloren, was er nie besessen hätte. Geht das? Ich war in einer Diskussion in Paris, in der Buchhandlung Erlkönig. Da war ich nur Gast, es hat mir Spaß gemacht. Das war nach '89 und Lesung hielt Adolf Endler. Nach der Lesung sagte ein Mann aus dem Publikum, ein sehr alter Herr, in einwandfreiem Deutsch zu Adolf Endler: «Empfinden Sie auch so wie Volker Braun» – das wußten die in Paris, was der geschrieben hat, ja – «ich hab' verloren, was ich nie besessen, in Bezug auf die DDR». Sagte Endler: «Nö. Ich empfinde so nicht. Ich nehme das mal ganz direkt, was ich nicht besessen hab', und ich habe es in der Tat nicht besessen, das kann ich auch nicht verlieren.» Also, diese, wie soll man es nennen, die Enttäuschung der Reformwilligen, die dann nach dem Ende der ganzen Angelegenheit in so ein mystisches, pseudo-dialektisch mystisches Gewabere aufsteigt, das finde ich so grauenhaft. Also ehrlich gesagt, ich kann das überhaupt nicht verstehen, daß man einer Sache nachweint, die einfach nur verdient hatte zu verschwinden, egal, mit welchen schönen ernsten und gültigen Sprüchen man diese Sache drapiert hatte. Von Marx, und von Engels, und von allen möglichen guten Leuten schön umwickelt, daß man nicht sah, was es eigentlich wirklich ist, von außen. Und da hatte man auch eine großartige Tradition, schöne Namen wie Sozialismus usw. Und uns, also denen die weggegangen sind – ich sage jetzt nur uns, weil ich immer verschiedene Leute meine, die ich aber nicht mehr aufzählen kann – uns hat man eigentlich nicht so gerne gemocht. Die strengsten, die schärfsten Reformleute haben Leute wie mich immer noch auch als Verräter und Gegner angesehen. Ja, wir wollten ja nichts reformieren, wir haben ihnen ja ihr Spielzeug weggenommen, an dem sie noch ein bißchen schnitzen wollten, und das sie hübsch bemalen wollten, weggenommen. Das mochten die auch nicht.

Die Bärbel Bohley hat mal gesagt, das hat sie sogar auch geschrieben, nämlich in ihrem Beitrag in dem Buch *Aktenkundig*, hat sie geschrieben: Nach der Lektüre der Akten des Staatssicherheitsdienstes wurde ihr erst vollkommen klar, spät, daß ein solcher Staat gar nicht reformierbar war, daß der Gedanke an die Reformierbarkeit des Staates eigentlich eine schreckliche Illusion war.

W. M.: Aber es gibt auch etwas anderes von Bohley, nämlich daß sie am Tag, als die Mauer fiel, gedacht hätte, das wäre schrecklich, denn mit dem Fall der Mauer war der Reformgedanke der Bürgerrechtler zu den Akten gelegt.

H. J. S.: Sie hat noch lange daran festgehalten.

W. M.: Ja. Worauf ich hinaus will ist folgendes, daß vielleicht diese Illusion der Reformierbarkeit eine historisch ganz notwendige Illusion war, denn ohne diese Illusion wäre es vielleicht anders gekommen, hätte länger gedauert, Honecker hätte nicht abgesetzt werden können usw. usw., weil eine radikalere Rhetorik und Praxis der Bürgerrechtsbewegung den Staat zum blutigen Handeln veranlaßt hätte. Es ist ja typisch für jede Revolution, daß die, die anfangen, dann die sind, die hinterher im Gefängnis sitzen oder überholt und kaltgestellt werden von den anderen.

H. J. S.: Stimmt. Ja, die Bürgerrechtsbewegung in der DDR hat aus dem System heraus überhaupt erst die kritische Bewegung in Gang gebracht. Die anderen, die grundsätzlich gegen das System waren und eigentlich seine Abschaffung verlangt haben, die waren eigentlich gedanklich viel zu weit, um die im System befangene Masse irgendwie zu erreichen, könnte sein.

W. M.: Und in dieser Vorbereitungsphase, um auf die Dichter, Autoren, um die es immer geht, zurückzukommen, haben dann auch Volker Braun, Christa Wolf und andere mit ihren Texten ihren Platz, glaube ich, auch wenn sie in der Realität vielleicht wenig mit der Bürgerrechtsbewegung zu tun hatten.

H. J. S.: Ja. Nur, wenn die Geschichte dann – wie heißt das in historischem Pathos – ihr Wort gesprochen hat und es mangelt denen dann an Einsicht in den Schritt, der stattgefunden hat, dann werden die irgendwie komisch.

W. M.: Selbstverständlich.

H. J. S.: Sogar penetrant. Ja, das beste ist natürlich, und da haben es die Amerikaner gut, man hat gar nichts mit Diktaturen zu tun. Dann kommt man auch nicht in die Verlegenheit, irgendwie dialektisch nützlich zu sein oder, falls man uneinsichtig ist, hinterher penetrant komisch zu werden.

W. M.: Ich habe gerade in der Zeitung einen Bericht über das Treffen von Schriftstellern und einigen Literaturwissenschaftlern auf Hiddensee gelesen. Nach diesem Bericht hat Wolfgang Emmerich, bezogen auf seine DDR-Vergangenheit, von der eigenen, gebrochenen Identität gesprochen und so eine Art Brücke zwischen Ost und West geschlagen. Das bringt mich auf die Frage, wie Du das für Dich siehst. Wo liegt die DDR in Dir?

H. J. S.: Wo liegt die DDR in mir? Das ist eine sehr schwierige Frage. Ich habe, ehrlich gesagt, nie ernsthaft darüber nachgedacht, wo die DDR in mir liegt, nie. Vielleicht habe ich das auch verdrängt. Ich glaube nicht, daß ich gerne darüber nachdenke, wo die DDR in mir liegt. Also ich könnte mir vorstellen, daß die Verhaltensweisen in einer diktatorischen Ordnung, wie es die DDR ja war, auch derer, die sich innerlich oder nach außen hin gegen diese Ordnung stellen, bestimmt werden von den Bedingungen der Diktatur. Und ich könnte mir vorstellen, daß die DDR insofern in mir liegt, als ich mich in der Bundesrepublik im Verhältnis zur DDR oder auch in anderen Zusammenhängen immer ziemlich rigoros verhalten habe. In einem gewissen Rigorismus, denke ich manchmal, liegt die DDR in mir. Das betrifft auch mein Verhältnis oder meine Ansicht über das Verhalten, das gegenüber den Nazis in der Bundesrepublik zu wünschen wäre. Ich neige da zu einem Rigorismus. Und ich kann den aber auch begründen. Ich unterscheide immer zwischen dem Begriff Gegner und dem Begriff Feind. Aufs Politische bezogen, und in der Bundesrepublik ist für mich ein politischer Gegner immer jemand, der die grundsätzlichen demokratischen Voraussetzungen der demokratischen Gesellschaft anerkennt. Ein Feind tut das nicht. Ein Feind – also so definiere ich mir den Begriff in Bezug auf die demokratische Gesellschaft – ist jemand, der daran arbeitet, die Grundübereinstimmung des demokratischen Staates zu zerstören. Der ist auch mein persönlicher Feind, weil er die Lebensvoraussetzung, meine Existenzvoraussetzung, angreift. Das hab' ich ja erlebt, was das heißt, wenn es keine demokratische Grundübereinstimmung gibt in der Verfassung usw. Und deswegen scheue ich mich auch gar nicht, in diesem Sinne ein Feindbild zu haben. Ich halte es für kindisch, wenn ganz allgemein gesagt wird, die Leute sollen ihre Feindbilder aufgeben. Es gibt echte Feinde, und warum soll man von denen kein Bild haben? Der Rigorismus, mit dem ich mir das zurechtgelegt habe, der stammt vielleicht aus dem Leben in der DDR. Man kam in der DDR ohne diesen Rigorismus gar nicht aus. Seine Wurzel liegt vielleicht in der Erfahrung des Lebens in einem Staat, der Opposition zum Feind erklärte, auch wie einen Feind behandelte und sie im Zuchthaus oder im Untersuchungsgefängnis der Stasi verschwinden ließ. Wirkliche politische Feinde, sogar persönliche Feinde, die – ist auch so ein alter Terminus – mit den legitimen Machtmitteln des demokratischen Staates bekämpft werden müssen, sehe ich heute in den Nazis in der Bundesrepublik. Es gibt da andere Meinungen, das weiß ich. Und da kommt man an den Punkt, den wir kürzlich mal erwähnt haben, wieso ist es kein demokratischer Staat mehr, wenn er seine Feinde nicht toleriert im Sinne der Meinungsfreiheit usw. Weißt Du darauf eine Antwort? Es wird gesagt, es widerspräche den Regeln der Demokratie, wenn man die Feinde der Demokratie nicht reden läßt usw.

W. M.: Es gibt verschiedene Antworten. Vielleicht sind alle diese Antworten nicht befriedigend. Die Demokratie besteht ja eben darin, daß sie zumindest die Reden ihrer Feinde toleriert. An den Rändern der Demokratie kann es so etwas geben. Eine andere Antwort wäre vielleicht, daß viele Menschen sich ändern und daß z. B. junge Nazis, die heute auf der Straße sind, daß die 20 Jahre später durch die Erfahrungen mit der Demokratie anders werden. Dieses Bild vom Kampf gegen den Feind ist ja ein statisches Bild und schließt die Entwicklung der Leute aus.

H. J. S.: Vielleicht ist für einen Neonazi, der eine Türkin ermordet hat, ein 3–5jähriger Gefängnisaufenthalt auch eine Chance der Entwicklung?

W. M.: Aber Mord, ob der Mörder nun ein Neonazi ist oder irgendein anderer, ist Mord. Und 3 Jahre sind ganz sicher zu wenig.

H. J. S.: Ja, in diesem Falle. Oder Mordversuch oder Brandstiftung. Leute haben in Lübeck die Synagoge angebrannt – man muß da genau überlegen.

W. M.: Wenn man Deine eigene Geschichte zurückverfolgt: das Internat in Templin, Dein Studium an der Humboldt Universität und dann in Leipzig, die Enttäuschungen von '68, neben sicher ganz anderen, persönlichen Sachen – wie fühlt sich jemand, der in rigoroser Feindschaft zu diesem nun untergegangenen System steht, aber wie auch immer, durch dieses System dort hingelangt ist, wo er nun mal ist?

H. J. S.: Ja, das stimmt. Ich hab' z. B. lange Jahre, sogar in der Bundesrepublik noch, eine gewisse Dankbarkeit empfunden für die Möglichkeit, daß ich in der DDR zur Oberschule gehen konnte. Ich habe das auch in der Bundesrepublik mit Leuten erörtert. Die haben mir gesagt, ach sei doch nicht kindisch. Diese Möglichkeit hättest du auch woanders gehabt, z. B. in der Bundesrepublik, besser, ohne diese vielen Kränkungen und Verletzungen. Aber ich bin nun einmal da zur Schule gegangen, und in der Lage, in der ich mich befand – ich war arm, meine Mutter war arm – kommt so ein Gedanke auf. Wenn man es rationalisiert, dann könnte man sagen, das ist doch ein sentimentaler Kitsch, du warst nur blöde, unfähig zu sehen, wo du hättest hingehen können. Das behebt dann mein sentimentales Gefühl etwas. Oder wir mußten ja in der DDR an der Universität keine Studiengebühren bezahlen usw. Na, dann sagt man: «Na und, dann hättest du BAFöG gekriegt und hättest es hinterher zurückgezahlt.» Also was soll's? Das ist kein Grund, dem Staate dankbar zu sein.

W. M.: Ich will eigentlich nicht so sehr auf Dankbarkeit oder Opposition und auf all diese großen Sachen hinaus, sondern nur darauf, wie Du bist, wie Du schreibst. Sowohl von den Themen als auch von Deiner Schreibart her habe ich den Eindruck, daß Du von diesen Verhältnissen drüben doch sehr geprägt worden bist.

H. J. S.: Ich selber kann das nicht so beurteilen. Ich stecke ja in mir und stehe nicht über mir. Es ist ja auch vollkommen spekulativ für mich zu sagen, wie für jeden Menschen, was wäre gewesen, wenn du woanders gelebt hättest. Das kann man nicht beantworten, das ist unmöglich. Ich kann es nicht beantworten. Also, um es vornehm auszudrücken, da mangelt es mir an Kompetenz. Ich habe mich ja auch, das bilde ich mir jedenfalls ein, von der – also im allgemeinsten Sinne gesagt – Bindung an die Gegend, aus der ich stamme, zu lösen versucht. Ich persönlich, für mich, hatte das Gefühl, daß ich mich davon gelöst hatte – das erscheint jemandem vielleicht als Widerspruch – mit dem Buch *Tallhover*. Da könnte man dann gleich sagen: «Ha, das ist ja genau der Gegenstand, die fiktive Biographie eines geheimen Polizisten. Wo hat es denn das in dieser Weise gegeben usw.» Aber gerade weil ich das Thema als eine Sache im Deutschland des 19. und 20. Jahrhunderts angesehen habe, weil ich das im großen und ganzen nicht auf die DDR bezogen habe, nur ganz zuletzt aus Gründen, die man auch noch erklären kann, bilde ich mir ein, hatte ich mich von der Bindung an das enge Feld DDR gelöst. Und schon gar mit dem *Schott*, glaube ich. Andere werden wieder etwas anderes sagen. Das ist so meine persönliche Überzeugung. Wahrscheinlich sage ich das auch, weil ich es auch will, mich gelöst zu haben. Sogar mag ich es einfach nicht, darüber habe ich auch schon mit Literaturwissenschaftlern gesprochen, daß man mir sagt, du bist ein DDR-Schriftsteller. Nun könnte man sogar, das mache ich dann auch geltend, das Gegenteil behaupten, weil ich in der DDR gar nicht publizieren durfte und nicht publiziert habe. Aber dann heißt es, deine Gegenstände sind davon bestimmt, du hast da gelebt, du hast da geschrieben usw. Ich höre das nicht gern und zwar im Vergleich mit denen, die wirklich DDR-Schriftsteller waren. Sogar solche, die später oppositionell gehandelt und die DDR verlassen haben, sind in ganz anderer Weise DDR-Schriftsteller, Kunert z. B., auch Sarah Kirsch, aber ich nicht. Wie soll man das aufklären, ja? Auf die Frage, was bist du denn dann überhaupt, in dieser Hinsicht, habe ich gesagt, ein Deutscher. Oder, falls das historisch noch genauer fixiert werden soll, ein Ost/West-Deutscher. Ich finde es eigentlich grauenhaft, ehrlich gesagt, mich wiederzufinden in der Geschichte der DDR-Literatur. Da gehöre ich nicht rein, sag' *ich* mir.

W. M.: Hast Du Deinen Frieden gemacht mit dieser Zeit, mit Deiner «Jungsteinzeit», wie das Sarah Kirsch einmal in einem Gedicht genannt hat? Frieden jetzt nicht im Sinne von faulem Kompromiß, sondern einfach: Ja, so war's.

H. J. S.: Ja, den Frieden kann ich heute noch nicht machen. Das hat zu tun mit den Nachwirkungen, z. B. mit der Einsicht in die Stasi-Geschichte oder mit der Begegnung mit Leuten, Schriftstellern aber auch anderen Leuten, die in der DDR geblieben sind und heutzutage angesichts verschiedener Schwierigkeiten dazu neigen, so eine sehnsüchtige Rückerinnerung zu pflegen. Hier in den USA kann man das gut machen. Man ist weit weg, man trifft die nicht, man hört nichts von ihnen. Da kann man leichter zu einem Punkt gelangen, wo man sagt, O.K., das war's dann, im Guten wie im Bösen. Ich gehe weiter. Ich habe sehr oft empfunden, ich habe das schon mal zu Dir gesagt, was ich so klar für mich bei Thomas Mann ausgedrückt fand, der 1945 in einen Briefwechsel verwickelt wurde mit Walter von Molo, einem sogenannten inneren Emigranten, und der Berichte, z. B. einen Bericht von Stephen Spender über die Lage in Deutschland, gelesen hat, speziell auch über Äußerungen von Schriftstellern, inneren Emigranten. Thomas Mann hat in diesen Stimmen etwas entdeckt, das er «gemütvollen Dünkel» nannte. Und das steckt auch, für mein Empfinden, in den Äußerungen von Christa Wolf, ein gemütvoller Dünkel. Gemütvoll insofern, als immer wieder das Heimische in der DDR, einer Ostzone beschrieben wird. «Ich habe dieses Land geliebt», wahrhaft gemütvoll. Und dünkelhaft auch, weil das auch mit einem Ausdruck der Verächtlichkeit für Leute gesagt wird, die, wie es dann heißt, die Erfahrungen gar nicht machen mußten, ja. Sie wissen es aber. Aber da unterscheidet sich die Lage etwas von damals. Es gibt genug, die es auch wissen, die auch da gelebt haben.

Vor einiger Zeit, ich war sehr überrascht, muß ich sagen, war ich beteiligt an der Organisation eines israelisch-deutschen Schriftstellertreffens im Literarischen Colloquium am Wannsee. Da bin ich in der Pause mit Hans Magnus Enzensberger im Garten vom Colloquium am See entlangspaziert, und wir kamen auf ein gewisses Engagement von mir zu sprechen in der Auseinandersetzung mit den Relikten und Reptilien der DDR, der Ex-DDR. Da hat er zu mir gesagt: «Hören Sie mal, finden Sie nicht, Sie haben jetzt genug in der Müllbeseitigung gearbeitet?» Im Sinne von: Schade um die Zeit, schade um die Kraft. Mach doch deins. Das hat mich sehr beeindruckt, das kam meiner Empfindung entgegen, ja. Vielleicht rührte das daher, daß wir auf der Sitzung mit den israelischen Kollegen gerade irgend etwas besprochen hatten, was wieder mit dem Kommunismus zu tun hatte, und wo ich mich wieder aufgeregt hatte.

Ich empfand das als sehr hart von ihm zu sagen: Müllbeseitigung, aber eigentlich hat er recht, finde ich. Auch meine Beschäftigung mit den Stasi-Sachen, das hat er vielleicht sogar gemeint, das war ein Akt der Müllbeseitigung. Und Müllbeseitigung kann jemanden vollkommen auffressen. Stattdessen könnte man, anstatt sich mit Trümmern zu beschäftigen, mit Müll, könnte man irgend etwas machen. Also, um im Bild zu bleiben, könnte man ein Haus bauen oder einen Garten anlegen.

W. M.: Aber ist man immer so frei, das entscheiden zu können?

H. J. S.: Ich schon gar nicht. Ich war doch überhaupt nicht frei. Ich mußte doch unbedingt dieses Buch *Aktenkundig* zusammensammeln. Unbedingt. Aber inzwischen bin ich doch viel freier, muß ich sagen. Andererseits respektiere und bewundere ich Leute, die sich entschieden haben, ihre ganze Kraft in der Müllbeseitigung zu verbrauchen, wie z. B. Jürgen Fuchs. Ich finde – obwohl das von vielen vehement bestritten wird –, daß Leute wie Jürgen Fuchs mit ihrer Arbeit, also mit der Arbeit an der Geschichte des Staatssicherheitsdienstes usw. sehr, sehr viel beitragen zu dem, was man den inneren Einigungsprozeß in Deutschland nennt. Das wird natürlich gerade bestritten. Es gibt Leute, die sagen, das hindert uns, uns den Aufbauarbeiten zu widmen, bei denen all diese Rückblicke und Auseinandersetzungen mit der Geschichte eigentlich stören. Na ja, das hatten wir ja schon mal, nicht. Aber ich glaube, daß Jürgen Fuchs z. B. deshalb etwas für die innere Einigung in Deutschland tut, weil er mit der Arbeit, an der er jetzt sitzt, wahrscheinlich aus vielen, vielen Köpfen etwas herausräumt und eine Einsicht verschafft in Dinge, die erst dann, wenn sie ausgeräumt sind und geklärt sind, freimachen zu dem, was vor ihnen liegt.

W. M.: Könnten nicht überhaupt gerade die Leute, die aus der DDR geflohen oder weggegangen sind, in diesem Einigungsprozeß eine wichtige Rolle spielen?

H. J. S.: Wie denn? Das interessiert mich.

W. M.: Weil sie beide Staaten gut kennen. Die normalen Westler und Ostler kennen einander ja kaum. Aber Ihr kennt beide Verhältnisse sehr, sehr gut.

H. J. S.: Das stimmt. Diese Rolle spielt ja z. B. Erich Loest. Er wohnt in

Leipzig und in Bad Godesberg usw. Also, was sonst die Schriftsteller angeht und die Einigung –es gibt da so Veranstaltungen, zu denen man regelmäßig eingeladen wird. Die Überschrift lautet sinngemäß: «Was kann die Literatur zur Beförderung des Einigungsprozesses beitragen?» Oder «Was können Schriftsteller zur Beförderung des Einigungsprozesses beitragen?» Ich war einmal auf einem Podium mit Frau Wohmann. Wir hatten uns vorher überhaupt nicht abgesprochen. Wir kamen da hin und haben unsere Sätze gesagt. Und es kam dabei heraus: Wenig oder gar nichts können die beitragen. Ich hab' gesagt, man könnte die Frage auch anders formulieren. Man könnte nämlich mit Recht – es wurde aber belacht oder als Zynismus abgetan – auch die Frage stellen: Was können Zahnärzte zur Beförderung des Einigungsprozesses beitragen oder die Müllabfuhr oder sonstwer? Viel, habe ich gesagt, mehr als ein Schriftsteller. Erstens kommen Zahnärzte mit mehr Leuten zusammen, täglich, und zweitens reparieren sie ihnen die Zähne, so daß Leute in die Lage versetzt werden, ihre Sprechwerkzeuge ungehindert zu benutzen. Das ist ein großer Beitrag. Das wurde nicht angenommen. Da hieß es dann, aber die Schriftsteller, die schreiben doch, das lesen doch viele, das geht doch in die Köpfe anderer Leute. Ich habe darüber wirklich nachgedacht. Ich dachte, ich kann nichts dazu beitragen. Ich werde schon abgeschreckt von der Frage, in der eigentlich der alte Satz steckt: Schriftsteller haben eine gesellschaftliche Aufgabe. Wie erfüllen sie die? Die Aufgabe heute lautet: Beförderung des Einigungsprozesses. Ich nehme die Aufgabe nicht an. Ich finde nicht, daß man Schriftstellern Aufgaben erteilen kann. Ich meine, das ist jedem überlassen. Und so ist es ja auch, der eine beschäftigt sich damit, und der andere nicht. Aber es gibt keine Aufgabe, Hausaufgabe für Schriftsteller, die irgendeine Institution oder irgendein Gehirntrust ausdenkt und ihnen dann auferlegt, kann es nicht geben. Vielleicht gibt es genügend Leute, die diese Aufgabe fühlen und dann was machen. Was ist denn dann die Aufgabe, sagen Leute aus dem Publikum, was ist denn dann die Aufgabe eines Schriftstellers? Die Leute in der Bundesrepublik sind so überzeugt davon, daß ein Schriftsteller eine politische oder gesellschaftliche oder soziale Aufgabe hat, daß ein Gespräch mit ihnen darüber kaum möglich ist.

Dann gibt es ab und zu mal jemanden, der so mit dem Kopf nickt, wenn man sagt: Wer bin ich schon? Ich habe mir zur Aufgabe gemacht, etwas zu schreiben. Das ist meine Aufgabe. Das ist verkürzt, ja. Da könnte man dann ja gleich wieder sagen, ja was denn? Ja, das, was mich gerade im gegenwärtigen Zustand meines Lebens und meiner Biographie interessiert. Es wird sich ja erweisen, ob das nur mich interessiert oder andere auch. Und dann, wenn es nur mich interessiert, war es auch gut, nämlich für mich.
Alle Leute waren enttäuscht, auch von Gabi Wohmann. Die hat sich erst zu rechtfertigen versucht, indem sie sagte: «Ja, ich habe eine Kurzgeschichte geschrieben über die Probleme der Einigung.» «Ja? Wo denn?» Dann hat sie gemerkt, das läuft so gar nicht und hat gesagt: «Ich habe mein Thema, und daran arbeite ich. Wenn das was beiträgt, schön, wenn nicht, auch schön.»
Es gibt einen Arbeitskreis von Schriftstellern in Berlin, der ist ausdrücklich nicht an irgend etwas gebunden, an keinen Verband, an keine Partei. Der ist gerade daraus entstanden, daß man nicht an irgend etwas gebunden sein wollte. Der wird geleitet, das war auch seine Idee, von einem Ex-DDR-Schriftsteller, namens Sigmar Schollak. Da kommen interessante Leute, und die haben kürzlich auch dieses Thema erörtert, nicht im Sinne von Aufgabe, sondern ganz allgemein: Was hat die Literatur mit dem Einigungsprozeß, mit der Einheit der Nation zu tun? Ich war ja schon hier, ich war in New York, ich konnte daran nicht teilnehmen. Es steckte aber so etwas darin wie die Notwendigkeit, die Einheit der Nation zu befördern. Und überhaupt steckte so etwas darin wie die Notwendigkeit der Nation. Und das vermischt mit dem Einigungsprozeß. Das läuft dann darauf hinaus, daß man im Sinne des Einigungsprozesses das Nationale bemüht, bemühen muß. Ich hab' das nicht eingesehen. Ich habe denen auch etwas geschrieben. Ich habe nicht eingesehen, daß die Diskussion über die deutsche Nation oder über die Einheit der Nation irgend etwas aussagt über das Ziel des Einigungsprozesses. Die vorsichtigen Leute sagen, die Diskussion über die Nation dient als Vehikel, die Leute zusammenzubringen. Aber das ist doch eigentlich höchst gefährlich, sich auf die Nation, die deutsche Nation zu berufen, um die Köppe im Osten und im Westen einander

verwandter zu machen oder einander näherzubringen. Was hat man denn da?

Also ich wollte von denen wissen, worin eigentlich das Ziel des Einigungsprozesses besteht, und hab' ihnen geschrieben, das Gerede über die Nation klärt mich über das Ziel des Einigungsprozesses nicht auf. Also zumindest ist die Nation nicht das Ziel des Einigungsprozesses. Wenn man demagogisch ist, kann man sagen, O.K., es ist nützlich, über die Nation zu reden, das weckt Gefühle und Erinnerungen und Geschichte, so daß alle Leute im Osten und im Westen sagen können: «Oh, ja! Wir gehören doch einer Nation an, wie wunderbar! Also einigen wir uns endlich, damit wir wieder DIE Nation werden.» Also, das ist doch Scheiße, auf deutsch gesagt, oder? Und keiner hat gesagt, worin das Ziel des Einigungsprozesses besteht, selbst die nicht, die das Gerede über die Nation ganz eindeutig und einsichtig als Vehikel benutzen.

W. M.: Auf der anderen Seite habe ich noch eine Erinnerung daran, wie Lafontaine im Bundestag aufgebracht fragte, wie teuer denn die Vereinigung sei. Und mitgehört hat man so etwas wie: Wenn's zu teuer wird, na vielleicht dann lieber nicht.

H. J. S.: Das ist auch zynisch, finde ich. Das sollte man gerade aus dem Munde eines SPD-Führers eher nicht hören. Wenn das ein Industrieboß gesagt hätte, der vielleicht gleichzeitig Vorsitzender der – wie heißt dieser Verein? – aller Industriebosse ist, wenn der das gesagt hätte, dann hätte ich gedacht, O.K., der denkt an die Bilanz, ja, aber von Lafontaine hätte ich so was lieber nicht gehört. Denn es gibt ja noch 'nen anderen Sinn der ganzen Geschichte. Das war ja auch der Sinn der Veränderungen im Osten und schließlich der Sinn des Bankrotts dieses Systems. Das wäre für mich ein rein politischer Sinn, nämlich, um es nicht so militant zu sagen: die Verbreitung der Demokratie in Europa. Da kannst du Lafontaine vergessen. So haben es ja auch die Tschechen und die Polen alle empfunden. Die haben ja keine geteilten Länder gehabt, in denen man sich Gedanken darüber machen mußte, was es kostet. Sondern die waren ja darauf aus – in der Tschechoslowakei weiß ich's am besten, weil ich da Leute kenne, die jetzt oben sitzen –, die Demokratie in der Tschechoslowakei herzustellen. Da kann man nicht fragen, was das kostet. Die haben die Kosten selber getragen, bis heute. Also, wenn man nach dem Sinn und Ziel des Einigungsprozesses fragt unter dem Aspekt, dann könnte man sagen, also ich sage das jedenfalls so, der besteht darin, in Ostdeutschland das Verständnis für die Grundregeln der Demokratie in die Köpfe zu bringen, also z. B. die Grundrechte des Bürgers, die Gewaltenteilung und, das ist besonders für die östlichen Länder oder Teilländer wichtig, die Regel, auch wenn sie oft verletzt wird, daß jede exekutive Handlung auf der legitimen Gesetzgebung beruhen muß. Es darf keine exekutive Handlung geben, die nicht durch gesetzliche Regeln gedeckt ist. Das wissen die ja gar nicht. Die wußten auch nicht mehr, was Gewaltenteilung ist, daß es 'ne unabhängige Justiz gibt, das wußten die nicht. Mir hat das mal ein Verfassungsrechtler gesagt, das habe ich bis dahin auch nicht so empfunden, nicht gewußt, ja. Er hat gesagt, die bürgerlichen Grundrechte im Grundgesetz der Bundesrepublik, das sind, wenn man es richtig versteht, keine Rechte, die der Staat gewährt, sondern das sind Widerstandsrechte, die man auch gegen den Staat geltend machen muß, falls er sie verletzt. Es ist nicht so, sagte er, daß man das gewährt bekommt und dann ist es so, sondern, die muß man auch gegen den Staat geltend machen. Wenn man das in Ostdeutschland in die Köpfe bringen könnte, die Grundsätze einer demokratisch verfaßten Gesellschaft, dann wären die beiden Teile Deutschlands – also in Westdeutschland ist das ja auch gar nicht immer klar – dann wären die innerlich vorangekommen im Sinne einer Einigung. Und dazu braucht man nicht das Nationale, überhaupt nicht, denn gerade das verbindet ja mit anderen Demokratien, unabhängig vom Nationalen. So denkt man ja auch in England oder Frankreich oder in Holland, besonders in Holland.

W. M.: Und doch ist man in England selbstverständlich Engländer, in Frankreich selbstverständlich Franzose, in Amerika ganz selbstverständlich Amerikaner.

H. J. S.: Ja, man muß ja das Nationale als ein historisch entstandenes Identifikationsmuster gar nicht verleugnen. Das ist ja frei. Das ist sozusagen geschenkt.

W. M.: Aber den Deutschen ist es nicht geschenkt. Und nicht selbstverständlich.

H. J. S.: Das ist auch erst geschenkt, wenn man Demokrat ist, finde ich. Wenn man jetzt, wo die Verhältnisse so vage sind im Osten, in dem guten Glauben, der nationale Gedanke könne der Entwicklung dienen, immerzu von Nation redet, ehe die überhaupt, früher hätte man gesagt, ein Bewußtsein von einem demokratischen Staat haben, dann kann das ganz verkürzt werden und umschlagen. Dann können die das mißverstehen und meinen, das Nationale oder sogar das Nationalistische sei jetzt das neueste Ziel, wie dieser Schirinowski das propagiert. Oder die Serben. Versteh ich nicht, ich brauche meine Nationalität eigentlich nicht. Ich bin ja natürlich Deutscher, kann auch nur wirklich eine Sprache, das ist Deutsch. Das ist mein historischer Zufall, ich bin eben so geboren. Aber brauche ich das, um zu leben? Nein, ich brauche eigentlich, um zu leben, solche Verhältnisse, und da mache ich auch gar keinen Abstrich, wie ich sie nach der DDR in der Bundesrepublik gefunden habe. Oder wie man sie in Amerika findet, oder extrem gesagt, ich wiederhole das mal, in Holland, ja. Oder in Dänemark.

W. M.: Wo hast Du den 3. Oktober 1990 erlebt?

H. J. S.: In Westberlin. Da war doch die große Feier der Einigung vor'm Reichstag. Da waren vielleicht 'ne Million Leute. Und das wollte ich mir anhören. Ich hab' so am Rande gestanden und habe mir die Feierlichkeit angesehen und angehört. Da sprach Weizsäcker und ich glaube auch Kohl. Im Anschluß an diese Feier wurde eine riesige deutsche Fahne gehißt vom Reichstag. Da hatte man extra so einen Stahlmast installiert, und dann gab es ein Feuerwerk und Musik von Beethoven aus Lautsprechern. Die haben immer das Nationale beschrien, ja, und ich war von widersprüchlichen Gefühlen bewegt in diesem Moment. Ich habe mich so gefreut, daß es die Wiedervereinigung Deutschlands gibt. Und andererseits hab' ich gedacht: die Einheit Deutschlands zu feiern, war für mich gar nicht der Hauptgrund der Freude. Für mich war der Hauptgrund der Freude, daß das ostdeutsche Regime untergegangen war. Ich habe dann schon eingesehen, daß sich das unter den Verhältnissen in Deutschland nicht anders äußern kann als in der Wiedervereinigung, in der nationalen Einheit. Aber das war für mich nur sekundär. Das war für mich eine praktische oder logische Folge des Zusammenbruchs der DDR.

Aber, wie gesagt, der Hauptgrund meiner Freude war, daß dieses Regime weg war, verschwunden, ja. In den Reden, die ich da gehört habe, hat man das nicht so betont. Da hat man mehr den Gedanken der nationalen Einheit betont, Weizsäcker auch. Bin da ganz nachdenklich wieder weg. Man kam übrigens kaum weg, da mußtest du schon am Rande irgendwo in den Tiergarten flüchten, um überhaupt aus dem Gewühle herauszukommen. Und die meisten Leute, die ich da beobachtet habe, meistens Westberliner, waren sehr still, so nachdenklich. Bedenklich, ja? Erfreut schon, aber auch bedenklich, nachdenklich, still. Da hat vielleicht auch noch nachgewirkt, daß sie die Ereignisse gar nicht so schnell gefaßt hatten.

W. M.: Ich war zufällig in Ostberlin an dem Tag.

H. J. S.: Was war denn an dem Tag, am 3. Oktober 1990, als in Westberlin die Einheitsfeier stattfand, was war denn da in Ostberlin los?

W. M.: Es war eine ähnliche Stimmung wie die, die Du beschrieben hast. Ich glaube, diese reine Freude, die Euphorie, das war der 9./10. November '89. 1990 auf der Ostseite – wir waren am Fernsehturm und sind dann in Richtung Brandenburger Tor gelaufen wie alle Leute, die durchs Brandenburger Tor gehen wollten an dem Tag – gab es so eine Mischung aus Freude, Nachdenklichkeit, alkohol-angeregtem Übermut, Unsicherheit, aber auch schon Katerstimmung. Also eine komische Mischung.

H. J. S.: Schade, daß das so wenig nachhaltig geblieben ist, die Freude über den Wechsel der Gesellschaftssysteme.

W. M.: Hast Du Dich in der Zeit nach dem Fall der Mauer mit Kollegen getroffen aus dem Osten oder aus dem Westen?

H. J. S.: Nur aus dem Westen. Aus dem Osten eigentlich nicht.

W. M.: Es gab niemanden im Osten in der Zeit, der versucht hat, Brükken aufzubauen oder abgebrochene Brücken wiederherzustellen?

H. J. S.: Zu mir nicht. Nein. Bei Jürgen Fuchs war das anders, weil er so viele Kontakte zur politischen Opposition im Osten hatte. Die sind dann zu ihm gekommen. Ich hatte diese Kontakte nicht. Und mit ostdeutschen Schriftstellern stand ich nicht so gut. Wir haben aber dann im Colloquium – ich weiß jetzt nicht mehr genau wann – was gemacht und haben dazu viele Ostdeutsche eingeladen, zweimal sogar nach der Öffnung der Mauer. Da habe ich dann schon wieder

Leute getroffen: Elke Erb, Eddy Endler, auch jüngere, sogar Herrn Anderson, der war allerdings schon seit 1986 im Westen. Der traf dann offiziell die Leute vom Prenzlauer Berg, die wir auch eingeladen hatten: Papenfuß und andere. Anderson hat mich ja im Westen vollkommen getäuscht über seine Identität. Alle hat er getäuscht. Ich hatte zwar keine besondere Beziehung zu ihm, aber ich saß zusammen mit ihm auf dem Podium. Später, als die Sache dann rauskam, habe ich mich geweigert, mit ihm irgendwo zusammenzutreffen. Anderson war ein sehr überzeugender Darsteller, muß ich sagen, auch auf einer Tagung in England. Hat da vom Leder gezogen gegen die DDR. Das war so 'ne absurde Situation. Anderson zog vom Leder gegen die DDR. Vor allem Christa Moog hat Einspruch erhoben und hat gesagt: «Schließlich komme ich von da. Ich habe auch etwas an mir, was ich der DDR verdanke. Ich kann dir nicht folgen, wie du das alles hier so runtermachst.» Sie hat sich noch gegen Anderson verwahrt als Verteidigerin der DDR. Er hat sie sogar bezichtigt, da auf dem Podium, daß sie politisch dumm sei, sie, die aus der DDR geflüchtet ist. Und da gab's einen Protest aus dem Publikum, wie er sich herausnehmen könne, eine Frau so zu behandeln.

W. M.: Die nächste Frage hat mit *Schott* zu tun. Es scheint mir, daß es für die Figur Schotts sehr wichtig ist, im Kopfe verschiedene Möglichkeiten durchzuspielen, und daß dieses Durchspielen damit zu tun hat, daß Schott selber alle diese Möglichkeiten nicht leben kann, nicht lebt. Die Frage an den Autor ist dann, ob die Frage, die implizit im Buch vorhanden ist, nämlich, was hätte sein können, was könnte sein, ob die für den Autor eine wichtige Frage ist?

H. J. S.: Nein, für mich ist das keine wichtige Frage! Die Frage nach den Möglichkeiten des Daseins, die ist eigentlich einerseits, auf die Situation von dem Schott bezogen, nur so eine Art Muster, das eben Wahlmöglichkeiten läßt für jemanden, der so ein ungebundenes individuell freies Leben leben will, und andererseits, wenn man mal von einer Figur absieht, rein ästhetisch begründet. Das ist eigentlich für mich eine Reaktion auf die mehr oder weniger eins zu eins operierende realistische Schreibweise, die irgend etwas nimmt und das dann abbildet. Also für mich ist das in diesem Sinne eher ein Plädoyer für die grenzenlose Fiktion oder für eine grenzenlos fiktive Schreibweise gegen die langweiligen Wirklichkeitsdarsteller. Ich bin mir zwar darüber im klaren, daß ich auch wieder in so eine langweilige Wirklichkeitsdarstellung verfalle oder schon verfallen bin, aber auch wieder nicht. Also das ist so – wie soll man das nennen? – so wie das auch im sogenannten Leben nie so klar ist, ob jemand nur eines hätte machen können oder doch nicht auch was anderes. So ist es dann auch in der Literatur für mich ziemlich fragwürdig, wenn ich etwas so dargestellt finde, als ob es so und nur so hätte sein können. Ja, mein Gott, im Grunde genommen ist das eigentlich wie eine Art Verlangen nach einer Literatur, die rein fiktiv ist. Das heißt nicht, daß ich ohne die Erfahrung der Wirklichkeit auskommen könnte, die wird ja vorausgesetzt. Und wenn sie auf Wirklichkeitserfahrung beruht, die dann natürlich vermittelt erscheint, dann liefert die Fiktion die Muster für Wirklichkeit. Manchmal ertappe ich mich dabei, daß ich so weit gehe zu sagen, und das erfülle ich selber nicht, nur fiktive Literatur ist wirklich Literatur. Alles andere ist Report, eigentlich langweilig. Es sei denn, man ist daran interessiert, Kriminalfälle nacherzählt zu bekommen oder Schlachtenbilder. Da kommt man eigentlich auch dazu, daß das ein unerreichbares Ziel ist. Ich finde kaum jemanden, der das nahezu erreicht hat. Ich bilde mir ein, daß das z. B. Beckett erreicht hat. In dem Sinne ist er für mich am weitesten gekommen, auch wenn man sich sagen muß, daß das nun gerade am wenigsten Erfolg hat, ja. Gut, Beckett ist eine Ausnahme, der hat durch seine Stücke den großen Erfolg errungen, aber durch seine Prosa gar nicht. Wenn er nur Prosa geschrieben hätte, wer weiß, wo Beckett da wäre, der Name? In den Stücken aber ist er ja auch kein platter Wirklichkeitsbeschreiber.

W. M.: Was ist mit «Die Sache mit B.»?

H. J. S.: Das ist ein glatter Rückfall, ein glatter Rückfall, ja. Und wahrscheinlich ist diese Vorstellung gar nicht realisierbar von einer Literatur, die nur dann Literatur genannt zu werden verdient, wenn sie auf Erfindung, auf Fiktion beruht. Eine solche Sache wie «Die Sache mit B.» verdient ja vielleicht auch, beschrieben zu werden. Die kann aber gar nicht anders beschrieben werden als gewisserweise in einem Abbild einer öden Realität, ja.

W. M.: Der Text reiht sich, für mich jedenfalls, in eine lange Tradition von Kain-und-Abel-Geschichten ein.

H. J. S.: Ich weiß nicht, ob das dieser Text leistet. Da war ich nun vollständig befangen in der Wirklichkeit. Es gab eine andere Fassung. Die hab' ich weggeschmissen. Die war auch noch belastet mit meinen Emotionen. Ich habe dann gemerkt, daß das nur zu machen ist, wenn man, sogar als Beteiligter oder jedenfalls als Beschreiber, die eigenen Empfindungen, die eigenen Emotionen streng fortläßt, daß man dann selber wegkommt. Manche sagen dazu, das ist kalt. «Sie müssen doch dabei auch was gefühlt haben?» Ja, das stimmt schon, aber das hat nichts mit dieser Arbeit zu tun. Da bin ich eigentlich dann glücklicherweise zurückgekommen auf meine Anschauungen von früher, wo ich mir schon immer gesagt hab' – das gilt besonders für die Sachen in der *Versuchten Nähe* –, erstens, wen interessieren schon meine Gefühle? Also das ist ja schon mal ganz unwahrscheinlich, auch lächerlich, meine Gefühle wiederzugeben. Aber zweitens, das geht dann schon etwas weiter, habe ich mir gedacht, eine Beschreibung von etwas soll nicht Gefühle des Beschreibers beschreiben, sondern besser, durch die Beschreibung Gefühle von Lesern wecken. Ich hab' so ein Gefühl, daß es besser ist, wenn man etwas so beschreibt, daß es ein Gefühl hervorruft, aber durch die Beschreibung der Sache und nicht durch die Beschreibung meiner Gefühle. Und das ist mir auch eigentlich bestätigt worden. Leute haben gesagt, wie kaltschnäuzig das gemacht ist, was soviel heißt wie, wo sind denn da Ihre Gefühle? Und gleichzeitig wurde gesagt: Das macht mich fertig, oder, da kann ich gar nicht einschlafen darüber. Was soviel heißt wie: Die kalte Beschreibung hat Gefühle erweckt. Ich kann auch nicht gut Gefühle von Leuten beschrieben sehen. Ich sag dann O.K., geh' damit nach Hause und wein' dich aus oder telefonier' mit deiner Frau. Was hat das da zu suchen. Ist aber sehr einseitig, denn es gibt ja auch tolle Sachen, in denen womöglich die Gefühle eines Autors so stark einfließen, daß man davon ganz beölt wird, oder besoßt, wie der Berliner sagt. Aber ich hab' dafür keinen Sinn.

W. M.: Wenn man von Leuten in ein Gespräch verwickelt wird oder ein Interview gibt, kommen öfter Fragen, die sich erstens wiederholen und zweitens vielleicht sogar irrelevant sind. Die eine Frage jedoch, die man gern beantworten würde, die kommt nicht. Was wäre so eine Frage?

H. J. S.: Die Frage, die man gern beantworten würde, kommt nicht. Was wäre das für eine Frage? Hm, das weiß ich nicht. Höchstens, das ist aber hart. Das wäre eigentlich die folgende Frage des Fragenden: «Also, ich habe mir vorgenommen, Sie zu befragen, aber finden Sie nicht auch, daß es eigentlich unangemessen ist, Sie zu fragen. Denn wer sind Sie schon, und überhaupt, glaube ich, während ich schon zu meiner Frage ansetze, daß es sinnlos ist zu fragen, weil Sie doch nicht die Wahrheit sagen, jedenfalls nicht immer, und weil das, was Sie z. B. über Ihre Sachen sagen, vollkommen unzuverlässig ist.» Und dann könnte man antworten: «Ja, Sie haben vollkommen recht, lassen wir das.» [Lachen]

Die Frage hat noch nie jemand gestellt. Es ist ja anders als in den anderen Künsten, aber manchmal denke ich mir, ehrlich gesagt, habe ich doch nichts zu sagen. Und dann denke ich, das müßte man strenger bedenken und müßte sich sagen: Hätte es eigentlich einen Sinn, einen Komponisten nach der Aufführung einer Sinfonie zu fragen, was das bedeutet, oder ganz umgangssprachlich, was das soll, was er sich dabei gedacht hat. Da Komponisten nach meiner Erfahrung – ich kenne ein paar solcher Leute – eigentlich wenig sagen können, käme dabei fast nichts heraus, und das wäre auch angemessen. Denn das, was der sagen will, hat er, wenn er gut ist, in der Musik gesagt. Und sonst hat er nichts zu sagen. Also, da gibt's doch so'n Witz. Ich hatte vor ein paar Jahren schon mal 'ne Lesung im Deutschen Haus in New York. Da gibt es immer sehr nette gebildete Leute. Hat eine ältere Dame zu mir gesagt: «Na sagen Sie mal, was haben Sie sich denn dabei gedacht!» Ich war so verlegen und hab' schon nach Worten gesucht, um ihr allen Ernstes zu erklären, was ich dabei gedacht hab, ja. Da meldete sich ein anderer, der sagte: «Ich glaube, ich kann dazu was sagen.» Dachte ich, Gott sei Dank. Er sagte: «Ich versteh nicht viel von Literatur, ich bin Ingenieur, aber ich will's mal versuchen.» Habe ich mich zurückgedreht und dachte: Wunderbar, der rettet mich. Da sagt der zu dieser Dame: «Vor Gericht steht ein Mörder, und der Richter fragt ihn: ‹Angeklagter, als Sie diese Tat begingen, was haben Sie sich eigentlich dabei gedacht?› Der Angeklagte sagte: ‹Ja, ja, eigentlich gar nichts, gell.› Der Richter sagt: ‹Aber Sie müssen sich dabei etwas gedacht haben, nicht wahr?› Und der Angeklagte sagt nach 'ner Weile: ‹Ja, ja, ja stimmt. Ich hab' gedacht, je, je je, je, was hab' ich da gemacht?›» Also, um das nicht allzu unfreundlich werden zu lassen – es ist auch nicht unfreundlich gemeint – denke ich oft, Schriftsteller sollen den Mund halten. Die werden dazu verführt, weil es auch eine legitime Profession gibt, die solche Fragen stellen möchte, über sich und ihr Leben und ihre Frauen und über Geld und über ihre Bücher, ihre Absichten usw. Oder, was das allerschlimmste ist, sie werden aufgefordert, ihre eigenen Texte zu interpretieren, ja. Und da denke ich immer: Was haben die denn schon zu sagen. Der Böll hat mal sinngemäß gesagt: Was jemand, ein Schriftsteller, aus seiner Werkstatt sagt, ist vollkommen irrelevant und uninteressant. Interessant ist nur, was aus der Werkstatt hervorgeht. Und darüber soll er schweigen. Ich bin eigentlich ziemlich davon überzeugt, daß es sich nicht lohnt, Schriftsteller irgend etwas zu fragen. Ich habe mir ja noch große Mühe gegeben, aufrichtig zu antworten, ja. Aber es gibt auch so grenzenlose Lügner. Die reden da Sachen zusammen, strikken ihre eigenen Legenden. Alles Schwindel. Das ist so wie mit anderen Berufen auch: Entweder die Brötchen sind gut, ja, knusprig, bißchen braun, weiß und dann aus feinstem Weizenmehl gemacht, schmecken. Sie sind gut, oder sie sind schlecht. Was brächte es, den Bäcker dies und das zu fragen? Es zählt doch nur das Brötchen.

W. M.: Aber erhöht sich der Spaß am Brötchen nicht mit der Beschreibung des Backens und der Beschaffenheit des fertigen Brötchens?

H. J. S.: Das ist aber die Profession derer, die gelernt haben, das zu beschreiben und nicht derer, die gelernt haben, Brötchen zu backen, ja. Ich denke immer, der Beruf eines Kritikers oder eines Literaturwissenschaftlers, das ist ein autonomes Feld mit eigenen Gesetzen, eigenen Kenntnissen, die andere gar nicht haben, auch Schriftsteller nicht. Schriftsteller sind ganz miese Kritiker, meistens, Wissenschaftler schon gar nicht. Es gibt Ausnahmen, so wie Dieter Wellershoff. Ansonsten muß ich sagen, reden die doch, grob gesagt, viel Scheiße zusammen. Und diese Überlegung wäre auch wichtig für das Verhältnis von Schriftstellern zur Kritik. Ich hab' da gerade mit Delius drüber gesprochen. Der hat sein Buch *Der Tag, an dem ich Weltmeister wurde* geschrieben, sozusagen mit seinem Herzen, ja, seine Jugendgeschichte. Delius hat da seine Befreiung vom Pastorenelternhaus verknüpft mit der Erfahrung der Radioreportage vom Weltmeisterschaftsspiel Deutschland gegen Ungarn. Das hat ihn befreit. Da waren andere Helden als die Heiligen oder Jesus usw. Und er hat sich in die Lage des Verteidigers versetzt. Das war er dann. Er konnte handeln, frei. Sogar ist er so weit gegangen zu sagen: Das sind meine Götter, nicht der, den ich zu Hause eingeprägt bekomme. Ich finde das sehr schön, ja. Und was macht die Kritik? Ich hab' zwei ganz fürchterliche Kritiken gelesen. Die eine hatte die Überschrift: «Schuß an die Latte. Delius' Abschied vom Elternhaus.» Da hieß es sinngemäß, wie oft hatten wir das schon, wenn Pastorensöhne von Nietzsche über sonstwen bis ... beschrieben, wie sie sich aus der Klaue ihres Pastorenvaters befreien. Das fand ich eigentlich grausam, ja, diese Kritik «Schuß an die Latte.» Und Delius war so niedergeschlagen. «Ich hab' nun gedacht, jetzt habe ich mal was Gutes gemacht. Und jetzt so was. Wieder hauen sie mich in die Pfanne.» Ich hab' gesagt: «Na hör mal, wir müßten eigentlich endlich mal dazu kommen zu lernen, daß es autonome nach ihren eigenen Regeln wirkende Professionen gibt, die sich auch unabhängig voneinander verhalten sollen. Wenn eine Kritik nach ihren Regeln meint, dein Buch ist mißlungen, und du meinst das nicht, dann ist es ja in Ordnung. Dann bleibe dabei, und beklage dich nicht über die Kritik. Das sind verschiedene Sachen.» Es gibt ja auch 'ne berechtigte negative Kritik über Bücher. Dies müßte dann der Schriftsteller auch lernen. Dann müßte er auch sagen, na gut also, der wird es schon wissen. Habe ich mich wohl geirrt. Oder er muß sagen, der weiß es nicht. Ich habe recht, ich glaube, das ist gut, ich finde es gut. Also das Arbeitsfeld des Kritikers ist es, sich in die Texte von Autoren einzumischen, das ist legitim, aber es ist nicht das Arbeitsfeld eines Schriftstellers, sich in das Feld der Kritiker einzumischen. Er kann höchstens sagen: «Aua, das tut mir aber weh», aber er muß es eben gelten lassen. Oder er muß auf seiner Arbeit beharren, muß sagen, nein da ist nichts. Aber die Kritik zu verdammen oder zu jammern, daß die einen wieder kaputtgemacht hat, das ist schon verkehrt, finde ich. Er hat ja für sich geschrieben und nicht für den Kritiker, der ihm den Schuß an die Latte bescheinigt.

Die Figur des Autors in dem *Schott* hab' ich sagen lassen: «Ich liefere nur die Beschreibung, eine Beschreibung der Beschreibung wird sich finden.» Das ist aber nicht die Kompetenz dessen, der die Beschreibung macht. Und die Beschreibung einer Beschreibung kann so gut und schön sein, daß sie genauso wichtig ist. Das hat man ja gerade bei Leuten, die über klassische Autoren schreiben. Es gibt da so schöne Bücher über Hölderlin z. B., da denkt man: Mein Gott, das ist wunderbar, die haben das alles gesehen, usw. Ebenso in der Malerei, da gibt es Beschreibungen der Beschreibung, die haben einen ganz eigenständigen Wert. Ein solcher Mensch, der so eigene Werte in der Beschreibung geliefert hat, ist z. B. Burckhardt oder Wölfflin. Es gibt auch zeitgenössische Leute, die das gekonnt haben. Was das deutsche Mittelalter betrifft, finde ich, ist z. B. Peter Wapnewski auch so einer. Der ist selbst eine Art Künstler der Beschreibung der Beschreibung.

W. M.: Das sind glückliche Fälle.

H. J. S.: Na ja, hoffentlich habe ich Dich jetzt mit der Antwort auf Deine letzte Frage nicht verletzt. Es richtete sich ja nicht gegen Deinen Beruf, es richtete sich ja nur gegen die Vorstellung, ein Autor könnte besonders viel sagen.

W. M.: Ich vermute, daß auch die Kritiker nicht so sehr viel sagen können.

H. J. S.: Na ja, es gibt wenige. Und in diesen Fällen ist es im besten Fall ein schriftlicher, stummer Dialog zwischen Leuten. Wenn man z. B. in der Kritik Sachen liest, von denen man sofort erkennt, die hat etwas gesehen, was da drin ist, von dem du selber gar nicht genau wußtest, daß es so ist, aber du kannst es bestätigen, im nachhinein, weil jemand das benannt hat, weil jemand einfach drüber stand und gesagt hat, was das ist. Und wenn du das liest, sagst du dir: Mann, Mann, das ist ja irre, die ist ja viel schlauer als du oder der.

W. M.: Ist Dir das mit Kritiken so gegangen?

H. J. S.: Ja, das ist mir beim *Schott* so gegangen, bei Sibylle Cramer, bei Beatrice von Matt in der *Neuen Zürcher Zeitung* und bei Paul Ingendaay in der *FAZ*. Die Sibylle Cramer hat in der *Süddeutschen* etwas geschrieben, da hab' ich gedacht: Mann, ist die schlau, o Gott o Gott, wunderbar. Die hat mir Sachen gesagt, die ich nicht wußte. Und ich hab' das schon geprüft, ich hab' schon festgestellt: Ja, das ist drin. Aber wie sie es deutet, so war es mir nicht, sprachlich nicht, bewußt. Da fehlt mir der Horizont oder die Terminologie. Ja das gibt's. Es gibt natürlich auch das Gegenteil, wo du dann denkst: Du meine Güte!

W. M.: Hast Du dafür Beispiele? Wahrscheinlich auch beim *Schott*, oder?

H. J. S.: Ja, da war ich plötzlich Camus. O Gott, habe ich gedacht, das ist doch gar nicht drin, ja? *L'étranger, Der Fremde*, hat einer darüber geschrieben. *Schott* oder *L'étranger* von Camus. Ich hab' ja keinen Camus gelesen, keine Ahnung. Ich les' jetzt erst Camus. Grauenhaft, grauenhaft. Mein Bildungsstand ist verheerend.

W. M.: Obwohl solche Einflüsse ja nicht unbedingt auf diese direkte Art ...

H. J. S.: Nein, das können ja einfach auch, wenn das zutrifft, unabhängig von Zeit und Ort gemachte eigene Erfahrungen sein. Da kommt man ja gelegentlich auf dieselben Sachen wie andere, bloß etwas später und an ganz anderer Stelle.

W. M.: Es sind manchmal ganz unbewußte, halbbewußte Dinge ...

H. J. S.: ... von denen man gar nicht mehr weiß, wo sie herkommen. Die gehen ein in ein großes Reservoir und irgendwann werden die durch den eigenen Zusammenhang dann geweckt, aufgerufen. Das ist mir schon oft so gegangen. Daher rührt dann die sonderbare Erfahrung, daß man sich fragt, hinterher, wie bist du nur darauf gekommen? Vorher darüber nachgedacht hast du nicht, das entsteht nur im eigentlichen Vorgang. Da kommt man auf Sachen ... das ist so das assoziative Vermögen, das keiner erklären kann, und dann kommt man auf Sachen, die man vorher nie gedacht hat, nicht mal erfahren. Und doch sind die irgendwie da, weil man schon ein alter Knochen ist, sonstwo gelebt hat, ja. Das ist aufregend. Kürzlich mußte ich aber mal Einspruch erheben gegen einen Satz von Günter Grass. Er hat mir geschrieben, «und im übrigen», also ich fand das unglaublich, «im übrigen, genieße ich», schreibt er, «das Gottähnliche unseres Berufsstandes, die Freiheit der Erfindung»! Ich hab' geschrieben: «Lieber Günter, der Satz von der Gottähnlichkeit unseres Berufsstandes hat mich doch sehr irritiert. Ich fühle mich eher als Sklave, der seinen eigenen Sklavenhalter in sich hat. Von Gott keine Spur.» Grass genießt das Gottähnliche seines Berufes: zu schaffen, Dinge zu schaffen. Aber Gott hat die Dinge aus dem Nichts geschaffen, wenn es überhaupt einen Gott gegeben hat, und ein Schriftsteller schafft nichts aus dem Nichts. Es ist alles vermittelt, mehrfach vermittelte Erfahrung oder durch Lektüre vermittelte indirekte Erfahrung.

(1994)

«Schott»

Gespräch mit Klaus Bednarz

Klaus Bednarz: «Kein Buch dieser Saison ist von der Kritik so bejubelt worden wie Hans Joachim Schädlichs Roman *Schott*», schrieb *Die Zeit.* Es gibt allerdings auch andere Rezensionen, die sprechen von einem Antiroman, von einer harten Nuß für den Leser. Wundert es Sie, wenn Ihnen ein Leser sagt, er hat Probleme mit Ihrem Buch?

Hans Joachim Schädlich: Ja, das wundert mich eigentlich! Ich habe gar keine Probleme mit dem Buch.

K. B.: Dann erklären Sie mir zunächst doch einmal, um was es bei Schott überhaupt geht.

H. J. S.: Ja, Schott ist der Name eines Mannes, der in einer schwer beschreibbaren Beziehung zu einer Frau namens Liu steht. Und in diesem Buch geht es eigentlich um zwei Dinge: Um es überspitzt zu sagen, es ist einerseits ein Kriegsroman und andererseits ein Liebesroman. Und beides kann man nicht voneinander trennen. Schott ist ein Mann, der darauf besteht, sein Leben individuell frei bestimmt zu führen, und er steht im Krieg mit Leuten, die totalitäre Macht verkörpern. Liu steht in diesem Krieg auch, aber zu einer anderen Zeit. Beide stehen als frei bestimmte Individuen im Krieg mit Mächten, die ebendiese freie Bestimmung eines Individuums nicht dulden wollen. Liu und Schott scheinen zur gleichen Zeit zu leben; sie gehen ja auch miteinander um, sie sprechen miteinander. Gleichzeitig lebt Liu in einer Zeit, die vor der Lebenszeit von Schott liegt. Man kann das lesen, wie man will, man kann das auch so verstehen, daß Liu gegen die nazistische totalitäre Macht gekämpft hat und in diesem Kampf unterlag. Sie wird von ihren Feinden verbrannt, während Schott, wenn man es so lesen will, in einem Kampf mit einer späteren totalitären Macht steht, und es könnte so scheinen, als ob er am Ende überlebt. Er überlebt auch, aber bewegt sich doch auf sehr unsicherem Boden, er geht sozusagen auf Eis.

K. B.: Herr Schädlich, Sie sind durch Ihre früheren Arbeiten – *Versuchte Nähe* – als brillanter Schreiber ausgewiesen. In diesem Roman ist es fast eine Warnung, vielleicht auch eine Empfehlung, wenn aus einer Rezension zitiert wird, in der es heißt: «Schädlichs Sprachwelt läßt keine erzählerische Gemütlichkeit zu.»

Als Kostprobe sei hier die Szene wiedergegeben, in der Schott sich mit seinem Auto auf der Stadtautobahn befindet.

Trotz des geringen Tempos aller Autos vor Schott und vor den Autos, die neben Schott fahren, sind die Autos vor Schott, und die Autos vor den Autos, die neben Schott fahren, nicht gleich langsam.

Erst fahren die Autos vor Schott unvermutet ein wenig schneller als die Autos vor den Autos, die neben Schott fahren. Schott fährt sogleich ein wenig schneller. Er läßt die Autos neben sich augenblicklich neben sich hinter sich, so daß er links und rechts andere Fahrer in anderen Autos neben sich hat, als die Autos vor ihm wieder ebenso langsam fahren wie die Autos neben ihm. Der Fahrer des Autos links von Schott ist ungeduldig; er schlägt mit der rechten flachen Hand auf den Rand des Lenkrades. Der Fahrer des Autos rechts von Schott ist eine jüngere Frau, die das Lenkrad mit beiden Händen festhält; sie hat ihr Haar im Nacken hochgebunden, so daß das hochgebundene Haar den Eindruck eines Pferdeschwanzes erweckt.

Dann fahren die Autos vor dem Auto, das links von Schott fährt, ein wenig schneller. Der Fahrer des Autos links von Schott schlägt nicht mehr mit der rechten flachen Hand auf den Rand des Lenkrades, sondern hält das Lenkrad mit beiden Händen fest und fährt sogleich ein wenig schneller. Das Auto, das links neben Schott fuhr, hat Schott jetzt links vor sich, so daß er links ein anderes Auto mit einem anderen Fahrer neben sich hat, als das Auto neben ihm wieder ebenso langsam fährt wie Schott. Der Fahrer des Autos links von Schott ist Raucher.

Schließlich fahren die Autos vor dem Auto, das rechts von Schott fährt, ein wenig schneller. Die Frau, deren Haar, obwohl es im Nacken hochgebunden ist, nicht mehr den Eindruck eines Pferdeschwanzes erweckt, fährt sogleich ein wenig schneller. Das Auto, das rechts neben Schott fuhr, hat Schott jetzt rechts vor sich, so daß er ein anderes Auto rechts neben sich hat, als das Auto neben ihm wieder ebenso langsam fährt wie Schott.

Schott, der wegen der Sätze, die Liu gesagt hat, auf der Stadtautobahn schnell dahin fahren wollte, einerseits, um Lius Sätze zu vergessen, andererseits, um die

nötigen Antworten zu bedenken, kann unter den vorherrschenden Umständen der Stadtautobahn weder vergessen noch denken. Ihm ist von einer Minute zur anderen übler zumute. Nervös berührt er mit dem Daumen und dem Zeigefinger der rechten Hand die Nasenspitze, das linke Ohrläppchen, die Unterlippe, greift in die rechte Jackentasche (eine Bewegung, die von dem Sicherheitsgurt behindert ist), und vermißt die Zigaretten, zu seinem Ärger, der in diesem Moment sein allergrößter ist, obwohl das geringe Tempo der Autos vor und neben ihm eher zu größerem Ärger Anlaß bietet.
Die Autos vor dem Auto von Schott und vor den Autos neben Schott bremsen, das Auto vor Schott bremst, die Autos neben Schott bremsen, Schott bremst. Alle genannten Autos bremsen so lange, bis sie stehenbleiben, das heißt, sie werden so lange gebremst.*

K. B.: In diesem Stil geht es in Variationen über 340 Seiten weiter. Ich möchte jetzt eine andere stilistische Version vorlesen, und zwar ist jeder Satz eine Zeile:

Jetzt ist es kalt.
Jetzt ist es heiß.
Jetzt ist es naß.
Jetzt ist es trocken.
Jetzt ist es kalt und naß.
Jetzt ist es heiß und trocken.
Jetzt ist es kalt und trocken.
Jetzt ist es heiß und naß.
Jetzt ist es kalt und heiß.
Jetzt ist es naß und trocken.
Jetzt verkrampfen sich die Zehen.
Jetzt schlagen die Füße auf die Erde.
Jetzt verkrümmen sich die Finger.
Jetzt schlagen die Hände auf die Brust.
Jetzt brechen die Augen auf.
Jetzt schleudert der Kopf hin und her.
Jetzt reißt der Mund auf.
Jetzt röchelt es.
Jetzt klingelt das Telefon.

* Diese Textstelle wurde vom Autor in leicht gekürzter Form vorgetragen.

Jetzt schlägt eine Tür.
Jetzt heult ein Tier.
Jetzt wimmert ein Kind.
Jetzt erschallt eine Trompete.
Jetzt schreckt ein Sturm.
Jetzt erbebt die Luft.
Jetzt geht Licht an.
Jetzt geht die Sonne auf.
Jetzt stürze ich.
Jetzt schlägt der erfüllte Mund auf den Fußboden.
Jetzt das Erdenrund.
Jetzt freudige Zeiten.
Jetzt zu den Sternen.
Ich bin ganz oben. Ich halte mich. Ich überblicke mich. Ich bleibe.
Ich habe keine Lust mehr. Ich habe keine Kraft mehr.

Herr Schädlich, was würden Sie denn jemandem antworten, der sagt, er versteht die Story nicht, auch so, wie Sie sie vorhin erklärt haben, nicht. Ich finde Sie und Ihre persönliche Biographie sehr sympathisch – und auch Ihre früheren Arbeiten. Aber *Schott* verstehe ich schlicht und einfach nicht, und ich habe auch Mühe, den formalen Reiz zu entdecken. Was würden Sie denn so einem gutwilligen Leser sagen?

H. J. S.: Da muß ich etwas weiter ausholen, und zwar mit zwei Sätzen:

– Ich weiß nicht genau, was in dem Buch steht; das heißt, was andere aus diesem Buch lesen. Ich weiß nur, was ich schreiben wollte.

– Und ich weiß natürlich nicht, ob das, was ich schreiben wollte, wirklich in dem Buch steht.

Das heißt, ich kann Ihnen einfach nicht helfen!

Ich darf vielleicht noch hinzufügen, und ich sage das durchaus nicht, um mit Ihnen zu kokettieren, sondern ich weiß nichts anderes: Das ist ernst gemeint.

K. B.: Würden Sie denn, um einen letzten Versuch zu machen, es zu verstehen, bereit sein, es experimentelle Literatur zu nennen?

H. J. S.: Nein!

(1997)

«Im Schreiben zu Haus. Wie Schriftsteller zu Werke gehen»

Gespräch mit Herlinde Koelbl

Hans Joachim Schädlich: Ich muß Ihnen gleich sagen, ich hab nichts zu sagen. Es ist an sich uninteressant, mit mir zu reden.

Herlinde Koelbl: Warum glauben Sie, mit Ihnen zu reden sei nicht interessant?

H. J. S.: Weil ich ja das, was ich zu wissen glaube, schriftlich auszudrücken versuche. Und was soll man sonst noch sagen.

H. K.: Wollen Sie als Person ein Geheimnis bleiben?

H. J. S.: Nein. Ich will in dem Sinne kein Geheimnis sein. Aber ganz tief verborgen steckt wahrscheinlich der Gedanke: Wer bin ich denn? Wen interessiert das schon, was ich über mich sage? Ich bin nicht mein Gegenstand. Ich betrachte die Schreibarbeit auch nicht als Mittel, um Erfahrungen und existentielle Nöte zu verarbeiten, um mir selber durch sogenannte Verarbeitungen eine Art Lebenshilfe zu leisten, im Sinne einer Ein-Mann-Selbsthilfegruppe. Das ist für mich alles nur Material. Die Texte haben mit mir gar nichts zu tun. Ich will das Interesse an mir auch nicht befördern. Und warum interessieren sich die Leute statt für meine Person nicht lieber viel mehr für das, was ich schreibe oder was ich in meinen Texten über Dinge, Verhältnisse, Umstände, Menschen sage? Das ist doch viel wichtiger.

H. K.: Meinen Sie damit, Ihre Bücher könnten sich besser verkaufen?

H. J. S.: Auch das. Ich schreibe sowieso, weil es mein Vergnügen ist. Aber es findet eine sonderbare Verlagerung des Interesses von den Texten auf die Verfasser statt. Nach Lesungen, in diesen sogenannten Diskussionen, habe ich schon grauenhaftes Zeug erlebt. Da hat mich einmal eine Dame gefragt, ob ich an Gott glaube. Unzulässig, die Frage.

H. K.: Wer zu Ihren Lesungen kommt, interessiert sich wahrscheinlich für beides, für Ihre Texte und für Ihre Person.

H. J. S.: Aber es ist untauglich, von mir hören zu wollen, was es mit meinen Texten auf sich hat, was es mit mir auf sich hat. Eine zusätzliche Kenntnis über die Texte hinaus ist überflüssig, sogar unzulässig. Sobald ein Text vorliegt, ist auch der Autor nur Leser seines eigenen Textes. Er kann doch gar nicht wissen, wie unterschiedlich sein Text interpretierbar ist. Er dominiert womöglich die Leser, damit die seinen Text so verstehen, wie er selbst ihn versteht.

H. K.: Und wie reagieren Sie, wenn sich Leser für Ihren Arbeitsprozeß als Schriftsteller interessieren?

H. J. S.: Heinrich Böll hat einmal sinngemäß gesagt: Etwas aus der Werkstatt eines Schriftstellers zu hören ist vollkommen uninteressant. Interessant ist nur, was aus der Werkstatt herauskommt. Alles andere ist doch nur Betriebsgeräusch; und für wen ist das interessant?

H. K.: Mich interessiert Ihr Arbeitsgerät durchaus. Warum schreiben Sie mit einem Füllhalter?

H. J. S.: Also gut. Wir lassen uns jetzt auf die Herstellung von Betriebsgeräuschen ein. Warum schreibe ich denn mit dem Füllhalter? Weil ich dabei noch am ehesten eine direkte Verbindung zwischen meinem Kopf und dem Geschriebenen auf dem Papier herstelle. Schreiben bedarf ja immer eines technischen Mittels. Man könnte den Zeigefinger in ein Kohlenbecken stecken, in der Kohle rühren und damit schreiben, so wie manche Leute mit den Fingern direkt malen, oder mit der Hand, das wäre noch unmittelbarer. Schreiben ist ja auch ein Handwerk, und mit der Hand schreiben ist mit der Hand werkeln. Außerdem habe ich gerne schwarze Tinte, die sieht viel schöner aus als Schreibmaschinentippe. Jedenfalls ist für mich die Verbindung zwischen Kopf und Papier durch eine Schreibmaschine unterbrochen, aber durch die Benutzung eines Füllfederhalters nicht.

H. K.: Ist Schreiben für Sie Arbeit oder Vergnügen?

H. J. S.: Es ist meine Lieblingsbeschäftigung, so wie andere Leute vielleicht musizieren oder Flugzeuge basteln oder Hunde dressieren, und gleichzeitig ist es Arbeit, sogar schwere Arbeit, von der ich jedem nur abraten kann. Es gibt auch Holzfäller, die von sich sagen, meine Arbeit ist schwer, aber sie macht Spaß.

H. K.: Sind Sie ein schneller Schreiber?

H. J. S.: Nein, ich muß langsam arbeiten, um die Schwierigkeiten zu überwinden. Es dauert einfach lange. Ein Satz dauert lange. Ein Buch dauert noch länger, erfordert sehr viel Geduld und Mühe. Andererseits hat mich das nicht abgeschreckt, es immer wieder zu versuchen. Daraus schließe ich, daß es das einzige ist, was mir wirklich Spaß macht, was mich wirklich interessiert. Es ist keine Qual, nur Mühsal.

H. K.: Zu welcher Tageszeit arbeiten Sie am liebsten?

H. J. S.: Ich arbeite am liebsten nachts, bis drei Uhr meistens. Dann ist es vollkommen still, und zur Stille gehört auch die Dunkelheit. Man ist durch nichts abgelenkt. Durch keine Blicke aus dem Fenster, durch keine Geräusche, man ist ganz für sich allein, bildet man sich ein. Das ist anregend.

H. K.: Ihr Brotberuf war früher der eines Sprachwissenschaftlers in der Ostberliner Akademie der Wissenschaften. Wann haben Sie mit dem Schreiben begonnen?

H. J. S.: Ende der sechziger Jahre. Bis zu der Zeit wollte ich nur eine durchschnittliche wissenschaftliche Arbeit auf mittlerer Ebene leisten. Das hat mich ausgefüllt. Als ich aber zu schreiben angefangen hatte, spürte ich, das ist ja viel mehr.

H. K.: Was hat Sie plötzlich dazu bewogen?

H. J. S.: Die erste und für mich einzige Erklärung ist das Bedürfnis zu erzählen. Ich hatte schon früher, bevor ich anfing zu schreiben, immer Spaß daran, anderen etwas zu erzählen, Geschichten oder Erlebnisse. Und dazu gibt es noch ein anderes sehr starkes Motiv, das ich aber erst beim Schreiben so richtig entdeckt habe, nämlich etwas zu verstehen, etwas zu erkennen. Man möchte zum Beispiel einen Gegenstand beschreiben und stellt fest, daß man nicht genug weiß über den Gegenstand. Man muß ihn also schreibend ergründen. Das können ganz einfache Dinge sein. Es ist zum Beispiel, wenn man sich das einmal genau vornimmt, nicht leicht, ein Feuerzeug zu beschreiben. Man sagt Feuerzeug – ja und? Was hat man damit gesagt? Deswegen bin ich sehr bald dazu übergegangen, die Dinge nicht mit ihrem gewohnten Namen zu benennen, sondern sie zu beschreiben, ohne den gängigen Ausdruck überhaupt zu verwenden. Und das hat ja auch wieder politische Aspekte gehabt. In der DDR habe ich mal, das steht in dem Buch «Versuchte Nähe», auf diese Weise etwas beschrieben, nach genauen Beobachtungen in allen Details, und man hat mir das übel ausgelegt. Denn das Objekt war «Die Mauer», und ich bin durch diese Methode auf alle Details dieses Gebildes gekommen, die die Baumeister nicht gerne benannt hatten. Zum Beispiel, daß dieses Bauwerk, von dem behauptet wurde, es diene dem Schutz der DDR, alle seine Abwehrvorrichtungen nach innen gerichtet hatte.

H. K.: Damit sind wir beim Thema DDR. Sie sind bis zu Ihrer Ausreise in die Bundesrepublik 1976 bespitzelt worden, auch von Ihrem eigenen Bruder. Waren Sie jemals in Versuchung, selbst zum Informanten zu werden?

H. J. S.: Nein. Man hat das zwar einmal von mir erwartet, aber wie viele andere auch in der DDR habe ich es abgelehnt. Das war '68, nach dem Einmarsch der Ostblock-Armeen in Prag. Ich war damals im Institut für Sprachwissenschaft zuständig für ein Archiv von Dialektaufnahmen in der ganzen DDR. Am Tag nach der Okkupation hatten zwei junge Leute aus der DDR einem westdeutschen Fernsehteam in Prag ein Interview gegeben, mit dem Rücken zur Kamera, damit sie nicht erkannt werden konnten. Aber sie sprachen in einem auffälligen Dialekt, und anhand dessen wollte der Staatssicherheitsdienst die zwei identifizieren. Also kam ein Stasi-Mann zu uns ins Institut, aber mein Kollege und ich haben gesagt, man könnte das natürlich, aber wir wollen das nicht. Wir tun das nicht. Wir machen das nicht für Sie. Der Mann hat dann im Institut einen dritten Fachmann gefunden, der ihm die Arbeit gemacht hat. Man konnte es tun oder man konnte es lassen. So war das in der DDR.

H. K.: Warum waren Sie gefeit gegen die Versuchung?

H. J. S.: Weil ich nicht besonders angetan war, vorsichtig gesagt, von diesem diktatorischen System, das mit Mitteln arbeitete, die gegen die natürlichsten Verhaltensweisen von Menschen verstießen. Ich war nicht in der Versuchung, einen Vorteil daran zu entdecken; ich fand es nur abstoßend. Warum sollte man für ein solches Regime verräterische Drecksarbeit leisten? Das verbietet sich. Viele, die es taten, haben umgekehrt ihre Spitzeltätigkeit später mit ihrer politischen Überzeugung für das System begründet. Aber es gab auch Leute, die sich einfach einen Vorteil verschaffen wollten durch die Beziehung zu diesem Sicherheitsdienst, materielle oder ideelle oder Karrierevorteile oder so etwas, gerade im akademischen Bereich. Die typische Begründung hieß dann später: Ich war doch gezwungen, mit denen zusammenzuarbeiten, sonst hätte ich doch nicht Professor werden können! – Also dazu kann ich nur sagen, ein schöner Zwang. Man muß nicht Professor werden. Dieser Begriff von Zwang ist in meinen Augen rein opportunistisch, das war die Ausrede der Karrieristen. Andere, die keine schmutzigen Dinge machen wollten, haben die Nachteile eben hingenommen.

H. K.: Gehörte auch Mut dazu, zur Stasi nein zu sagen?

H. J. S.: Nein, in meinem Fall jedenfalls kein großer Mut. Der Stasi-Mann, der uns in der Akademie einspannen wollte, hat dann einfach abgelassen und hat gesagt, na, Sie sind offensichtlich nicht geeignet, und das war's. Es war keine Heldentat, in der DDR nicht mitzumachen, es war eine ganz einfache, alltägliche Sache. Man mußte sich nur ein geringes Maß von Selbstachtung bewahren und von der Fähigkeit, sich zu weigern.

H. K.: Haben Sie eine Vermutung, warum einige Ihrer Kollegen der Versuchung durch die Stasi nicht widerstanden haben?

H. J. S.: Einige von ihnen waren Kommunisten, und ich vermute, daß sie aus politischer Überzeugung, aus einer Identifikation mit diesem Staat glaubten, sie müßten mit dem Staatssicherheitsdienst zusammenarbeiten. Aber es gab auch Kommunisten, die sich trotzdem weigerten, andere zu verraten.

H. K.: Es ist also eine Sache der Moral?

H. J. S.: Ja, aber welcher Moral? Die Kommunisten haben sich auf eine andere, die kommunistische Moral berufen, und die hat ihnen das wiederum geboten oder leichtgemacht. Wenn ich es ganz schlicht betrachte, dann hat jeder durch seine Erziehung, durch seine Umgebung gewisse Begriffe von Dingen, die man tut oder nicht tut, gewisse Grundsätze oder Vorstellungen von Moral. Die sind bei manchen gestutzt worden durch das, was die Kommunisten ihre Moral nennen. Und je nachdem, welcher moralischen Auffassung man folgte, war Verrat möglich oder nicht möglich. Vertrauen und Verrat, das ist ein zentraler Topos, schon in der griechischen Mythologie; überhaupt seit es eine Überlieferung gibt.

H. K.: Wie haben Sie reagiert, als Sie vom Verrat durch einen Ihrer Brüder erfuhren?

H. J. S.: Was sollte ich machen? Ich habe ihn gefragt, zur Rede gestellt ist schon zuviel gesagt. Es kommt nichts dabei heraus. Er hat von politischen Gründen geredet, und daß er sich erpreßt fühlte. Na ja. Ich verstehe es nicht, ich akzeptiere es nicht. Stimmt, mein Bruder war anderer politischer Ansicht als ich. Aber wie gesagt, das ist für mich noch kein ausreichender Grund für Verrat. Man hätte ja auch sagen können, hör mal zu, ich soll dich eigentlich bespitzeln und verraten, weil man dich irgendwie ändern will, aber ich habe keine Lust dazu. Reden wir doch lieber über unsere Überzeugungen, vielleicht kann der eine den anderen zu etwas bewegen. Aber nein, so ging das nicht mit uns beiden.

H. K.: Können Sie mit Ihrem Bruder heute ganz offen darüber reden?

H. J. S.: Nachdem wir zwei-, dreimal über diese Dinge gesprochen hatten, ist der Austausch seit '92 abgebrochen. Wir haben fünf Jahre nicht miteinander geredet. Abstand ist also da. Nur: Wer fängt an? Ich habe das übrigens alles beschrieben. Das hat mir sehr geholfen. Der Text «Die Sache mit B.» entstand noch 1992. Er endet mit den Sätzen: Ich kann die Sache mit B. nicht vollständig erzählen. Ein Ende hat die Erzählung auch nicht. – Das Ende ist offen, solange wir leben.

H. K.: Hat Ihre Fähigkeit, Menschen zu vertrauen, unter diesen Ereignissen gelitten?

H. J. S.: Damals, das war '92 im Januar, habe ich mich selber in eine Falle gejagt. Ich habe damals geglaubt, es gäbe das, was man Vertrauen nennt, nicht und ich dürfe niemals mehr jemandem vertrauen. Aber ich bin nicht lange in dieser Falle geblieben. Ich habe mir gesagt, wenn ich so denke, bin ich wirklich das Opfer dieser Methoden. Vertrauen ist eine unverzichtbare Bedingung menschlichen

Zusammenlebens; und es ist lebensgefährlich, nicht zu vertrauen. Das fängt mit der Familie an und berührt über den Freundeskreis hinaus größere Gruppen und die ganze Gesellschaft. Und ohne das kann es eine menschliche gemeinschaftliche Existenz gar nicht geben. Das schließt das sogenannte gesunde Mißtrauen nicht aus. Aber Vertrauen als eine Bedingung des freien und offenen Austausches und des Zusammenlebens muß sein. Bespitzelung und Verrat in der DDR waren eine spezielle Form der Entartung, bedingt durch ein totalitäres politisches System. Man konnte inzwischen beobachten, daß solche Staaten unter anderem auch daran gescheitert sind; sie haben ihre Kriterien und Kategorien selbst widerlegt und sind daran untergegangen. Wo das also praktiziert wird, unterwerfe ich mich dem nicht, sondern setze dagegen die Bereitschaft und Fähigkeit zu Offenheit und Vertrauen. Gerade das schließt womöglich eine Wiederholung solcher Dinge aus.

H. K.: Inzwischen leben Sie schon mehr als zwanzig Jahre in der Bundesrepublik. Wie haben Sie den Wechsel seinerzeit empfunden?

H. J. S.: Zunächst bin ich richtig krank geworden an dem Gefühl, mich nicht mehr zurechtzufinden, zu spät in ein anderes Leben gekommen zu sein. Ich hatte mich darin getäuscht, wie sehr sich die Bundesrepublik vom Osten unterschied, obwohl man dieselbe Sprache sprach, bis '45 dieselbe Geschichte hatte, dieselbe Literatur und so weiter. Ungefähr nach einem Jahr in der Bundesrepublik hatte ich das Gefühl, ich kapiere es nicht, ich schaffe es nicht, und ich würde wahrscheinlich an dem, was ich wollte, zugrunde gehen, weil ich zu spät kam, weil ich zu alt schien. Da habe ich mich Gott sei Dank geirrt. Ich habe es noch geschafft.

H. K.: Ja, das kann man wirklich sagen. Sie leben allerdings hier jetzt wie in einer selbstgewählten Klause oder Einsiedelei.

H. J. S.: Stimmt, weil meine Existenz als ein Teil mehrerer Familien, der ich früher war, für meine Begriffe beendet ist. Die Familien haben sich zerstreut, die Kinder sind erwachsen, und es kommt mir so vor, als hätte ich nach den vielen Jahren in Familien wieder zu einer Art Einzelexistenz zurückgefunden.

H. K.: Und wie fühlen Sie sich jetzt in diesem Vereinzelungsstatus? Sind Sie manchmal einsam?

H. J. S.: Ich fühle mich nie einsam. Man könnte ironisch sagen, ich langweile mich nie, weil ich immer etwas vorhabe. Ich fühle mich sehr frei und glücklich, ich kann meinen sonderbaren Tagesrhythmus leben, ich kann alles mögliche tun, ohne anderen Leuten auf die Nerven zu gehen, und mir geht auch niemand auf die Nerven. Früher habe ich zum Beispiel sehr großen Wert darauf gelegt, immer zu einer gewissen Zeit Nachrichten zu sehen. Heute stört mich die Vorstellung, daß ich mich selbst dazu veranlaßt habe, zu bestimmten Zeiten das Fernsehgerät einzuschalten. Es geht alles sowieso vor sich, auch ohne mich. Ich fühle mich sehr gut. Die Arbeit kann jetzt einen wunderbar großen Raum einnehmen.

H. K.: Ihre Existenz als Teil mehrerer Familien, sagen Sie, sei beendet. Gibt es Versäumnisse? Bereuen Sie etwas?

H. J. S.: Bereuen ist nicht der richtige Ausdruck, ich würde es bedauern nennen; ich bedaure, daß ich kein besonders fürsorglicher Vater war. Das habe ich mit meinen Kindern zum Teil besprochen, und die waren so generös, mich darüber hinwegzutrösten. Es lag sicherlich auch daran, daß ich relativ jung war, als die Kinder geboren wurden, und mich oft für andere Dinge mehr interessierte als für die Kinder. Als mein ältester Sohn geboren wurde, war ich fünfundzwanzig. Wer ist man mit fünfundzwanzig? Ich selbst war unfertig, nicht erwachsen, leider. Aber sehr eifrig, wissenschaftlich interessiert und tätig. Also eigentlich nicht dazu geeignet, ein Kind zu haben. Da muß man dann glücklich sein, daß sich die Mütter gut, viel besser als ich, um die Kinder gekümmert haben. Erwachsen fühlte ich mich erst mit fünfundvierzig.

H. K.: Seit Ihren Tagen als junger Vater sind fast vier Jahrzehnte vergangen. Was interessiert Sie heute, welche Themen möchten Sie noch aufgreifen?

H. J. S.: Es hat eine Verlagerung des Interesses stattgefunden von aktuellen Begebenheiten zu universellen Dingen, die mehr oder weniger alle Menschen zu jeder Zeit an jedem Ort der Erde betreffen. Zum Beispiel Themen wie Vertrauen und Verrat, über die wir gesprochen haben, oder Eitelkeit und Demut, oder das Streben nach materiellem Gewinn und nach Einfluß über andere Menschen. Dazu gehören natürlich auch die berühmten Universalien Liebe und Tod, sehr beliebte Universalien, Dauergegenstände der Literatur. Das hat bei mir ganz bestimmt mit dem Alter zu tun.

H. K.: Seit wann beschäftigen Sie sich mit dem Tod?

H. J. S.: Schon ewig; seit meiner Kindheit. Vielleicht seit dem Tod meines Vaters, weil ich erst sieben Jahre alt war, als mein Vater starb, und weil er sehr jung starb, mit sechsunddreißig Jahren. Ich bin immer traurig, wenn ich an ihn denke: Obwohl er sehr tüchtig war, hatte der arme Mann, gemessen an mir, gar keine Chance, erwachsen zu werden. Mir fiel einmal auf, daß viele meiner Texte mit dem Tod der Figuren enden. Merkwürdig.

H. K.: Machen Sie sich Gedanken über ein Leben nach dem Tod?

H. J. S.: Ich finde es bedauerlich, daß mein Ich dann nicht mehr existiert, weil es ja die Welt gibt, weil das Leben ja weitergeht und man dann keine Gelegenheit hat, daran teilzunehmen. Dieses Bedauern bringt einen aber höchstens dazu, allerlei zu unternehmen, damit man das Gefühl haben kann, die Zeit genutzt zu haben. In meiner gegenwärtigen Verfassung kann ich mir nicht vorstellen, daß ich einen Gott anrufe. Dann hätte ich doch irgendwann mal ein bißchen daran glauben müssen, daß es einen gibt. Aber die Erfindung von Göttern erscheint mir sehr plausibel aus der Sicht der Menschen. Das ist eine sehr schöne Erfindung und sicher hilfreich, aber das sind für mich sehr poetische Einfälle. Meine Mutter ist religiös, vielmehr, sie war es. Vor einiger Zeit sagte sie: Ich glaube nicht mehr an den, auf den war ja sowieso kein Verlaß. – Ich glaube nicht an eine Schöpfung. Aber ich teile die Ansicht, daß es jedem einzelnen in die Hand gegeben ist, sich für oder gegen etwas zu entscheiden. Und wie das beurteilt wird, richtet sich ja nach einer gewissen zivilisatorischen Übereinkunft, die einen Ausdruck zum Beispiel in den Zehn Geboten gefunden hat.

H. K.: Und die Frage nach der letzten Ursache der Dinge?

H. J. S.: Mich interessiert weniger, ob es eine Endlichkeit oder Unendlichkeit von Zeit oder Raum gibt, mich interessiert eher der Gedanke, daß es eine Endlichkeit der individuellen Existenz gibt. Die Menschheit – und ich zähle mich dazu – findet sich ganz schwer ab mit der behaupteten Unendlichkeit des Raumes und der Zeit. Aber selbst, wenn sich dafür Erklärungen fänden: Die Endlichkeit der menschlichen Existenz wäre davon nicht aufgehoben. Diese Einsicht muß man erstmal gewinnen. Das Aufbäumen gegen diese Endlichkeit hat schon zu furchtbaren Resultaten geführt. Ich habe jedenfalls nicht die Absicht, mich noch auf überirdische Versprechungen einzulassen.

H. K.: Sie haben Demut erwähnt. Sind Sie im Laufe Ihres Lebens demütiger geworden?

H. J. S.: Ich glaube nicht, daß ich demütig bin, aber ich bilde mir ein, bescheidener geworden zu sein. Es gibt diesen schönen Ausdruck, sich mit etwas bescheiden. Ich glaube, ich habe mich mit allerlei Dingen beschieden. Demut ist etwas anderes. Das ist oft geknüpft an religiöse Bindungen, die ich nicht besitze.

H. K.: Womit haben Sie sich beschieden?

H. J. S.: Mit dem Ablauf. Mit dem Ablauf der Dinge, dem Ablauf des Lebens. Es läuft ab. Ich wehre mich nicht dagegen. Ich will nicht jünger sein, als ich bin, ich will nicht jünger aussehen, als ich bin, ich will nicht mehr getan haben, als ich getan habe. Eitel bin ich allerdings. Meine Eitelkeit besteht darin, daß ich mit meinem Alter kokettiere. Daß ich auf die Frage, wie es mir geht, antworte: Im Rahmen meines allmählichen Verfalls geht es mir gut. – Aber ich bin auch sehr geduldig. Das war ich nicht immer; ich habe es bei der Arbeit gelernt. Geduld muß man beim Schreiben aufbringen, um eine schwierige Sache, die lange dauert, zu Ende bringen zu können. Man bescheinigt mir auch, ungefragt, daß ich ziemlich gelassen bin. Daran habe ich aber auch einen Anteil. Das ist nicht so einfach, gelassen zu sein. Dazu muß man etwas tun, nämlich im Wortsinn Dinge sein lassen, sich mit Dingen, die an einen herantreten, nicht beschäftigen, Anforderungen, auch selbst gestellte, fallenlassen. Die Grundhaltung dafür ist vielleicht Gleichmut, freundlicher oder unfreundlicher, jedenfalls nicht erzwungener. Man kann Gleichmut nicht erzwingen. Man muß sich eine Haltung erarbeiten, die es einem erlaubt, gleichmütig zu werden, gelassen. Das schafft dann Raum für das, was man selber für wichtig hält.

H. K.: Welche Lernerfahrung hat Sie dazu gebracht?

H. J. S.: Erschöpfung und lange Krankheit. Die geistige und körperliche Erschöpfung, das Gefühl, an den Rand gebracht zu sein, und hinter dem Rand ist Abgrund, da kann man nur noch stürzen.

H. K.: Was war denn das Ärgste in Ihrem Leben?

H. J. S.: Da gibt es mehrere Dinge. Das erste Ärgste war der Tod meines Vaters. Das habe ich nicht verstanden. Aber ich mußte es sehen. Das zweite Ärgste war die Erfahrung in der DDR, das über Jahre und Jahre anwachsende Gefühl, ein Jemand zu sein, der als Verrückter gehalten wird und den man hinter einer Mauer einsperrt. Das war überhaupt das Schlimmste. Denn ich war nicht unmündig, und ich fühlte mich zu Unrecht hinter Gittern gehalten. Und wenn man daran Anstoß nahm, wurde man noch als Schwachsinniger hingestellt, weil man nicht erkennen wollte, daß es die Zukunft der Menschheit ist, dort zu leben. Und dann gab es noch etwas Drittes, das war nach meiner Übersiedlung in die Bundesrepublik dieses mich krankmachende Gefühl, das ich vorhin geschildert habe, es nicht zu schaffen. Und das war besonders bitter, weil ich ja durch den Wechsel von der DDR in die Bundesrepublik das Schlimmste eigentlich gerade überwunden hatte. Das waren die drei ärgsten Dinge in meinem Leben. Vielleicht bestimmt das alles zusammengenommen ja auch sehr stark die Art und Weise, wie man ist. Wie man sich jetzt fühlt.

H. K.: Und wie fühlen Sie sich jetzt?

H. J. S.: Na, angesichts der Tatsache, daß ich drei ärgste Übel, drei ärgste Erfahrungen überstanden habe, relativ gelassen. Ich sage mir, es gibt auch Leute, die angesichts solcher Dinge verrückt geworden oder zugrunde gegangen sind. Wenn man das also heil überstanden hat, hat man schon Grund, gelassen zu sein.

(1998)

Quellen und Erstveröffentlichungen

Lust auf Gottes Mühle

In: Kontext 2: Geschichte und Subjektivität. Hg. von Marlis Gerhardt und Gert Mattenklott. München (AutorenEdition), 1978, S. 149–150

Literatur und Widerstand

In: Hans Joachim Schädlich; Über Dreck, Politik und Literatur. Aufsätze, Reden, Gespräche, Kurzprosa. Auswahl Thomas Geiger. Berlin (Literarisches Colloquium) 1992, S. 62–66

Über systematische Irrtümer

In: Hans Joachim Schädlich; Über Dreck, Politik und Literatur. Aufsätze, Reden, Gespräche, Kurzprosa. Auswahl Thomas Geiger. Berlin (Literarisches Colloquium) 1992, S. 67–76

Über Dreck, Politik und Literatur

In: Die Welt, 31. 12. 1990

Die Stunde Null oder Ist heute gestern?

In: MERIAN Brandenburg. Hamburg (Hoffmann und Campe) 1990, S. 56–59

Der andere Blick. Kleine Geschichte des Versuchs, in der DDR Prosa zu veröffentlichen.

In: Die Welt, 23. 11. 1993

Jeder ist klug, der eine vorher, der andere nachher.

In: Aktenkundig. Hg. von Hans Joachim Schädlich. Berlin (Rowohlt) 1992, S. 166–172

Literatur und Politik. Fahndungsobjekt Schriftsteller.

Erstveröffentlichung

Zwei Abschnitte im Leben eines Botschafters. Versuch einer Rekonstruktion.

In: Hans Joachim Schädlich: Vertrauen und Verrat. Göttingen (Wallstein) 1997, S. 5–25

Was ich gerne ändern möchte

Erstveröffentlichung

Nicolas Born
In: Literaturmagazin 21. Reinbek (Rowohlt) 1988, S. 145–146
Asher Reich
In: Sprache im technischen Zeitalter, 1990, H. 116, S. 162–163
Sarah. Ein Geburtstagsgruß
In: Neue Rundschau, 2000, H. 3, S. 145–154
Hans Sahl
In: Momente in Jerusalem, Bd. 1. Hg. von Hajo Jahn, Gerlingen (Bleicher) 2002, S. 39–43.
Der Roman
In: Literaturmagazin 30. Reinbek (Rowohlt) 1992, S. 147–153
Tallhover – ein weites Feld. Autobiographische Notiz.
In: «In Spuren gehen ...». Festschrift für Helmut Koopmann, Hg. von Andrea Bartl, Jürgen Eder, Harry Fröhlich, Klaus Dieter Post und Ursula Regener. Tübingen (Max Niemeyer) 1998, S. 41–50.
«Unterst Stuf von menschliche Geschlecht». Über Georg Büchners «Woyzeck»
In: Verführung zum Lesen. Zweiundfünfzig Prominente über Bücher, die ihr Leben prägten. Hg. von Uwe Naumann. Reinbek (Rowohlt) 2003, S. 183–185.
Polizeigeschichte als Universalgeschichte: «In ihr liegt die halbe moralische Welt»
Die Dankrede für den Marburger Literaturpreis 1986.
In: Oberhessische Presse, 3. 12. 1986.
Vom Erzählen erzählen. Rede zur Verleihung des Thomas-Dehler-Preises. In: Frankfurter Rundschau, 18. 11. 1989.
Von der heillosen Liebe zur Unwirklichkeit. Dankrede bei der Entgegennahme des Heinrich-Böll-Preises. In: Frankfurter Allgemeine Zeitung, 18. 12. 1992.
Vertrauen und Verrat. Rede anlässlich der Entgegennahme des Kleist-Preises 1996. In: Kleist-Jahrbuch 1997. Hg. von Sabine Doering. Stuttgart/Weimar (J.B. Metzler) 1997, S. 12–16.
Leipzig, «Auerbachs Keller»: 90 Jahre Rowohlt, 90. Geburtstag von HMLR.
Erstveröffentlichung
«Ich kann euch nicht sagen, was ich denke. Aber ich erzähle euch eine Geschichte.» Dankrede anlässlich der Entgegennahme des Lessing-Preises des Freistaates Sachsen 2003.
In: Lessing-Preis des Freistaates Sachsen 2003. Dankreden und Laudationes. Erbepflege in Kamenz, Schriften des Lessing-Museums Kamenz. 23. Jahresheft, Kamenz (Lessing-Museum) 2003, S. 27–33.
«Der Inhalt dieser Gedichte hat als ein durchaus verwerflicher erkannt werden müssen». Dankrede anlässlich der Entgegennahme des Hoffmann-von-Fallersleben-Preises für zeitkritische Literatur 2004.

In: Mitteilungen der Hoffmann-von Fallersleben-Gesellschaft, Wolfsburg-Fallersleben, September 2004, Nr. 77, S. 21–31
Gespräch mit Karl Corino.
Hessischer Rundfunk, 28.9. 1977
Gespräch mit Nicolas Born.
Ein DDR-Autor äußert sich zum erstenmal über sein Leben im Westen: Ich bin mit den Unmächtigen. In: DIE ZEIT, 17.3. 1978
Gisela Shaw, Gespräch mit Hans Joachim Schädlich.
In: GDR Monitor, Lungborough 1987, Nr. 15, S. 54–65
Fragebogen
In: Frankfurter Allgemeine Magazin, 21.2. 1992, S. 40
Gespräch mit Martin Ahrends: «Diese sonderbare Bindung an den ‹Stall›, aus dem man kommt.»
In: Text + Kritik, 1995, H. 125, S. 9–16
Wolfgang Müller: «Das beste ist natürlich, man hat gar nichts mit Diktaturen zu tun» Ein Gespräch mit Hans Joachim Schädlich.
In: GDR Bulletin, St. Louis, 1995, H. 1, S. 15–24 und H. 2, S. 14–24.
Klaus Bednarz: Hans Joachim Schädlich, Schott.
In: Klaus Bednarz und Gisela Marx: Von Autoren und Büchern. Gespräche mit Schriftstellern. Hamburg (Hoffmann und Campe) 1997, S. 187–191.
Herlinde Koelbl: Hans Joachim Schädlich.
In: Im Schreiben zu Haus. Wie Schriftsteller zu Werke gehen. Fotografien und Gespräche. München (Knesebeck) 1998, S. 186–189

Hans Joachim Schädlich

Versuchte Nähe
Prosa

90 Seiten / rororo 14565

Die Sammlung der in der DDR seit 1969 entstandenen Prosatexte erschien im August 1977 in der Bundesrepublik. «Nach dieser Publikation wurde ich in der DDR als Staatsfeind behandelt.»

«Hans Joachim Schädlich muß heute zu den besten deutschen Erzählern seiner Generation gerechnet werden.»
Marcel Reich-Ranicki, FRANKFURTER ALLGEMEINE ZEITUNG

Tallhover
Roman

289 Seiten / Deckenband und rororo 13195

«‹Tallhover›, wohl einer der wichtigsten, interessantesten, spannendsten und implizit heitersten Romane der neueren Zeit.»
Walter Klier, taz

Ostwestberlin
Prosa

190 Seiten / Kartonage

«Schädlich erzählt von deutschen Zuständen, die ihn an den Rand des Abgrunds treiben: zu Obdachlosen, ins Bahnhofsasyl, in die Anstalt, zu Leuten, die nicht weiterkommen und nicht mehr weiterwollen, hier wie dort. Egal, wo sie sind: in Ostberlin oder in Schwäbisch Hall.»
Wilfried F. Schoeller, SENDER FREIES BERLIN

Schott
Roman

340 Seiten / Deckenband

«Ein romantechnisches Virtuosenstück aus Parabeln, Sprachübungen und komischen Abschweifungen. Das Buch über die Irrfahrten des Mannes Namens Schott.»
Paul Ingendaay, FRANKFURTER ALLGEMEINE ZEITUNG

Mal hören, was noch kommt / Jetzt wo alles zu spät is
Zwei Erzählungen

144 Seiten / Deckenband

«Ich habe nicht daran gedacht, irgend jemanden zu schockieren. Die Wahl der Gegenstände (Tod, Sexualität) bestimmte die Wahl der Figuren. Die gewählten Figuren bestimmten den sprachlichen Ausdruck.»
H. J. Schädlich

Trivialroman

160 Seiten / Deckenband und rororo 22 626

«Dies ist, für sich genommen, ein gelungener Text, von quasi kabarettistischem Reiz, bei dem man sich blendend unterhalten kann.»
Eberhard Falcke, SÜDDEUTSCHE ZEITUNG

Gib ihm Sprache
Leben und Tod des Dichters Äsop
Eine Nacherzählung

96 Seiten / Deckenband und rororo 23027

«Schädlich präsentiert eine Antike ohne Patina. Eine Göttin gab ihm eine unprätentiöse, ungemein bewegliche, eine reine Sprache. Er sagt uns nicht, was er denkt, aber er erzählt uns eine Geschichte, lebensprall und nachdenklich. Das kurze Buch hallt lange nach. Es gehört zu den großen Büchern dieses Herbstes.»
Kurt Flasch, FRANKFURTER ALLGEMEINE ZEITUNG

Anders
Roman

224 Seiten / Deckenband und rororo 23905

«Schädlich brilliert als zornig genauer Kartograph grotesker Maskierungen.»
DER SPIEGEL

Der Sprachabschneider

64 Seiten, illustriert / rororo rotfuchs 20685

«Ein Kinderbuch und trotzdem eine von den vertrackten Parabeln, wie man sie aus Schädlichs Erwachsenen-Prosa kennt. Für Kinder jedoch, die den ‹Sprachabschneider› lesen, ist es eine lustig-listige Story, eine Mahnung allerdings auch, sich die Sprache nicht wegnehmen zu lassen»
Annemarie Buschmann, SAARBRÜCKER ZEITUNG